DEUTSCH ALS FREMDSPRACHE NIVEAUSTUFE **A2**

Themen 2
aktuell

▶ Рабочая тетрадь

von
Hartmut Aufderstraße
Heiko Bock
Jutta Müller

bearbeitet von
Ines Timtschenko
Viktor Timtschenko

Hueber Verlag

Quellenverzeichnis

Seite 18: oben, unten rechts: Deutsches Filminstitut, Frankfurt; unten links: dpa
Seite 72: Zeichnung: Joachim Schuster
Seite 82: Gerd Pfeiffer, München

Das Werk und seine Teile sind urheberrechtlich geschützt.
Jede Verwertung in anderen als den gesetzlich zugelassenen
Fällen bedarf deshalb der vorherigen schriftlichen Einwilligung
des Verlags.

Hinweis zu § 52a UrhG: Weder das Werk noch seine Teile
dürfen ohne eine solche Einwilligung überspielt, gespeichert
und in ein Netzwerk eingespielt werden. Dies gilt auch für
Intranets von Firmen, Schulen und sonstigen
Bildungseinrichtungen.

Eingetragene Warenzeichen oder Marken sind Eigentum des
jeweiligen Zeichen- bzw. Markeninhabers, auch dann, wenn
diese nicht gekennzeichnet sind. Es ist jedoch zu beachten,
dass weder das Vorhandensein noch das Fehlen derartiger
Kennzeichnungen die Rechtslage hinsichtlich dieser
gewerblichen Schutzrechte berührt.

| 4. | 3. | 2. | | Die letzten Ziffern |
| 2017 | 16 | 15 | 14 | 13 | bezeichnen Zahl und Jahr des Druckes. |

Alle Drucke dieser Auflage können, da unverändert,
nebeneinander benutzt werden.
1. Auflage
© 2004 Hueber Verlag GmbH & Co. KG, 85737 Ismaning, Deutschland
Verlagsredaktion: Werner Bönzli, Andreas Tomaszewski, Hueber Verlag, Ismaning
Satz: Langbein Wullenkord, München
Herstellung: Doris Hagen, Hueber Verlag, Ismaning
Umschlagfoto: © Erich Bach/Superbild, München
Zeichnungen: martin guhl www.cartoonexpress.ch
Druck und Bindung: Auer Buch + Medien GmbH, Donauwörth
Printed in Germany
ISBN 978–3–19–141691–1

Inhalt

Lektion 1	Seite 5
Lektion 2	Seite 26
Lektion 3	Seite 44
Lektion 4	Seite 64
Lektion 5	Seite 84
Lektion 6	Seite 109
Lektion 7	Seite 124
Lektion 8	Seite 148
Lektion 9	Seite 164
Lektion 10	Seite 182
Lösungsschlüssel	Seite 196
Lösungen der kontrastiven Übungen	Seite 219

LEKTION 1

Словарь

Словарь составлен по частям речи немецкого языка, при этом прилагательные в немецком языке даны в большинстве случаев как прилагательные в русском языке. Но всё же при работе со словарём нужно помнить, что прилагательные и причастия в немецком языке выражаются одним словом (kalt означает и *холодный*, и *холодно*). Вы встретитесь и со многими другими несовпадениями. В русской части словаря даны наиболее употребимые значения немецких слов и выражений, в частности, встречающиеся в тексте учебника. Многие другие значения – особенно функциональных слов, предлогов – рассматриваются в самой книге.

Verben

ändern	изменять	kritisieren	критиковать
ansehen	посмотреть	kündigen	расторгать, заявлять об уходе с работы
anziehen	одевать		
ärgern	сердить	lügen	лгать, врать
aussehen	выглядеть	verlangen	требовать
finden	находить	sich vorstellen	представляться, представлять себе
gefallen	нравиться		
gehören zu	принадлежать, входить в состав (*чего-либо*)	zahlen	платить

Nomen

der Angestellte, -n (ein Angestellter)	служащий	die Kleidung	одежда
		der Kollege, -n	коллега
der Anzug, Anzüge	(мужской) костюм	die Krawatte, -n	галстук
der Arbeitgeber, -	работодатель	die Leistung, -en	работа, успех, мощность
das Arbeitsamt	биржа труда	die Liebe	любовь
das Auge, -n	глаз	der Mann, Männer	мужчина
das Badezimmer, -	ванная (комната)	die Meinung, -en	мнение
der Bauch, Bäuche	живот	der Morgen	утро
die Bluse, -n	блузка	der Mund, Münder	рот
die Brille, -n	очки	der Musiker, -	музыкант
der Bruder, Brüder	брат	der Prozess, Pozesse	процесс
die Chefin, -nen	женщина-шеф	der Punkt, -e	точка
der Ehemann, -männer	муж	der Rechtsanwalt, Rechtsanwälte	адвокат
das Ergebnis, -se	результат	das Restaurant, -s	ресторан
die Farbe, -n	краска, цвет	der Rock, Röcke	юбка
der Feind, -e	враг	der Schuh, -e	ботинок, туфля
das Gesicht, -er	лицо	die Stelle, -n	место (работы)
das Haar, -e	волос	die Strickjacke, -n	вязаный джемпер
der Hals, Hälse	горло, шея	der Strumpf, Strümpfe	чулок
das Hemd, -en	рубашка		
die Hochzeit, -en	свадьба	der Test, -s	тест
die Hose, -n	брюки	die Tochter, Töchter	дочь
die Jacke, -n	куртка	das Vorurteil, -e	предрассудок
der Job, -s	работа	der Wagen, -	автомобиль
das Kleid, -er	платье		

LEKTION 1

Adjektive

alt	старый	konservativ	консервативный
angenehm	приятный	kurz	короткий
arm	бедный	lang	длинный
ähnlich	похожи	langweilig	скучный
blau	голубой	lustig	весёлый
blond	белокурый, блондин	nervös	нервный
braun	коричневый	nett	милый
dick	толстый	neu	новый
dumm	глупый	offen	открытый
dunkel	тёмный	pünktlich	точный
dünn	тонкий	rot	красный
ehrlich	честный	ruhig	спокойный
elegant	элегантный	rund	круглый
freundlich	дружественный	schlank	худой
gefährlich	опасный	schmal	узкий
gelb	жёлтый	schön	красивый, прекрасный
gemütlich	уютный	schwarz	чёрный
genau	точный	selten	редкий
grau	серый	sportlich	спортивный
grün	зелёный	sympathisch	симпатичный
gut	хороший	traurig	печальный
hässlich	отвратительный	treu	верный
hübsch	симпатичный	verrückt	сумасшедший
intelligent	интеллигентный	voll	полный
interessant	интересный	weich	мягкий
jung	молодой	weiß	белый
klug	умный	wunderbar	прекрасный
komisch	смешной		

Adverbien

bestimmt	определённо	nur	только
etwa	примерно	oft	часто
immer	всегда	sonst	кроме этого
meinetwegen	что касается меня	weiter-	дальше
meistens	чаще всего	wieder-	снова
nie	никогда	ziemlich	сравнительно

Funktionswörter

alle	все	un-	*частица, обознаиающая отрицание*
dies-	этот		
jed-	каждый	viel	много
manche	некоторый	welch-?	какой
		wie?	как

LEKTION 1

Ausdrücke

– das gefällt mir   это мне нравится
– in jedem Mann steckt ein Kind   в каждом человеке живёт ребёнок
– einen Prozess führen   судиться, вести (против кого-то) процесс

LEKTION 1

Грамматика

1. Имена прилагательные (§ 5, с. 132)

1.1. Когда у них есть окончание?

Vorfeld	Verb$_1$	Subjekt	Objekt	Bestimmung	Objekt	Verb$_2$
Peter	ist				nett.	
Eva	sieht				nett	aus.
Das Mädchen	wirkt				nett.	
	Finden	sie	die Leute	nicht	nett?	

В этих примерах прилагательное дополняет глагол (является именной частью сложного сказуемого), т. е. без него предложение было бы неполным. Ниже мы приводим некоторые глаголы, часто употребляющиеся с прилагательными в качестве дополнения.

sein	быть
finden	находить
aussehen	выглядеть
schmecken	*в значении* иметь вкус
wirken	казаться

В таких случаях у прилагательного нет окончания. Это правило распространяется на прилагательные, употребляемые в качестве причастия. В отличие от русского языка в немецком нет формальной разницы между прилагательным и причастием (ср. быстрый – быстро, *schnell-schnell*)

Vorfeld	Verb$_1$	Subjekt	Objekt	Bestimmung	Objekt	Verb$_2$
Ich	fahre			schnell	nach Hause.	
Sie	spricht			gut	Deutsch.	

Когда прилагательное не является дополнением к глаголу, а стоит прямо перед существительным, оно всегда имеет окончание.
Die sympathisch**e** Frau heißt Eva.
Sie trägt ein weiß**es** Kleid.
В таких случаях артикль, прилагательное и существительное согласуются в роде, падеже и числе.

1.1.1. Упражнение
Нужны ли в этих случаях окончания прилагательным? Вычеркните ненужное.
a) Ich finde meinen Chef nett / netten.
b) Meine Freundin hat schön / schöne Beine.
c) Veras Frisur sieht sehr langweilig / langweilige aus.
d) Kaufst du dir die blau / blaue Hose?
e) Anne wirkt heute so nervös / nervöse. Was ist denn passiert?
f) Mit meinen unfreundlich / unfreundlichen Kollegen möchte ich nicht sprechen.
g) Ich finde deine neu / neue Freundin wirklich attraktiv / attraktive.
h) Kein schön / schöner Mann ist treu / treuer.

Запишите себе такие примеры.
1. Eva trägt ein weiß**es** Kleid.
2. Eva trägt das weiß**e** Kleid.

Как вы видите, в обоих предложениях прилагательные имеют различные окончания, хотя род, число и падеж совпадают. Причиной этого является то, что окончание определяется формой артикля, предшествующего прилагательному и существительному.

Окончания прилагательных могут быть разделены на три группы: после определённого артикля (см. 1. 2.), после неопределённого артикля (см 1. 3.) и без артикля (см. 1. 4.). Окончания прилагательных после притяжательных артиклей попадают в две из этих групп.

Важное правило для окончаний прилагательных таково: вы должны иметь возможность определить род, число и падеж либо по артиклю, либо по окончанию прилагательного.

Если артикль содержит эту информацию, то у прилагательного появляется окончание *-e* или *-en.* (определённый артикль *der* указывает на мужской род, именительный падеж, единственное число. В таком случае прилагательное приобретает окончание *-e: der nett-e Mann*).

Если же артикль не даёт вам этой информации, то эту роль должно выполнить прилагательное (неопределённый артикль *ein* может указывать на мужской род, *Nominativ* единственное число – напр. *ein Mann-*, или же на средний род, *Nominativ,* единственное число – напр. *ein Kind-*, или средний род, *Akkusativ,* единственное число – тоже *ein Kind*). Если прилагательное стоит перед существительным мужского рода, единственного числа в *Nominativ,* то прилагательное приобретает окончание *-er: ein netter Mann*). Заметили ли вы уже совпадение между артиклем *der* и окончанием *-er?* Ещё больше совпадений вы заметите, если посмотрите таблицу.

1.2. Окончания прилагательных после определённых и притяжательных артиклей или *kein-* с существительными во множественном числе.

	Nominativ	Akkusativ	Dativ
мужской женский средний	d**er** nette Mann di**e** nette Frau da**s** nette Kind	d**en** nett**en** Mann di**e** nette Frau da**s** nette Kind	d**em** nett**en** Mann d**er** nett**en** Frau d**em** nett**en** Kind
Мн. число	di**e** nett**en** Freunde mein**e** nett**en** Freunde kein**e** nett**en** Freunde	di**e** nett**en** Freunde mein**e** nett**en** Freunde kein**e** nett**en** Freunde	d**en** nett**en** Freunde**n** mein**en** nett**en** Freunde**n** kein**en** nett**en** Freunde**n**

Прилагательные приобретают такие же окончания после некоторых слов, употребляющихся в роли артикля:

dies- = этот, *jed-* = каждый, *alle* = все, *manch-* = некоторый, (*во множ. числе* – многие), *welch-?* = какой?

LEKTION 1

1.3. Окончания прилагательных после неопределённого или притяжательного артикля с существительными в единственном числе

	Nominativ	Akkusativ	Dativ
masculinum	(k)ein / mein netter Mann (der)	(k)einen / meinen netten Mann (den)	(k)einem netten Mann (dem)
femininum	(k)eine / meine nette Frau (die)	(k)eine / meine nette Frau (die)	(k)einer netten Frau (der)
neutrum	(k)ein / mein nettes Kind (das)	(k)ein / mein nettes Kind (das)	(k)einem netten Kind (dem)

1.4. Окончания прилагательных, если перед ними не стоит артикль

	Nominativ	Akkusativ	Dativ
masculinum	deutscher Wein (der)	deutschen Wein (den)	deutschem Wein (dem)
femininum	heiße Suppe (die)	heiße Suppe (die)	heißer Suppe (der)
neutrum	frisches Brot (das)	frisches Brot (das)	frischem Brot (dem)
Plural	italienische Äpfel (die)	italienische Äpfel (die)	italienischen Äpfeln (den)

Прилагательные приобретают те же окончания и после некоторых слов, употребляющихся в роли артикля *viele* = многие, *wenige* = немногие, *einige* = некоторые, а также всех числительных во множественном числе.

1.5. Исключения из правила склонения прилагательных (§ 6, с. 132)

A. Прилагательные, заканчивающиеся на *-el* и *-er*, теряют *-e-* при приобретении ими нового окончания:

a) dunkel → der dunkle Rock
b) teuer → der teure Rock

B. эти прилагательные теряют в конце *-с*:
a) links → der linke Arm
b) rechts → der rechte Arm

C. Прилагательные, заканчивающиеся на *-a*, никогда не приобретают новых окончаний:
a) rosa → der rosa Pullover
b) lila → die lila Bluse
c) prima → eine prima Idee

D. *hoch* изменяется на *hoh-*:
a) hoch → das hohe Haus

1.6. Субстантивированные прилагательные (§ 3б, с. 131)

Некоторые прилагательные употребляются в качестве существительных и называются субстантивированными прилагательными.

Der <u>kranke Mann</u> muss zum Arzt gehen. Der <u>Kranke</u> muss zum Arzt gehen.

В этих случаях они пишутся с большой буквы, как все существительные в немецком языке, но склоняются как прилагательные.

	der / die	ein / eine
arbeitslos	de**r** / di**e** Arbeitslose	ein Arbeitslose**r** / eine Arbeitslose
deutsch	de**r** / di**e** Deutsche	ein Deutsche**r** / eine Deutsch**e**
krank	de**r** / di**e** Kranke	ein Kranke**r** / eine Krank**e**

Прилагательные становятся существительными среднего рода после слов *viel, wenig, etwas, nichts*.

da**s** Neue	Ich habe <u>nichts Interessantes</u> im Radio gehört.
da**s** Komische	Heute habe ich <u>etwas Komisches</u> gesehen.
da**s** Gute	Ich habe <u>viel Gutes</u> von ihm gehört.
da**s** Neue	Ich habe <u>wenig Neues</u> gesehen.

1.7. Упражнение
Допишите окончания прилагательных.

a) Das ist ein schön_____ Pullover.
b) Sie trägt den neu_____ Pullover.
c) Das dezent_____ Make-up steht dir gut.
d) Dezent_____ Make-up steht dir gut.
e) Meine schwarz_____ Schuhe passen nicht zum Kleid.
f) Schwarz_____ Schuhe passen nicht zum Kleid.
g) Die Bluse passt zum rot_____ Rock. (Вспомните: *zum* образовано от *zu dem*)
h) Die Bluse passt zu meinem rot_____ Rock.
i) Ich möchte das kurz_____ Kleid anziehen.
j) Ich möchte ein kurz_____ KIeid anziehen.

1.8. Упражнение
Переведите предложения на немецкий. Если нужно, употребите субстантивированные прилагательные. Не забудьте, что они пишутся с большой буквы.

a) Журналист разговаривал с безработным панком.

b) Я пью только немецкое пиво.

c) Мой муж немец.

d) Врач посетил больных сестёр.

e) Врач посетил своих больных.

f) Врач посетил больных.

LEKTION 1

1.9. Упражнение

Дополните прилагательные окончаниями. Ещё раз напоминаем: субстантивированные прилагательные пишутся с большой буквы.

a) Monika hat einen (neu) _____ Freund.
b) Er ist nicht (deutsch) _____, sondern Amerikaner.
c) Christiane hat (schwarz) _____ Haare und (dunkel) _____ Augen.
d) Sein (schmal) _____ Gesicht sieht sehr (interessant) _____ aus.
e) Ihr (nett) _____ Freund kocht auch gern für Monika und ihre (englisch) _____ Freunde.
f) Jetzt essen sie oft (amerikanisch) _____ Pfannkuchen.
g) Manchmal erzählt er etwas (interessant) _____ von seinem Land.

2. Сравнение (§ 8, с. 133)

Сравните два предложения:

Eva ist (genau) so groß wie Peter.   Ева такая же высокая, как и Петер.
Hans ist größer als Peter.   Ханс выше Петера.

Если два предмета, которые сравниваются, одинаковы, то употребляется конструкция: *(genau)so* + прилагательное + *wie*. Если же сравниваемые предметы различны, нужно употребить форму: сравнительная степень прилагательного+ *als*.

Запомните: Сравнительная степень прилагательного **всегда** образуется прибавлением суффикса *-er* к прилагательному. В немецком языке нет сложной русской формы со словом *более* (смотрите также „Themen aktuell 1", глава 9. 4).

Два сравниваемых элемента всегда находятся в одинаковом падеже.

Er besucht mich so oft wie dich.   Он приходит ко мне так же часто, как и к тебе.
Er besucht mich so oft wie du.   Он приходит ко мне так же часто, как и ты.

2.1. Упражнение

Вставьте *als* или *wie*.

a) Kontaktlinsen trage ich lieber _____ die Brille.
b) Corinna ist etwa so schlank _____ ihre Mutter.
c) Meine Freundin sieht so schön aus _____ ein Fotomodell.
d) Marianne ist viel intelligenter _____ ihr Vater.
e) Mit dem schwarzen Kleid wirkst du so elegant _____ mit dem roten.
f) Dein Gesicht ist runder _____ das deiner Mutter.

3. Dies-, manche, jed-, alle

эти слова склоняются как определённые артикли *der/die/das*.

masculinum	Nominativ	der	dieser	mancher	jeder
	Akkusativ	den	diesen	manchen	jeden
	Dativ	dem	diesem	manchem	jedem
	Genitiv	des	dieses	manches	jedes
femininum	Nominative	die	diese	manche	jede
	Akkusative	die	diese	manche	jede
	Dative	der	dieser	mancher	jeder
	Genitive	der	dieser	mancher	jeder
neutrum	Nominativ	das	dieses	manches	jedes
	Akkusativ	das	dieses	manches	jedes
	Dativ	dem	diesem	manchem	jedem
	Genitiv	des	dieses	manches	jedes
Plural	Nominativ	die	diese	manche	alle
	Akkusativ	die	diese	manche	alle
	Dativ	den	diesen	manchen	allen
	Genitiv	der	dieser	mancher	aller

Сравните два предложения: Jeder Mensch braucht Liebe.
Alle Menschen brauchen Liebe.

Оба предложения имеют один и тот же смысл, но *jed* – относится к глаголу в единственном числе, в то время как *alle* – во множественном.

3.1. Упражнение
Переведите слова и вставьте их в предложения.

a) (эта причёска) _____ steht dir gut.
b) (Некоторые коллеги) _____ haben meine langen Haare langweilig gefunden.
c) Ich habe (эта юбка) _____ und (эти туфли) _____ gekauft.
d) (Всем) _____ hat meine KIeidung gefallen.
e) (Каждый) _____ war der Meinung: jetzt sehe ich jünger aus.
f) (Каждая женщина) _____ kann ihren Stil finden.

4. Was für ein-?, welch-?

○ Was für eine Jacke möchtest du denn kaufen?
□ Eine warme (Jacke). (Eine Winterjacke.)

○ Welche Jacke ziehst du denn an?
□ Die warme (Jacke). (Die Winterjacke.)
   Meine warme (Jacke). (Meine Winterjacke.)

○ Какую куртку ты хочешь купить?
□ Тёплую. (Зимнюю куртку.)

○ Какую куртку ты наденешь?
□ Тёплую (Зимнюю куртку).
   Мою тёплую. (Мою зимнюю куртку.)

Lektion 1

В первом предложении вы спрашиваете вообще о куртке, а не о какой-то конкретной. Поэтому в ответе – неопределённый артикль. Само существительное может быть опущено.

Во втором предложении речь идёт о конкретной куртке, и поэтому в ответе употреблён определённый (или же притяжательный) артикль. Существительное тоже может не повторяться.

Was für ein-? склоняется как неопределённый артикль *ein/eine/ein*. Во множественном числе употребляется конструкция *was für* + существительное, например: *Was für Schuhe ziehst du heute abend an?*

Welch-? склоняется как определённый артикль *der/die/das* (см. „*Themen aktuell 1*", глава 10, 5).

4.1. Упражнение
Заполните пропуски в предложениях.

a) ○ _____ Frisur hat er denn? □ Eine Irokesenfrisur.
b) ○ Mit _____ Kollegen arbeitest du nicht gern zusammen? □ Mit Paul Henning und Ute Peters.
c) ○ _____ Augen hat denn dein Sohn? □ Blaue.
d) ○ Welche Schuhe ziehst du zu dem Kleid an? □ _____ (blau)
e) ○ Was für einen Anzug trägst du zur Hochzeit? □ _____ (schwarz)
f) ○ Zu welchem Arzt gehst du? □ _____ (Dr. Berg)
g) ○ Zu_____ Arzt gehst du? □ Zu einem Frauenarzt.

4.2. Упражнение
Подберите ответы из рамки к вопросам.

Eine hübsche.	Die rothaarige.
Friederike Meier.	Meine Sekretärin.
Eine freundliche und ruhige.	Eine intelligente Frau.
Eine mit Charakter.	Die dicke dort.

a) ○ Welche Frau gefällt dir?
   □ _____
   □ _____
   □ _____
   □ _____

b) ○ Was für eine Sekretärin möchtest du?
   □ _____
   □ _____
   □ _____
   □ _____

5. *Etwa / ungefähr, fast, (genau)so, über* (§ 8, с. 133)

В выражении *so ... wie* эти *Adverbien* могут употребляться для уточнения сравнения.

Klaus ist <u>etwa so groß</u> wie Hans.   Клаус приблизительно такой же высокий, как Ханс.

Klaus ist <u>ungefähr so groß</u> wie Hans.   Клаус примерно такой же высокий, как Ханс.

LEKTION 1

Klaus ist <u>fast so groß wie</u> Hans.
Eva ist <u>genauso groß wie</u> Peter.

Клаус почти такой же высокий, как Ханс.
Ева точно такая же высокая, как Петер.

6. Partikel *ja*

A. *ja* – употребляется в сообщениях, когда говорящий и слушающий уверены, что оно правильно или очевидно.

Heinz will <u>ja</u> wieder arbeiten. – Хайнц же хочет снова пойти на работу (ты знаешь …).

B. *ja* – употребляется для выражения удивления говорящего чем-то, что он сам только что заметил и что явилось для него в определённой степени неожиданностью.

Heinz hat sich <u>ja</u> eine normale Frisur gemacht! – Ты заметил, Хайнц сделал себе нормальную причёску.

C. *ja … aber* – соответствует русскому *хоть (хотя) … но*.

Heinz sieht <u>ja</u> verrückt aus, <u>aber</u> das Arbeitsamt darf sein Aussehen nicht kritisieren. Хоть Хайнц и выглядит вызывающе, биржа труда не имеет права критиковать его внешний вид.

6.1. Упражнение
Каким из перечисленных выше значений (1, 2 или 3) соответствуют приведённые предложения?

a) Der Arzt hat ja Recht, aber ich kann ohne Zigaretten nicht leben. ☐
b) Ist das dein neuer Chef? Der ist ja attraktiv! ☐
c) Ich schenke Bettina eine Bluse, sie hat ja morgen Geburtstag. ☐
d) Maria hat gekündigt. Sie war ja nicht zufrieden mit der Arbeit. ☐
e) Mein Gott, das Baby hat ja die hässliche Nase von seinem Vater! ☐

7. Личные письма

Письма друзьям и родственникам всегда имеют личностный налёт. Но на некоторые детали нужно всё же обратить внимание. Немцы очень скрупулёзно относятся к правилам написания писем.

– впишите место и дату в верхнем правом углу, например, *Wladiwostok, 22. Mai 2000*
  Запомните: По новым стандартам, принятым в Германии, число может писаться и так: 1999-05-22 или 99-05-22.

– начинается письмо словом *Liebe* (при обращении к женщине), *Lieber* (при обращении к мужчине);
если вы обращаетесь сразу к нескольким лицам, то к каждому лучше обращаться отдельно: *Liebe Maria, lieber Peter;* но не ошибка и *Liebe Peter, Maria und Claudia;* после обращения ставится запятая, а не восклицательный знак, следующая строка начинается с маленькой буквы;

– личные местоимения и притяжательные артикли пишутся с маленькой буквы: *du, dir, dich, dein (Singular), ihr, euch, euer (Plural)*. При уважительном обращении к одному человеку «на Вы» (второе лицо единственного числа) или ко многим людям (второе лицо множественного числа) в немецком языке нужно писать *Sie, Ihr, Ihnen*, то есть с большой буквы.

LEKTION 1

– заканчивается письмо пожеланиями, например:

Viele Grüße	Herzliche Grüße	Viele liebe Grüße	Viele Grüße
(dein) Markus	(deine) Angelika	(euer) Markus	(Ihre) Angelika

Запомните: Между пожеланием и подписью обычное в русском языке тире не ставится.

– И последнее замечание: На письме немцы не отступают несколько знаков в начале абзаца, не делают «красной строки».

                                                                     Wladiwostok, 22. Mai 2000

Liebe Maria,
wie geht es dir? _____
_____
_____

Viele Grüße
dein Steven

7.1. Упражнение

Напишите письмо, используя приведённый ниже план.

В отпуске Вы встретились с замечательным мужчиной / замечательной женщиной. Напишите письмо своему другу и расскажите ему о нём или о ней.

– где Вы встретили этого мужчину или эту женщину,
– как она или он выглядели,
– опишите некоторые подробности характера,
– что вы делали вместе.

LEKTION 1

1. Was findet man bei einem Menschen normalerweise positiv, was negativ?

| nett lustig sympathisch dumm intelligent |
| freundlich langweilig unsympathisch hässlich |
| attraktiv ruhig hübsch schön schlank |
| dick komisch nervös gemütlich unfreundlich |

positiv	negativ

Nach Übung **2** im Kursbuch

2. Was passt nicht?

a) nett – freundlich – sympathisch – hübsch
b) schlank – intelligent – groß – blond
c) alt – dick – dünn – schlank
d) blond – langhaarig – attraktiv – schwarzhaarig
e) hässlich – hübsch – schön – attraktiv
f) nervös – ruhig – gemütlich – jung
g) nett – komisch – unsympathisch – unfreundlich

Nach Übung **2** im Kursbuch

3. „Finden" oder „aussehen" oder „sein"? Was passt?

a) Jens _____ ich langweilig _____ .
b) Vera _____ sympathisch _____ .
c) Anna _____ blond _____ .
d) Gerd _____ ich attraktiv _____ .
e) Ute _____ intelligent _____ .
f) Paul _____ 30 Jahre alt _____ .
g) Vera _____ 1 Meter 64 groß _____ .
h) Gerd _____ traurig _____ .
i) Paul _____ ich hässlich _____ .

Nach Übung **2** im Kursbuch

4. Was passt? Ergänzen Sie.

Renate 157   Karin 159   Nadine 170   Sonja 172   Christa 186

| ein bisschen / etwas |
| über |
| nur/bloß |
| fast |
| mehr |
| viel genau |
| etwa/ungefähr |

a) Karin ist _____ größer als Renate.
b) Karin ist _____ 10 Zentimeter kleiner als Nadine.
c) Sonja ist _____ 2 Zentimeter größer als Nadine.
d) Christa ist _____ größer als Nadine.
e) Nadine ist _____ als 10 Zentimeter größer als Karin.
f) Nadine ist _____ 10 Zentimeter größer als Karin.
g) Christa ist _____ 30 Zentimeter größer als Renate.
h) Christa ist _____ 14 Zentimeter größer als Sonja.

Nach Übung **3** im Kursbuch

LEKTION 1

5. Was ist typisch für ...?

a) Arnold Schwarzenegger
Arme: stark _die starken Arme_.
Schultern: breit _die breiten Schultern_.
Augen: schmal _die schmalen Augen_.
Figur: attraktiv _die attraktive Figur_.

b) Danny de Vito
Beine: kurz _die kurzen Beine_.
Bauch: dick _der dicke Bauch_.
Gesicht: rund _der runde Gesicht_.
Hände: klein _die kleinen Hände_.

c)

Naomi Campbell

Beine: lang _die langen Beine_.
Haut: braun _die braune Haut_.
Mund: groß _der große Mund_.
Figur: schlank _die schlanke Figur_.

d)

Harry Potter

Brille: rund _die runde Brille_.
Nase: klein _die kleine Nase_.
Haare: schwarz _die schwarzen Haare_.
Kopf: klug _der kluge Kopf_.

6. Was passt nicht?

a) Gesicht: schmal – rund – stark – breit
b) Augen: groß – klein – schmal – schlank
c) Nase: rund – lang – breit – kurz – dick – klein
d) Beine: lang – dünn – schlank – groß – dick – kurz
e) Mensch: groß – kurz – klein – schlank – dünn – dick

LEKTION 1

7. Hartmut hatte Geburtstag. Wer hat ihm die Sachen geschenkt? Schreiben Sie.

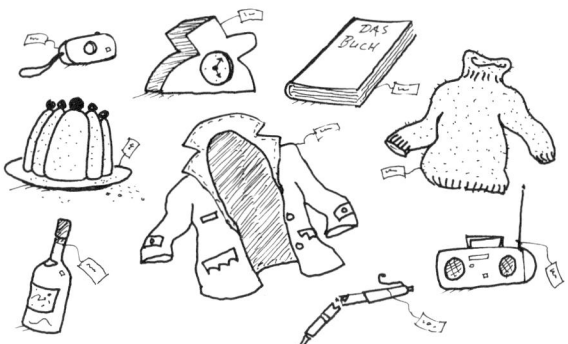

a) Fotoapparat: billig
   Den billigen Fotoapparat hat
   Bernd ihm geschenkt.
b) Uhr: komisch/Petra
c) Buch: langweilig/Udo
d) Pullover: hässlich/Inge
e) Kuchen: alt/Carla
f) Wein: sauer/Dagmar
g) Jacke: unmodern/Horst
h) Kugelschreiber: kaputt/Holger
i) Radio: billig/Rolf

8. Mit welcher Farbe malt man diese Dinge?

| braun | rot | gelb | schwarz | grün | weiß | blau |

a) Sonne: _____
b) Feuer: _____
c) Schnee: _____
d) Wasser: _____
e) Nacht: _____
f) Wiese: _____
g) Erde: _____

9. „Welches findest du besser?" Schreiben Sie.

a) Kleid (lang/kurz)
   Welches Kleid findest du besser,
   das lange oder das kurze?
b) Mantel (gelb/braun)
c) Jacke (grün/weiß)
d) Pullover (dick/dünn)
e) Mütze (klein/groß)
f) Hose (blau/rot)
g) Handschuhe (weiß/schwarz)

10. Ordnen Sie.

| manchmal | sehr oft | nie | meistens / fast immer | selten | fast nie / sehr selten | immer | oft |

nie → _____ → _____ → _____ → _____ → _____ → _____ → _____

neunzehn **19**

LEKTION 1

11. Kennen Sie das Märchen von König Drosselbart? Die schöne Königstochter soll heiraten, aber kein Mann gefällt ihr.

Nach Übung **10** im Kursbuch

"Nimm doch den hier!"

"Wie hässlich!
So ein dicker Hals gefällt mir nicht."

Was sagt sie über die anderen Männer? Schreiben Sie.
b) _Wie hässlich! So ein_ _____
...

Brust	Mund	Arme	Beine	Bauch	Nase	Gesicht
lang	dick	kurz	traurig	dünn	groß	schmal

Nach Übung **11** im Kursbuch

12. Bildlexikon. Wie heißen die Kleidungsstücke? Schreiben Sie auch die Artikel.

a) _die_ _Jacke_
b) _das_ _Kleid_
c) _____
d) _____
e) _____
f) _____
g) _____
h) _____
i) _____
j) _____
k) _____

13. Was passt?

Nach Übung 11 im Kursbuch

Aussehen	Mensch/Charakter	Haare	Kleidung

a) ____________________ : dünn – lang – blond – dunkel – kurz – hell – rot – braun
b) ____________________ : sportlich – elegant – konservativ – teuer – neu – attraktiv – schön – modern
c) ____________________ : intelligent – dumm – klug – langweilig – gefährlich – ehrlich – konservativ – komisch – nett – alt – lustig – nervös – ruhig – jung
d) ____________________ : schön – hübsch – interessant – hässlich – attraktiv – schlank – groß – dick – klein

14. Beschreiben Sie die Personen.

Nach Übung 11 im Kursbuch

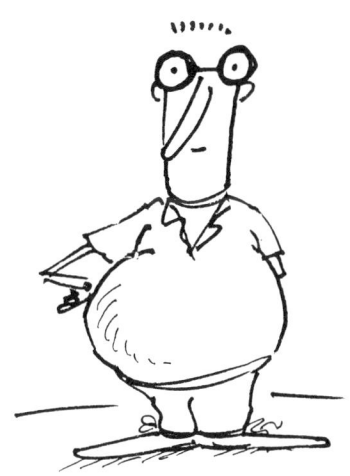

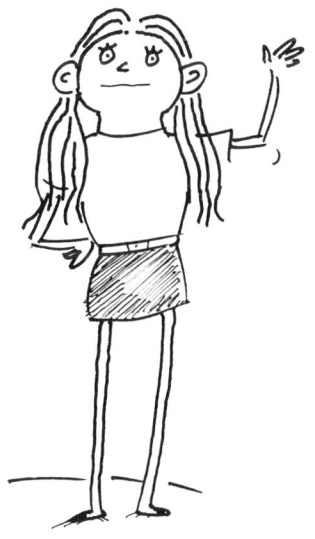

a) Er hat *einen dicken* Bauch.
____________________ Beine.
____________________ Füße.
Haare.
____________________ Brille.
____________________ Gesicht.
____________________ Nase.
____________________ Mund.

b) Sein Bauch ist *dick.*
Seine Beine sind ____________________
Seine Füße sind ____________________
Seine Haare sind ____________________
Seine Brille ist ____________________
Sein Gesicht ist ____________________
Seine Nase ist ____________________
Sein Mund ist ____________________

c) Sie hat ____________________ Ohren.
____________________ Haare.
____________________ Nase.
____________________ Mund.
____________________ Beine.
____________________ Gesicht.
____________________ Füße.
____________________ Hals.

d) Ihre Ohren sind ____________________
Ihre Haare sind ____________________
Ihre Nase ist ____________________
Ihr Mund ist ____________________
Ihre Beine sind ____________________
Ihr Gesicht ist ____________________
Ihre Füße sind ____________________
Ihr Hals ist ____________________

LEKTION 1

15. Ergänzen Sie.

a) Er trägt einen schwarz*en* Pullover mit einem weiß*en* Hemd.
b) Sie trägt einen blau*en* Rock mit einer gelb*en* Bluse.
c) Er trägt schwer*e* Schuhe mit dick*en* Strümpfen.
d) Sie trägt einen dunkl*en* Rock mit einem rot*en* Pullover.
e) Sie trägt ein weiß*es* Kleid mit einer blau*en* Jacke.
f) Sie trägt eine braun*e* Hose mit braun*en* Schuhen.

16. Ihre Grammatik. Ergänzen Sie.

	Nominativ	Akkusativ	Dativ
Mantel: rot	ein roter Mantel	einen	
Hose: braun			
Kleid: blau			
Schuhe: neu			

17. Ergänzen Sie.

● Sag mal, was soll ich anziehen?

a) ■ Den schwarz*en* Mantel mit der weiß*en* Mütze.
b) ■ Das blau_____ Kleid mit der rot_____ Jacke.
c) ■ Die braun_____ Schuhe mit den grün_____ Strümpfen.
d) ■ Die hell_____ Bluse mit dem gelb_____ Rock.
e) ■ Die rot_____ Jacke mit dem schwarz_____ Kleid.

18. Ihre Grammatik. Ergänzen Sie.

	Nominativ	Akkusativ	Dativ
Mantel: rot	der rote Mantel	den	
Hose: braun			
Kleid: blau			
Schuhe: neu			

LEKTION 1

19. Schreiben Sie Dialoge.

a) Bluse: weiß, blau

● _Du suchst doch eine Bluse._
   Wie findest du die hier?
▪ _Welche meinst du?_
● _Die weiße._
▪ _Die gefällt mir nicht._
● _Was für eine möchtest du denn?_
▪ _Eine blaue._

b) Hose: braun, schwarz
c) Kleid: kurz, lang
d) Rock: rot, gelb
e) Schuhe: blau, weiß

Nach Übung **17** im Kursbuch

20. Ihre Grammatik. Ergänzen Sie.

	Nominativ	Akkusativ	Dativ
Mantel	Was für ein Mantel? Welcher Mantel?	Was für ei Welch	Mit was für Mit
Hose			
Kleid			
Schuhe			

Nach Übung **17** im Kursbuch

21. Was passt?

a) schreiben : Schriftsteller / Musik machen : _____
b) Mutter : Vater / Tante : _____
c) Bruder : Schwester / Sohn : _____
d) Gramm (g) : Kilo (kg) / Zentimeter (cm) : _____
e) Chefin : Chef / Ehefrau : _____
f) wohnen : Nachbar / arbeiten : _____
g) Frau : Bluse / Mann : _____
h) Geburtstag haben : Geburtstagsfeier / heiraten : _____
i) schlecht hören : Hörgerät / schlecht sehen : _____
j) nichts : alles / leer : _____
k) Sorgen : viele Probleme / Glück : _____

Nach Übung **17** im Kursbuch

LEKTION 1

22. Ergänzen Sie „welch-?" und „dies-".

a)
- _Welcher_ Rock ist teurer? — _Dieser_ rote hier.
- _Welche_ Hose ist teurer? — _Diese_ braune hier.
- _Welches_ Kleid ist teurer? — _Dieses_ gelbe hier.
- _Welche_ Strümpfe sind teurer? — _Diese_ blauen hier.

b)
- _Welcher_ Anzug nimmst du? — _Dieser_ schwarzen hier.
- _Welche_ Bluse nimmst du? — _Diese_ weiße hier.
- _Welches_ Hemd nimmst du? — _Dieses_ blaue hier.
- _Welche_ Schuhe nimmst du? — _Diese_ braunen hier.

c)
- Zu _welchem_ Rock passt die Bluse? — Zu _diesem_ roten hier.
- Zu _welcher_ Hose passt das Hemd? — Zu _dieser_ weißen hier.
- Zu _welchem_ Kleid passt der Mantel? — Zu _diesem_ braunen hier.
- Zu _welchen_ Schuhen passt die Hose? — Zu _diesen_ schwarzen hier.

23. Ergänzen Sie.

```
kritisieren    Test    das Arbeitsamt    der Prozess    die Angestellte
das Ergebnis    angenehm    verrückt    Arbeitgeberin
der Typ    die Stelle    pünktlich    der Wagen
```

a) Frau Brandes hat die Firma gekauft. Sie ist jetzt _Arbeitgeberin_ und hat 120 _Angestellte_.
b) Hans ist arbeitslos. Er bekommt Geld vom _Arbeitsamt_.
c) Hans kommt nie zu spät. Er ist immer _pünktlich_.
d) Eine Irokesenfrisur, das ist doch nicht normal, das ist _verrückt_.
e) Frau Peters ist ruhig, nett und freundlich. Sie ist wirklich eine _angenehme_ Kollegin.
f) Karin hat ihren _Prozess_ gewonnen. Das Gericht hat ihr Recht gegeben.
g) Lutz ist glücklich. Er war drei Monate arbeitslos, aber jetzt hat er eine neue _Stelle_ gefunden.
h) Franz war gestern beim Arzt und hat einen Bluttest gemacht. Das _Ergebnis_ bekommt er nächste Woche.
i) Heinz hat seine Arbeit immer gut gemacht. Sein Chef musste ihn nie _kritisieren_.
j) Heinz sieht komisch aus, aber er ist ein sehr netter _Typ_.
k) Morgen geht Sonja zu Fuß zur Arbeit. Ihr _Wagen_ ist kaputt.
l) Der _Test_ war positiv: Die Qualität des Produkts ist sehr gut.

LEKTION 1

24. „Jeder", „alle" oder „manche"? Ergänzen Sie.

a) ● Wie finden Sie die Entscheidung des Arbeitsamtes? ■ Richtig! __Alle__ Punks sind doch gleich! Die wollen doch nicht arbeiten. Das weiß man doch.
● Aber __manche__ suchen doch Arbeit! Heinz Kuhlmann zum Beispiel.
■ Das glaube ich nicht.
b) ● Finden Sie __jeden__ Punk unsympathisch?
■ Nein. Es gibt auch nette Punks. Nur __manche__ mag ich nicht.
c) ● Hat das Arbeitsamt Recht? ■ Nein, das Arbeitsamt muss __alle__ Personen die gleiche Chance geben, auch __jedem__ arbeitslosen Punk.
d) ● Gefallen Ihnen Punks? ■ Ich finde sie eigentlich ganz lustig, aber nicht __alle__ sind gleich. Viele tragen interessante Kleidung, nur __manche__ finde ich hässlich.

Nach Übung 18 im Kursbuch

25. Ihre Grammatik. Ergänzen Sie.

	Singular						Plural		
Nominativ	der	jeder	die	jede	das	jedes	die	alle	manche
Akkusativ	den		die		das				
Dativ	dem		der		dem				

Nach Übung 18 im Kursbuch

26. Ordnen Sie.

Du hast Recht.   Ich bin anderer Meinung.   Das finde ich nicht.   Das stimmt.
Das ist richtig.   Das ist falsch.   Das ist auch meine Meinung.
Das finde ich auch.   Das ist Unsinn.   So ein Quatsch!   Ich glaube das auch.
Einverstanden!   Das ist wahr.   Das stimmt nicht.   Das ist nicht wahr.

pro (+) | contra (–)

Nach Übung 21 im Kursbuch

27. Welche Verben passen am besten?

kündigen kritisieren verlangen zahlen tragen lügen

a) falsch, nicht wahr, nicht ehrlich: _____
b) unbedingt wollen, nicht bitten: _____
c) Geld, Rechnung, kaufen: _____
d) Kleidung, Schuhe, Schmuck: _____
e) schlecht finden; sagen, warum: _____
f) nicht mehr arbeiten wollen, unzufrieden, neuer Job: _____

Nach Übung 21 im Kursbuch

fünfundzwanzig **25**

LEKTION 2

Словарь

Verben

anbieten	предлагать	schaffen	создавать
anfangen	начинать	sollen	*означает*
aufhören	прекращать		*долженствование*
aussuchen	выбирать	stimmen	соответствовать
beginnen	начинать	suchen	искать
bestimmen	определять	verdienen	зарабатывать,
sich bewerben	подавать заявление		заслуживать
	(о приёме на работу или учёбу)	versprechen	обещать
		vorbereiten	готовить, подготавливать
dauern	длиться	werden	становиться, *также*
kämpfen	бороться		*вспомогательный глагол*
kennen	знать	zuhören	слушать *(кого- или что-либо)*
kennenlernen	знакомиться		
lösen	решать		

Nomen

die Antwort, -en	ответ	die Klasse, -n	класс
die Anzeige, -n	объявление	die Lehre, -n	профессиональная учеба
der Arzt, Ärzte	врач		
die Aufgabe, -n	задание	der Maurer, -	каменщик
die Ausbildung	образование	der Monat, -e	месяц
der Beruf, -e	профессия	die Möglichkeit, -en	возможность
der Betrieb, -e	предприятие	der Nachteil, -e	недостаток
die Bewerbung, -en	заявление *(о приёме на работу или учёбу)*	die Nummer, -n	номер
		der Politiker, -	политик
der Bundeskanzler, -	канцлер ФРГ	der Polizist, -en	полицейский
das Datum, Daten	дата	das Problem, -e	проблема
das Diplom, -e	диплом	die Prüfung, -en	экзамен
das Examen, -	экзамен	die Religion, -en	религия
der Export, -e	экспорт	die Schauspielerin, -nen	актриса
die Fahrt, -en	поездка		
die Firma, Firmen	фирма	die Schreibmaschine, -n	пишущая машинка
das Gehalt, Gehälter	зарплата		
der Grund, Gründe	причина	die Schule, -n	школа
die Grundschule, -n	начальная школа	der Schüler, -	школьник
das Gymnasium, Gymnasien	гимназия	die Sekretärin, -nen	секретарша
		das Semester, -	семестр
die Hauptsache, -n	главное	die Sicherheit, -en	безопасность
der Import, -e	импорт	die Sprache, -n	язык, речь
das Inland	своя страна *(в противоположность зарубежным странам)*	der Student -en	студент
		das Studium, Studien	учеба (в вузе)
		der Termin, -e	время и дата (встречи, мероприятия)
die Kantine, -n	рабочая столовая	der Text, -e	текст
der Kindergarten, Kindergärten	детский сад	die Universität, -en	университет
		die Verkäuferin, -nen	продавщица

26 sechsundzwanzig

LEKTION 2

der Vertrag, Verträge	договор	die Zahnärztin, -nen	зубной врач-женщина
der Vorteil, -e	преимущество		
die Wirtschaft	хозяйство, экономика	das Zeugnis, -se	табель (школьный)
der Zahnarzt, -ärzte	зубной врач	die Zukunft	будущее

Adjektive

anstrengend	напряженный	schlimm	плохой *(субъективная оценка)*
arbeitslos	безработный		
ausgezeichnet	отличный	schmutzig	грязный
bekannt	знакомый	schwer	тяжёлый
dringend	срочный	selbstständig	самостоятельный
leicht	лёгкий	sicher	безопасный, надёжный
sauber	чистый	toll	прекрасный, фантастический
schlecht	плохой		
		wichtig	важный

Adverbien

hiermit	настоящим *(в выражении «настоящим сообщаем …»)*	mindestens	минимум
		praktisch	практически

Funktionswörter

dann	тогда, в таком случае	trotzdem	несмотря на это
denn	так как, потому что, ибо	von … bis …	от … до …
deshalb	поэтому	wann?	когда?
mehrere	многие	warum?	почему?
obwohl	хотя	weil	потому что
seit	с, со *(с выражением времени)*	wenn	*здесь:* если

Ausdrücke

im Augenblick	в настоящий момент	von je 100 Personen	от каждых ста человек, на каждые сто человек
mit einem Wort	одним словом		
Sehr geehrte Damen und Herren	Уважаемые дамы и господа … *(принятое обращение)*		

siebenundzwanzig 27

LEKTION 2

Грамматика

1. Модальные глаголы

1.1. Простое прошедшее время модальных глаголов (§ 19a, с. 138)

Простое прошедшее время модальных глаголов образуется добавлением суффикса *-te* к корню в настоящем времени. *Umlaut* при этом из корня исчезает.

Инфинитив	корень настоящего времени			корень простого прошедшего времени	
können	könn-			konnte-	

	wollen	sollen	können	dürfen	müssen	окончания
ich	wollte	sollte	konnte	durfte	musste	
du	wolltest	solltest	konntest	durftest	musstest	-st
er/sie/es	wollte	sollte	konnte	durfte	musste	
wir	wollten	sollten	konnten	durften	mussten	-n
ihr	wolltet	solltet	konntet	durftet	musstet	-t
sie/Sie	wollten	sollten	konnten	durften	mussten	-n

По таблице вы можете увидеть, что первое и третье лицо единственного числа не имеют окончаний.

Эти глаголы употребляются для обозначения времени, которое предшествовало главной теме в прошлом, выраженной в *Perfekt*.

Ich habe Medizin <u>studiert</u>. Dann <u>habe</u> ich drei Jahre lang in einem Krankenhaus <u>gearbeitet</u>. Aber eigentlich <u>wollte</u> ich Schauspielerin werden.

(Я хотела стать актрисой ещё до того, как я начала учиться и работать).

1.2. *Sollte*

Sollen в простом прошедшем времени означает, что просьба, требование, совет или желание третьего лица остались без внимания.

Paula sollte Zahnärztin werden.   Паула должна была стать зубным врачом. (Её родители хотели, чтобы она стала зубным врачом).

1.3. Риторические вопросы с *sollen*

Sollen употребляется для выражения расстройства и возмущения из-за невозможности найти выход из ситуации. Оно может быть усилено частицами *denn* или *denn sonst*.

Ich finde keine Arbeit.   Я не могу найти работу.

Was <u>soll</u> ich <u>denn</u> machen?   Что мне делать? (Что мне теперь остаётся делать?)

Ich studiere nur, weil ich keine Arbeit finden konnte.   Я учусь только потому, что я не мог найти работу.

Was <u>sollte</u> ich <u>denn sonst</u> machen?   Что мне ещё оставалось делать?

LEKTION 2

1.4. Упражненеие
Дополните предложения нужными модальными глаголами в простом прошедшем времени.

a) Eigentlich _____ Anna Medizin studieren, aber sie hatte keine Lust.
b) Markus _____ nicht Dolmetscher werden, weil er nicht drei Sprachen spricht.
c) Martha war krank. Deshalb _____ sie drei Monate im Krankenhaus bleiben.
   Sie _____ nicht aufstehen.
d) Mein Vater war Taxifahrer und hatte ein Taxi. So bin ich auch Taxifahrer geworden.
   Was _____ ich denn sonst machen?
e) Heiko _____ seinen Beruf nicht selbst bestimmen, weil seine Eltern
   das nicht _____.

2. Главные и придаточные предложения (§ 22–24, с. 141)

2.1. Структура придаточного предложения (§ 22)
Все придаточные предложения в немецком языке связываются с главным союзами, такими как *weil, obwohl, wenn* и т.п. Кроме того, порядок слов в них отличается от порядка слов в главном предложении.

	союз	Vorfeld	Verb1	Subj.	Objekt	Bestim-mung	Objekt	Verb2	(Verb1) в прид.
гл. гл.		Hans Er	möchte kann			dann	Dolmetscher alle Sprachen	werden. verstehen.	
гл. прид.	weil	Hans	möchte	er		dann	Dolmetscher alle Sprachen	werden. verstehen	kann.

Запомните: В придаточном предложении предглагольная позиция и позиция глагола остаются свободными. Подлежащее занимает своё место, как правило, после союза. **Глагол 1 отправляется в конец придаточного предложения.**

2.2. Место придаточного предложения (§ 23, с. 141)
Придаточное предложение может стоять перед главным или после него, например: *Wenn Hans viele Sprachen lernt, kann er Dolmetscher werden.* Или: *Hans kann Dolmetscher werden, wenn er viele Sprachen lernt.* Два предложения, как и в русском языке, разделяются запятой. Если придаточное стоит перед главным предложением, то оно занимает предглагольную позицию главного. Главное предложение всегда начинается с глагола, а подлежащее занимает место после него.

Vorfeld	Verb1	Subjekt	Objekt	Bestimmung	Objekt	Verb2
Wenn H. ... lernt,	kann	er			Dolmetscher	werden.

LEKTION 2

3. Связь предложений (§ 27, с. 143, § 28, с. 144)

Союзы – это слова, связывающие два предложения в одно содержательное и грамматическое целое. Союзы в немецком языке имеют дополнительную функцию индикатора типа предложения, которое за ними следует. Посмотрите внимательно приведённые ниже предложения, обратите внимание на союзы в них и на их роль в определении места $Verb_1$.

	союз	Vorfeld	$Verb_1$	Subj.	Objekt	Bestim-mung	Objekt	$Verb_2$	($Verb_1$) в прид.
глав.		Hans	möchte				Dolmetscher	werden,	
глав.	denn	er	kann			dann	alle Sprachen	verstehen.	
глав.		Hans	möchte				Dolmetscher	werden,	
глав.		deshalb	hat	er			Englisch	gelernt.	
		er	hat			deshalb	Englisch	gelernt.	
глав.		Hans	möchte				Dolmetscher	werden,	
прид.	weil			er		dann	alle Sprachen	verstehen	kann.

Как видите, есть три типа соединения в сложных предложениях и три типа порядка слов в придаточном, с двумя из которых мы уже знакомились раньше (см. „*Themen aktuell 1*", глава 9.8.).

A. Соединительные союзы объединяют два главных предложения, находясь при этом за рамками конструкции, например, перед *Vorfeld*. Подлежащее, как правило, занимает предглагольную позицию. Слово *aduso* поможет вам запомнить пять начальных букв пяти основных союзов этой группы: *aber, denn, und, sondern, oder*.
B. Соединительные причастия тоже соединяют два главных предложения, но в отличие от первой группы являются грамматически частью предложения и занимают или же предглагольную позицию, или позицию определения. В эту группу входят слова: *also, da, dann, das, deshalb, dort, so, trotzdem* и др.
C. Подчинительные союзы соединяют главное и придаточное предложения. Порядок слов в придаточном предложении отличается от порядка слов в главном тем, что глагол 1 стоит в конце предложения. Соединительные слова не являются частью предложения и стоят перед ним.
Weil, wenn, obwohl и другие входят в эту группу.

3.1. *Weil, denn, deshalb*

Weil и *denn* могут переводиться как *потому что* или *ведь*. Оба слова указывают на причину действия. *Deshalb* может переводиться как *поэтому* и выражает следствие действия, упоминавшегося в предыдущем предложении.

   Paula ist zufrieden. Sie ist als Stewardess immer auf Reisen.
A. Paula ist zufrieden, weil sie als Stewardess immer auf Reisen ist.
B. Paula ist zufrieden, denn sie ist als Stewardess immer auf Reisen.
   Паула довольна, потому что, работая стюардессой, она всегда путешествует.
C. Paula ist als Stewardess immer auf Reisen, deshalb ist sie zufrieden.
   В качестве стюардессы Паула всегда путешествует, поэтому она довольна.

LEKTION 2

3.2. Wenn
Этот союз имеет три значения:

A. Он употребляется для выражения предположения и переводится как «если».
  Wenn Manfred die Schule zu Ende macht, kann er studieren.
  Если Манфред закончит школу, он сможет учиться в вузе.

B. Он употребляется, чтобы указать на конкретное время в будущем.
  Wenn das 9. Schuljahr zu Ende ist, hört Manfred mit der Schule auf.
  После 9-го класса Манфред бросает школу.

C. Он используется в значении русского *когда*.
  Wenn ich auf Reisen bin, bin ich zufrieden.
  Когда я путешествую, я доволен.

3.3. Obwohl, trotzdem
Obwohl является подчинённым союзом и соответствует русскому *хотя*. *Trotzdem* относится к группе союзных слов, занимающих предглагольную позицию и соответствует русским выражениям *несмотря на это, несмотря на то что*.

A. Vera findet keine Arbeit, obwohl sie ein gutes Examen gemacht hat.
  Вера не может найти работу, хотя она и сдала хорошо экзамен.

B. Vera hat ein gutes Examen gemacht. Trotzdem findet sie keine Arbeit.
  Вера хорошо сдала экзамен. Несмотря на это она не может найти работу.

3.4. Упражнение
Прочтите предложения, обозначьте в квадратиках главное предложение буквой *Г* и придаточное буквой *П*. Затем вставьте пропущенный союз.

a) Manfred will mit der Schule aufhören, _____ er hat ein schlechtes Zeugnis. ☐ + ☐
b) Er möchte eine Internet-Firma aufmachen, _____ er dann gleich Geld verdienen kann. ☐ + ☐
c) _____ die Eltern ihn verstehen, finden sie die Idee nicht gut. ☐ + ☐
d) _____ Manfred noch ein Jahr zur Schule geht, hat er einen richtigen Abschluss. ☐ + ☐
e) Er ist kein guter Schüler, _____ kann er aufs Gymnasium gehen und dann später studieren. ☐ + ☐
f) Viele Akademiker sind arbeitslos, _____ möchte Manfred nicht studieren. ☐ + ☐

4. Порядковые числительные (§ 9, с. 133)

Вы уже знаете, как образуются порядковые числительные и как они используются в написании дат (см. *„Themen aktuell 1"*, глава 10. 1.). Недавно вы изучили, как склоняются прилагательные, и как их окончание зависит от типа артикля и падежа. Порядковые числительные склоняются так же, как прилагательные.

Heute ist der zehnte Oktober.
Heute haben wir den zehnten Oktober.
Ich komme am (слияние *an + dem*) **zehnten Oktober.**

einunddreißig 31

Lektion 2

4.1. Упражнение
Вставьте пропущенные окончания.

a) Heute haben wir den zwanzigst_____ Januar.
b) Ich habe am dreizehn_____ Oktober Geburtstag.
c) Vom zehn_____ Juni bis zum fünfzehnt_____ September haben wir Ferien.
d) Nach dem einunddreißigst_____ März habe ich mehr Zeit.
e) Heute ist der erst_____ April.

5. Частица *schon*

Schon употребляется для выражения уверенности или надежды в том, что план или намерение осуществятся. Соответствует русским *наверное, по-видимому, конечно*.
Wenn ich besser als die anderen bin, finde ich <u>schon</u> eine Stelle.
Если я (знаю своё дело) лучше, чем другие, то я <u>наверное (конечно)</u> найду работу.

Запомните: Нельзя путать частицу *schon* с причастием *schon*, означающим *уже* (см. „*Themen aktuell 1*", глава 1. 6.).

5.1. Упражнение
Является *schon* частицей (Ч) или причастием (П)?

a) Martin ist erst 17 Jahre alt, aber er hat schon das Abitur.
b) Ich kann nicht mit dem Computer arbeiten, aber ich möchte es lernen. Das schaffe ich schon.
c) Heinz ist schon zwei Jahre arbeitslos.
d) Frau Maurer kann schon sehr gut Spanisch.
e) Wenn die Firma ein gutes Gehalt bietet, dann findet sie schon eine gute Sekretärin.

6. *Immer* + сравнительная степень прилагательного

Конструкция *immer + сравнительная степень прилагательного* используется для усиления или ослабления тенденции.

<u>Immer mehr</u> Akademiker finden keine Arbeit.	всё больше и больше
Er arbeitet <u>immer weniger</u>.	всё меньше и меньше
Autos werden <u>immer teurer</u>.	всё дороже

Immer употребляется также для усиления слова *noch*.
Vera ist 27. Sie wohnt <u>immer noch</u> bei ihren Eltern.
Вере 27 лет. Она всё еще живёт у своих родителей.

7. Официальные письма

> Ниже мы приводим форму и выражения, характерные для официальных писем.
>
> Имя и фамилия отправителя
> Название улицы, номер дома и квартиры
> Почтовый индекс и название города или деревни
> (Страна)
>
> Название фирмы или имя и фамилия адресата
> (отдел)
> *Postfach* (абонементный ящик + его номер) или же улица, номер дома и квартиры
> Почтовый индекс, город или деревня
> (Страна)
>   Дата
>
> (Betr.:) ***Bewerbung um die Stelle als*** (описание места работы) = Заявление о приёме на
>   работу в качестве …
>   ***Ihre Anzeige vom*** (дата) ***in*** (название газеты) = Ваше объявление в …
> [эта строка коротко сообщает, о чём идёт речь в письме. Само слово *Betreff* или
> сокращённо *Betr.* по новым нормам не пишется.]
>
> *Sehr geehrte Damen und Herren,* или
> *Sehr geehrte Frau* (+ фамилия), или
> *Sehr geehrter Herr* (+ фамилия),
>
> *ich bewerbe mich hiermit um die Stelle als* (описание места работы) *in Ihrer Firma. …*
> *Über eine baldige Antwort würde ich mich sehr freuen.* (Буду рад вскоре получить от Вас ответ).
>
> *Mit freundlichen Grüßen*
> Подпись
> Фамилия с инициалом или полностью имя.

Запомните: Адрес пишется в обратном порядке – сначала фамилия, а потом улица и город. После обращения ставится не восклицательный знак, а запятая. Новая строка начинается с маленькой буквы. Каждый новый абзац начинается из крайнего левого положения, без «красной строки». После слов *Mit freundlichen Grüßen* или других слов прощания тире не ставится.

7.1. Упражнение

Внимательно прочитайте объявление, а затем напишите деловое письмо.

Für unsere neue Filiale in Magadan suchen wir zum 1.10.
Dolmetscher/in
Wenn Sie
– perfekt Deutsch und Russisch sprechen und schreiben
– gern auf Reisen sind
– schnell Kontakt zu anderen Menschen finden
– sympathisch aussehen
bewerben Sie sich bei
Röhmke KG, Glückestraße 15, 12457 Berlin

Напишите письмо с заявлением о приёме на работу.
Остановитесь на таких вопросах:
– образование и практика
– опыт работы
– причины обращения

LEKTION 2

Nach Übung **1** im Kursbuch

1. Sagen Sie es anders.

a) Peter möchte Zoodirektor werden, denn er mag Tiere.
   Peter möchte Zoodirektor werden, weil er Tiere mag.
   Weil Peter Tiere mag, möchte er Zoodirektor werden.

b) Gabi will Sportlerin werden, denn sie möchte eine Goldmedaille gewinnen.
c) Sabine will Fotomodell werden, denn sie mag schöne Kleider.
d) Paul mag abends nicht früh ins Bett gehen. Deshalb möchte er Nachtwächter werden.
e) Sabine möchte viel Geld verdienen, deshalb will sie Fotomodell werden.
f) Paul will Nachtwächter werden, denn er möchte nachts arbeiten.
g) Julia will Dolmetscherin werden, denn dann kann sie oft ins Ausland fahren.
h) Julia möchte gern viele Sprachen verstehen. Deshalb möchte sie Dolmetscherin werden.
i) Gabi will Sportlerin werden, denn sie ist die Schnellste in ihrer Klasse.

Ihre Grammatik. Ergänzen Sie.

Junktor	Vorfeld	Verb₁	Subj.	Erg.	Ang.	Ergänzung	Verb₂	Verb₁ im Nebensatz
a)	Peter	möchte				Zoodirektor	werden,	
denn	er	mag				Tiere.		
	Peter	möchte				Zoodirektor	werden,	
weil			er			Tiere		mag.
b)	Gabi	will				Sportlerin	werden	
denn	sie	möchte				eine Goldmedaille	gewinnen	
	Gabi	will				Sportlerin	werden	
weil			sie			eine Goldmedaille	gewinnen	möchte
c)								
denn								
weil								

34 vierunddreißig

LEKTION 2

2. Präsens oder Präteritum? Ergänzen Sie die richtige Form von „wollen".

a) Franz __wollte__ eigentlich Ingenieur werden; heute ist er Automechaniker.
b) Hanna __will__ Managerin werden, deshalb studiert sie Betriebswirtschaft.
c) Christas Traumberuf war Schauspielerin, aber ihre Eltern __wollten__ das nicht. Heute ist sie Lehrerin.
d) ● Was __wolltest__ du werden?
   ■ Das weiß ich nicht mehr. Das habe ich vergessen.
e) ● Was __wollt__ ihr beide werden?
   ■ Das wissen wir noch nicht.
f) Meine Schwester und ich, wir __wollten__ eigentlich beide studieren. Aber unsere Eltern hatten nicht genug Geld.
g) ● Warum __willst__ du Dolmetscherin werden?
   ■ Weil ich dann oft ins Ausland reisen kann.
h) Ihr seid beide Lehrer. War das euer Traumberuf, oder __wolltet__ ihr eigentlich etwas anderes werden?
i) ● Findest du deinen Beruf interessant? Bist du zufrieden?
   ■ Nein, eigentlich __wollte__ ich Ärztin werden.
j) ● Möchtet ihr studieren?
   ■ Nein, wir __wollen__ beide einen Beruf lernen.

Nach Übung **3** im Kursbuch

3. Ihre Grammatik. Ergänzen Sie.

ich	du	er/sie/ es/man	wir	ihr	sie	Sie
will	w					
wollte						

Nach Übung **3** im Kursbuch

4. Was passt?

kennen lernen   Schauspielerin   Zahnarzt   Verkäufer
Ausbildung   Maurer   verdienen   Zukunft   Klasse

a) Restaurant : Kellner / Geschäft : _____
b) arbeiten : Beruf / lernen : _____
c) ausgeben : bezahlen / bekommen : _____
d) Schule : Lehrerin / Theater : _____
e) Augen : Augenarzt / Zähne : _____
f) jetzt : im Augenblick / in 3 Jahren : in der _____
g) mit Farbe malen : Maler / mit Steinen bauen : _____
h) Sprachen : lernen / Leute : _____
i) Sport : Mannschaft / Schule : _____

Nach Übung **4** im Kursbuch

fünfunddreißig   35

LEKTION 2

Nach Übung 4 im Kursbuch

5. Zwei Adjektive passen nicht.

a) Die Arbeit ist …: schmutzig, interessant, wichtig, einfach, leicht, klein, schwer, gefährlich, jung, langweilig, laut, anstrengend
b) Er arbeitet …: schnell, bekannt, selbstständig, sauber, genau, schlank, langsam
c) Die Arbeitskollegin ist …: schlank, klein, arm, reich, stark, frisch, schön, zufrieden, nett, einfach, langweilig, freundlich, toll
d) Die Maschine ist …: zufrieden, kaputt, schmutzig, sauber, klein, freundlich, laut, schwer, gefährlich

Nach Übung 5 im Kursbuch

6. Ihre Grammatik. Ergänzen Sie.

	können	dürfen	sollen	müssen
ich	konnte	durfte	sollte	musste
du	konntest	durftest	solltest	musstest
er/sie/es/man	konnte	durfte	sollte	musste
wir	konnten	durften	solltet	mussten
ihr	konntet	durftet	solltet	musstet
sie	konnten	durften	sollten	mussten
Sie	konnten	durften	sollten	mussten

Nach Übung 5 im Kursbuch

7. „Obwohl" oder „weil"? Was passt?

a) Herr Gansel musste Landwirt werden, ___weil___ seine Eltern einen Bauernhof hatten.
b) Frau Mars ist Stewardess geworden, ___obwohl___ ihre Eltern das nicht wollten.
c) Herr Schmidt arbeitet als Taxifahrer, ___obwohl___ ihm die unregelmäßige Arbeitszeit nicht gefällt.
d) Herr Schmidt konnte nicht mehr als Maurer arbeiten, ___weil___ er einen Unfall hatte.
e) Frau Voller sucht eine neue Stelle, ___weil___ sie nicht genug verdient.
f) Frau Mars liebt ihren Beruf, ___obwohl___ die Arbeit manchmal sehr anstrengend ist.
g) Herr Gansel musste Landwirt werden, ___obwohl___ er es gar nicht wollte.

36 sechsunddreißig

LEKTION 2

Ihre Grammatik. Ergänzen Sie mit den Sätzen d) bis g).

	Junktor	Vorfeld	Verb$_1$	Subj.	Erg.	Angabe	Ergänzung	Verb$_2$	Verb$_1$ im Nebensatz
d)		Herr Sch.	konnte			nicht mehr	als Maurer	arbeiten,	
	weil			er			einen Unfall		hatte.
e)		Frau Volker	sucht				eine neue Stelle		
	weil			sie		nicht	genug	verdient	
f)		Frau Mars	liebt				ihren Beruf		
	obwohl			die Arbeit		manchmal sehr	anstrengend		ist
g)		Herr Bangl	musste				Landwirt	werden	
	obwohl			er	es		gar nicht		wollte

8. Geben Sie einen Rat.

Nach Übung **11** im Kursbuch

Wolfgang hat gerade seinen Realschul-abschluss gemacht. Er weiß noch nicht, was er jetzt machen soll. Geben Sie ihm einen Rat.

a) Bankkaufmann werden – jetzt schnell eine Lehrstelle suchen
   Wenn du Bankkaufmann werden willst, dann musst du jetzt eine Lehrstelle suchen.
   _____, dann such jetzt schnell eine Lehrstelle.
b) studieren – aufs Gymnasium gehen
c) sofort Geld verdienen – die Stellenanzeigen in der Zeitung lesen
d) nicht mehr zur Schule gehen – einen Beruf lernen
e) noch nicht arbeiten – weiter zur Schule gehen
f) später zur Fachhochschule gehen – jetzt zur Fachoberschule gehen
g) einen Beruf lernen – die Leute beim Arbeitsamt fragen

siebenunddreißig

LEKTION 2

9. Bilden Sie Sätze.

a) Kurt / eine andere Stelle suchen / weil / mehr Geld verdienen wollen
   Kurt sucht eine andere Stelle, weil er mehr Geld verdienen will.
   Weil Kurt mehr Geld verdienen will, sucht er eine andere Stelle.

b) Herr Bauer / unzufrieden sein / weil / anstrengende Arbeit haben
c) Eva / zufrieden sein / obwohl / wenig Freizeit haben
d) Hans / nicht studieren können / wenn / schlechtes Zeugnis bekommen
e) Herbert / arbeitslos sein / weil / Unfall haben (*hatte*)
f) Ich / die Stelle nehmen / wenn / nicht nachts arbeiten müssen

10. Was passt?

| Gymnasium | Grundschule | Bewerbung | Zeugnis |
| mindestens | Semester | Lehre | beginnen | Nachteil |

a) studieren : Studium / Beruf lernen : _____
b) Schule : Schuljahr / Studium : _____
c) nicht mehr als : höchstens / nicht weniger als : _____
d) Examen : Universität / Abitur : _____
e) gut : Vorteil / schlecht : _____
f) Universität : Diplom / Schule : _____
g) nicht wissen : Frage / keine Stelle : _____
h) Ende : aufhören / Anfang : _____
i) unter 6 Jahren : Kindergarten / ab 6 Jahren : _____

11. Welcher Satz hat eine ähnliche Bedeutung?

a) *Vera findet keine Stelle.*
   A Vera findet keine Stelle gut.
   B Vera sucht eine Stelle, aber es gibt keine.
   C Vera hat ihre Stelle verloren.

b) *Ihr macht das Studium wenig Spaß.*
   A Sie studiert nicht gerne.
   B Sie möchte lieber studieren.
   C Sie findet ihr Studium interessant.

c) *Ich bekomme bestimmt eine Stelle. Ich sehe da kein Problem.*
   A Ich schaffe es bestimmt. Ich finde eine Stelle.
   B Es gibt nur wenig Stellen. Ich habe bestimmt keine großen Chancen.
   C Vielleicht habe ich ja Glück und finde eine Stelle.

d) *Was soll ich machen? Hast du eine Idee?*
   A Kannst du mir den Weg erklären?
   B Kannst du mir einen Rat geben?
   C Kennst du die richtige Antwort?

LEKTION 2

12. Was passt?

| sonst | trotzdem | dann | aber | denn | deshalb | und |

a) Für Akademiker gibt es wenig Stellen. _____ haben viele Studenten Zukunftsangst.
b) Die Studenten wissen das natürlich, _____ die meisten sind nicht optimistisch.
c) Man muss einfach besser sein, _____ findet man bestimmt eine Stelle.
d) Du musst zuerst das Abitur machen. _____ kannst du nicht studieren.
e) Ihr macht das Studium keinen Spaß. _____ studiert sie weiter.
f) Sie hat viele Bewerbungen geschrieben. _____ sie hat keine Stelle gefunden.
g) Sie lebt noch bei ihren Eltern, _____ eine Wohnung kann sie nicht bezahlen.
h) Auch an der Uni muss man kämpfen, _____ hat man keine Chancen.
i) Wenn sie nicht bald eine Stelle findet, _____ möchte sie wieder studieren.
j) Den Job im Kindergarten findet sie interessant, _____ sie möchte lieber als Psychologin arbeiten.
k) Ihre Doktorarbeit war sehr gut. _____ hat sie noch keine Stelle gefunden.

Ihre Grammatik. Ergänzen Sie mit den Sätzen a) bis g).

	Junktor	Vorfeld	Verb₁	Subjekt	Erg.	Ang.	Ergänzung	Verb₂
a)		Für Akademiker	gibt	es			wenig Stellen.	
	Deshalb		haben	viele Studenten			Zukunftsangst.	
b)		Die Studenten						
c)								
d)								
e)								
f)								
g)								

Nach Übung **15** im Kursbuch

LEKTION 2

Nach Übung **15** im Kursbuch

13. Sie können es auch anders sagen.

              so   *oder*   *so*

a) Die Studenten kennen ihre schlechten Berufschancen. Trotzdem studieren sie weiter.   *Die Studenten studieren weiter, obwohl sie ihre schlechten Berufschancen kennen.*

b) Obwohl Vera schon 27 Jahre alt ist, wohnt sie immer noch bei den Eltern.   *Vera ist schon 27 Jahre alt. Trotzdem ...*

c) Manfred will nicht mehr zur Schule gehen. Trotzdem soll er den Realschulabschluss machen.
d) Jens will Englisch lernen, obwohl er schon zwei Fremdsprachen kann.
e) Eva sollte Lehrerin werden. Trotzdem ist sie Krankenschwester geworden.
f) Ein Doktortitel hilft bei der Stellensuche wenig. Trotzdem schreibt Vera eine Doktorarbeit.
g) Obwohl es zu wenig Stellen für Akademiker gibt, hat Konrad Dehler keine Zukunftsangst.
h) Bernhard hat das Abitur gemacht. Trotzdem möchte er lieber einen Beruf lernen.
i) Doris möchte keinen anderen Beruf, obwohl sie sehr schlechte Arbeitszeiten hat.

Nach Übung **15** im Kursbuch

14. Sie können es auch anders sagen. Bilden Sie Sätze mit „weil", „denn" oder „deshalb".

a) Thomas möchte nicht mehr zur Schule gehen, denn er möchte lieber einen Beruf lernen.
Thomas möchte nicht mehr zur Schule gehen, weil er lieber einen Beruf lernen möchte.
Thomas möchte lieber einen Beruf lernen. Deshalb möchte er nicht mehr zur Schule gehen.

b) Jens findet seine Stelle nicht gut, weil er zu wenig Freizeit hat.
Jens findet seine Stelle nicht gut, denn ...
Jens hat zu wenig Freizeit ...

c) Herr Köster kann nicht arbeiten, denn er hatte gestern einen Unfall.
d) Manfred soll noch ein Jahr zur Schule gehen, denn er hat keine Stelle gefunden.
e) Vera wohnt noch bei ihren Eltern, weil sie nur wenig Geld verdient.
f) Kerstin kann nicht studieren, denn sie hat nur die Hauptschule besucht.
g) Conny macht das Studium wenig Spaß, weil es an der Uni eine harte Konkurrenz gibt.
h) Simon mag seinen Beruf nicht, weil er eigentlich Automechaniker werden wollte.
i) Herr Bender möchte weniger arbeiten, denn er hat zu wenig Zeit für seine Familie.

Nach Übung **15** im Kursbuch

15. Ist das Vorfeld noch frei? Ergänzen Sie die Sätze mit dem Subjekt!

a) Armin hat viel Freizeit. Trotzdem ___—__ ist __*er*__ unzufrieden.
b) Brigitte verdient gut. Aber __*sie*__ ist __—__ unzufrieden.
c) Dieter lernt sehr viel. Trotzdem _____ hat _____ ein schlechtes Zeugnis.
d) Inge spricht sehr gut Englisch, denn _____ hat _____ zwei Jahre in England gelebt.
e) Waltraud mag Tiere. Deshalb _____ will _____ Tierärztin werden.
f) Klaus will Politiker werden. Dann _____ ist _____ oft im Fernsehen.

LEKTION 2

g) Renate ist in der zwölften Klasse. Also _____ macht _____ nächstes Jahr das Abitur.
h) Paul hat einen anstrengenden Beruf. Aber _____ verdient _____ viel Geld.
i) Petra geht doch weiter zur Schule, denn _____ hat _____ keine Lehrstelle gefunden.
j) Utas Vater ist Lehrer. Deshalb _____ wird _____ auch Lehrerin.
k) Klaus hat morgen Geburtstag. Dann _____ ist _____ 21 Jahre alt.

16. Ergänzen Sie die Stellenanzeige.

Wir sind ein groß____ Unternehmen der deutsche____ Textilindustrie.
Wir machen attraktiv____ Mode für jung____ Leute und verkaufen sie in
eigen____ Geschäften. Für unser neu____ Modekaufhaus in Rostock suchen wir

eine neu____ Chefin oder einen neu____ Chef.

Er oder sie sollte zwischen 35 und 45 Jahren alt sein, schon allein ein groß____
Textilgeschäft geleitet haben und gern mit jung____ Leuten zusammenarbeiten.
Wir bieten Ihnen einen interessant____ Arbeitsplatz, ein gut____ Gehalt und eine
sicher____ beruflich____ Zukunft in einem modern____ Betrieb.

17. Schreiben Sie das Datum.

a) ● Welches Datum haben wir heute?
   (12. Mai)
   Heute ist der zwölfte Mai.
   (28. Februar)
   _____
   (1. April)
   _____
   (3. August)
   _____

b) ● Wann sind Sie geboren?
   (7. April)
   Am siebten April.
   (17. Oktober)
   _____
   (11. Januar)
   _____
   (31. März)
   _____

c) ● Ist heute der fünfte September?
   (3. September)
   Nein, wir haben heute den dritten.
   (4. September)
   _____
   (7. September)
   _____
   (8. September)
   _____

d) ● Wann war Carola in Spanien?
   (4. April–8. März)
   Vom vierten April bis zum achten März.
   (23. Januar–10. September)
   _____
   (14. Februar–1. Juli)
   _____
   (7. April–2. Mai)
   _____

LEKTION 2

18. Schreiben Sie einen Dialog.

Maurer.
Ja, ja, ich weiß. Aber findest du das wichtiger als eine gute Stelle? …
Hallo, Petra, hier ist Anke.
Das ist doch nicht schlimm. Dann musst du nur ein bisschen früher aufstehen.
Ja, drei Angebote. Am interessantesten finde ich eine Firma in Offenbach.
Aber du weißt doch, ich schlafe morgens gern lange.
Und? Erzähl mal!
Da kann ich Chefsekretärin werden. Die Kollegen sind nett, und das Gehalt ist auch ganz gut.
Und was machst du? Nimmst du die Stelle?
Na, wie geht's? Hast du schon eine neue Stelle?
Ich weiß noch nicht. Nach Offenbach sind es 35 Kilometer. Das ist ziemlich weit.
Hallo, Anke!

● Maurer.
■ Hallo, Petra, hier ist Anke.
● …

19. Was passt?

| Betrieb | anfangen | Inland | ausgezeichnet | auf jeden Fall | Kantine | lösen |
| Import | Hauptsache | Rente | Monate | dringend | Student | arbeitslos |

a) Schule : Schüler / Studium : _____
b) studieren : Universität / arbeiten : _____
c) zu Hause : Esszimmer / Betrieb : _____
d) in einem fremden Land : im Ausland / im eigenen Land: im _____
e) Zeugnisnote 6 : sehr schlecht / Zeugnisnote 1 : _____
f) Frage : beantworten / Problem : _____
g) arbeiten : berufstätig / ohne Arbeit : _____
h) jung und arbeiten : Gehalt / alt und nicht arbeiten : _____
i) ins Ausland verkaufen : Export / im Ausland kaufen : _____
j) unwichtig : Nebensache / wichtig : _____
k) nein : auf keinen Fall / ja : _____
l) unwichtig : nicht schnell, nicht sofort / wichtig : _____
m) Ende : aufhören / Anfang : _____
n) Montag, Freitag, Mittwoch : Tage / April, Juni, Mai : _____

LEKTION 2

20. Welches Wort passt?

| Zeugnis | Gehalt | Termin | Kunde | Religion | bewerben |

a) Geld, verdienen, jeden Monat, arbeiten: _____
b) Geschäft, einkaufen, bezahlen: _____
c) Uhrzeit, Datum, Ort, treffen: _____
d) Stelle suchen, arbeiten wollen, Zeugnis, Gespräch: _____
e) Kirche, Gott, glauben: _____
f) Papier, Schule, Note, gut, schlecht: _____

21. Ergänzen Sie.

| versprechen | gehen | aussuchen | bestimmen | machen | besuchen | schaffen |

a) Petra _____ die Arbeit keinen Spaß mehr, deshalb sucht sie eine neue Stelle.
b) Bernd soll eigentlich Bankkaufmann werden. Aber er will das nicht, er möchte seinen Beruf selbst _____ .
c) Kurt muss noch ein Jahr zur Schule _____ , dann ist er fertig.
d) In Deutschland müssen Kinder zwischen 6 und 10 Jahren die Grundschule _____ .
e) ● Mama, welchen Pullover darf ich mir kaufen?
   ■ Das ist mir egal. Du kannst dir einen _____ .
f) Horst ist sehr glücklich. Er hat sein Examen _____ .
g) ● Kann ich nächste Woche drei Tage Urlaub bekommen?
   ■ Meinetwegen ja, aber ich kann es Ihnen nicht _____ . Ich muss vorher den Chef fragen.

22. Was passt am besten?

| sprechen | verdienen | korrigieren | schreiben | anbieten | kennen |
| werden | lesen | hören | dauern | studieren |

a) Geld: _____
b) eine Fremdsprache, Englisch, sehr laut: _____
c) einen Brief, einen Text, ein Buch, mit der Schreibmaschine: _____
d) Medizin, Chemie, Deutsch: _____
e) einen Fehler, einen Brief, einen Text: _____
f) Frau Ulfers, das Buch, den Weg: _____
g) Radio, Musik, eine Kassette: _____
h) der Frau einen Platz, dem Kollegen eine Tasse Kaffee, dem Gast ein Stück Kuchen: _____
i) Arzt, Maurer, Lehrer, Sekretärin: _____
j) eine Stunde, fünf Minuten, ein Jahr: _____
k) ein Buch, eine Zeitung, einen Brief, den Vertrag: _____

LEKTION 3

Словарь

Verben

sich ärgern	сердиться	leihen	одалживать
sich aufregen	волноваться, возбуждаться	malen	рисовать
auspacken	распаковывать	raten	угадывать
sich ausruhen	отдыхать	reden	говорить
benutzen	использовать	sammeln	собирать
sich beschweren	жаловаться	singen	петь
bitten	просить	spielen	играть
erzählen	рассказывать	stören	мешать
sich freuen	радоваться	tanzen	танцевать
geschehen	происходить	verbieten	запрещать
sich interessieren	интересоваться	vergessen	забывать
küssen	целовать	vergleichen	сравнивать
lachen	смеяться	weinen	плакать

Nomen

der Ausgang, -gänge	выход	die Illustrierte, -n	иллюстрированный журнал лёгкого содержания
der Bart, Bärte	борода	der Kasten, Kästen	ящик
der Baum, Bäume	дерево		
der Bericht, -e	сообщение	das Kaufhaus, -häuser	универмаг
das Bild, -er	картина, фотография		
der Cent, -s	цент, евроцент *разменная монета, одна сотая евро – единой валюты в части стран Европейского союза, в частности в Германии*	der Kompromiss, Kompromisse	компромис
		das Konzert, -e	концерт
		der Krach	треск, шум, скандал
		die Kultur	культура
die Ecke, -n	угол	die Kunst	искусство
der Eingang, Eingänge	вход	der Laden, Läden	магазин
		die Landschaft, -en	ландшафт
der Fall, Fälle	случай	der Lautsprecher, -	громкоговоритель, динамик
der Finger, -	палец	das Lied, -er	песня
die Freizeit	свободное время	die Literatur	литература
der Fußball, Fußbälle	футбол, футбольный мяч	der Maler, -	художник, маляр
		die Medizin	медицина
der Gedanke, -n	мысль	die Minute, -n	минута
die Gefahr, -en	опасность	der Mond, -e	луна
die Gesundheit	здоровье	die Musik	музыка
der Gewinn, -e	выигрыш	die Nachricht, -en	новость, сообщение
der Glückwunsch, Glückwünsche	поздравление	das Orchester, -	оркестр
		die Ordnung	порядок
der Gott, Götter	бог	der Plan, Pläne	план
der Gruß, Grüße	привет	der Platz, Plätze	место, площадь
der Hammer, Hämmer	молоток	die Qualität, -en	качество
		das Radio, -s	радио
der Himmel	небо	die Sache, -n	вещь
der Hut, Hüte	шляпа	der Schauspieler, -	актёр

LEKTION 3

die Sendung, -en	передача	die Vorstellung, -en	представление
der Sinn	смысл	die Werbung	реклама
die Spezialität, -en	фирменное блюдо	die Wissenschaft, -en	наука
der Sport	спорт		
die Technik	техника	das Wochenende, -n	выходные, уик-энд
das Telegramm, -e	телеграмма		
das Theater, -	театр	der Zahn, Zähne	зуб
das Tier, -e	животное	der Zuschauer, -	зритель
die Uhrzeit, -en	время		
die Unterhaltung, -en	развлечение		

Adjektive

europäisch	европейский	phantastisch	фантастический
fein	приятный	regelmäßig	регулярный
feucht	влажный	reich	богатый
gewöhnlich	обычный	schwierig	трудный
günstig	благоприятный, выгодный	tot	мёртвый
möglich	возможный	verboten	запрещённый
öffentlich	общественный	weit	далёкий

Adverbien und Funktionswörter

abends	вечером	so etwas	нечто такое
besonders	особенно	solch-	такой
einige	некоторые	überhaupt nicht	совершенно не(т)
genauso	точно так же	viele	много
kaum	едва ли, вряд ли	vielleicht	возможно
leider	к сожалению	wenigstens	минимум
nachts	ночью	zuletzt	наконец

Ausdrücke

es nützt nichts	это не поможет	Herzlichen Glückwunsch!	Сердечные поздравления!

fünfundvierzig **45**

LEKTION 3

Грамматика

1. Возвратные глаголы (§ 10, с. 134)

В этом разделе вы встретитесь с глаголами, у которых субъект и объект одно и то же лицо или предмет. Субъект производит действие с самим собой. В русском языке такие возвратные глаголы заканчиваются частицей *-сь (ся) (забавляться, бриться, возвращаться)*.

Ich wasche mich jeden Morgen.   Я моюсь каждое утро.

Таких глаголов в немецком языке много. Возвратное местоимение *sich* (*себя*) всегда стоит в *Akkusativ*.

Infinitiv	**sich** ärgern
ich	ärgere **mich**
du	ärgerst **dich**
er/sie/es	ärgert **sich**

wir	ärgern **uns**
ihr	ärgert **euch**
sie/Sie	ärgern **sich**

Как и остальные местоимения, возвратное местоимение всегда занимает позицию первого дополнения сразу же за субъектом. Оно никогда не может занимать предглагольную позицию.

Vorfeld	Verb₁	Subjekt	Objekt	Bestimmung	Objekt	Verb₂
Kurt	ärgert		sich		über die Sendung.	
Hast	du		dich	auch	über die Sendung	geärgert?

Как и в русском языке, некоторые из этих глаголов могут выступать в возвратной и невозвратной форме, например:

Kurt ärgert sich über die Sendung.   Курт сердится на передачу.
Kurt ärgert seinen Vater.   Курт сердит своего отца.

Du musst dich waschen.   Ты должен помыться.
Du musst das Auto waschen.   Ты должен помыть машину.

Вы уже знаете много глаголов из этой группы. Вот ещё некоторые из них:

sich ändern; ändern   изменяться, изменять (что-либо)
sich aufregen; aufregen   волноваться, волновать
sich anziehen; anziehen   одеваться, одевать
sich frisieren; frisieren   стричься, стричь
sich legen; legen   ложиться, класть
sich setzen; setzen   садиться, сажать (кого-либо)
sich stellen; stellen   сдаваться (полиции), ставить
sich vorbereiten, vorbereiten   готовиться, готовить

LEKTION 3

1.1. Упражнение

Переведите предложения. Используйте *Präsens* и *Perfekt*.

a) (Вы интересуетесь политикой?) _____ für Politik?
b) (Вы готовы к путешествию?) _____
   auf die Reise _____?
c) (Моя дочь послала заявление о приеме на работу секретаршей.) _____
   um die Stelle als Sekretärin _____.
d) (Я прекратил смотреть передачи, потому что я всегда волнуюсь.) Ich sehe die
   Sendung nicht mehr, _____.
e) (Она принимает душ каждое утро.) _____ jeden Morgen.

1.2. Упражнение

Завершите перевод. Определите, какие глаголы употреблены в возвратной форме, а какие в невозвратной.

a) Поставьте вазу на стол.   _____ die Vase auf den Tisch.
b) Встань рядом с Марией.   _____ neben Maria.
c) Я должен сейчас одеться.   Ich muss _____
d) Я должен одеть детей.   Ich muss die Kinder _____
e) Пожалуйста, не сердите меня.   _____ bitte nicht.
f) Пожалуйста, не сердитесь.   _____ bitte nicht.
g) Положи книгу на стол.   _____ das Buch auf den Tisch.
h) Ложись спать.   _____ ins Bett.

2. Сочетание глаголов с предлогами (§ 34, 35 с. 147, 148)

Много глаголов, как в русском, так и в немецком языках, имеют один или несколько постоянных предлогов. Предлоги редко переводятся буквально, например:

warten auf + AKKUSATIV	Ich warte auf den Bus.
ждать (кого, что?)	Я жду автобус.
fragen nach + DATIV	Ich habe nach ihrem Mann gefragt.
спрашивать (о ком, о чём?)	Я спросил о её муже.

Запомните: Вы изучили предлоги, которые в сопряжении с глаголами требуют после себя определённый падеж. Глаголы встречаются с различными предлогами и требуют при этом различные падежи. Некоторые словосочетания переводятся на русский без предлога, а определённым падежом.

Vorfeld	Verb₁	Subjekt	Objekt	Bestimmung	Objekt	Verb₂
Er	interessiert		sich		für Technik.	
Gestern	hat	sie	mit Peter		über das Problem	gesprochen.
Ich	möchte		meinen Mann	nicht	um Erlaubnis	fragen.
Für Kunst	interessiert	er	sich	nicht.		

Предлог и относящийся к нему объект занимают, как правило, место второго дополнения, а иногда – предглагольную позицию.

siebenundvierzig 47

LEKTION 3

2.1. Список глаголов с предлогами.
этот список не полон. Вы будете встречаться и с другими сочетаниями в соответствующих главах. Некоторые из этих глаголов - возвратные.

an + AKKUSATIV
denken an	думать о (ком-то, чём-то)
glauben an	верить в (кого-то, во что-то)
schreiben an	писать (кому-то)

auf + AKKUSATIV
aufpassen auf	присматривать за (кем-то, чем-то)
sich freuen auf	радоваться (чему-то)
warten auf	ждать (кого-то, что-то)

bei + DATIV
anrufen bei	позвонить (кому-то)
sich bewerben bei	подать заявление в (администрацию), на (завод)
arbeiten bei	работать в (администрации), на (заводе)
sich informieren bei	получать информацию у (кого-то)
(sich) entschuldigen bei	извиняться перед (кем-то)

für + AKKUSATIV
brauchen für	нужно для (чего-то, кого-то)
(sich) entschuldigen für	извиняться за (что-то, кого-то)
sich interessieren für	интересоваться (чем-то, кем-то)

mit + DATIV
aufhören mit	прекращать (что-то)
diskutieren mit	спорить с (кем-то)
einverstanden sein mit	быть согласным с (кем-то)
sprechen mit	говорить с (кем-то)
telefonieren mit	говорить по телефону с (кем-то)
vergleichen mit	сравнивать с (чем-то, кем-то)

nach + DATIV
fragen nach	спрашивать о (чём-то)
suchen nach	искать (кого-то, что-то)

über + AKKUSATIV
sich ärgern über	сердиться из-за (кого-то, чего-то)
sich aufregen über	волноваться из-за, через
sich beschweren über	жаловаться на (кого-то, что-то)
diskutieren über	спорить о (чём-то)
erzählen über	рассказывать о (чём-то)
sich freuen über	радоваться (чему-то)
sich informieren über	получать информацию о (чём-то)
informieren über	информировать о (чём-то)
lachen über	смеяться над (кем-то, чем-то)
nachdenken über	задуматься над (чем-то)
sprechen über	говорить о (чём-то)
schreiben über	писать о (чём-то)

weinen über	плакать над (чем-то)
wissen über	знать о (чём-то)

um + AKKUSATIV

sich bewerben um	подавать заявление о (чём-то)
bitten um	просить о (ком-то, чём-то)
fragen um	спрашивать о (ком-то, чём-то)

2.2. Препозиционные местоимения (§ 12 с. 134)

Поскольку глаголы прочно связаны с предлогами, то они непременно присутствуют и в вопросах с этими глаголами. Поэтому вопрос *О чём ты думаешь?* должен был бы дословно переводиться как *An was denkst du?* В немецком языке такой конструкции нет. Вместо нее употребляются препозиционные местоимения – вопросительное слово *wo (r) + предлог*. Буква *-r-* появляется в вопросительном слове, если предлог начинается на *a, i, u, ü*.

<u>Wor</u>über ärgerst du dich?	Из-за чего ты сердишься?
<u>Wo</u>für interessierst du dich?	Чем ты интересуешься?
<u>Wor</u>auf freust du dich am meisten?	Чему ты радуешься больше всего?

Та же форма употребляется и в вопросах, если вы не знаете, относится вопрос к одушевлённому или неодушевлённому предмету.

○ <u>Wor</u>an denkst du?	○ О чём ты думаешь?
□ Ich denke <u>an</u> meine Frau.	□ Я думаю о моей жене.
▷ Ich denke <u>an</u> den Urlaub.	▷ Я думаю об отпуске.

В ответах, если речь идёт о неодушевлённом предмете, употребляется препозиционный предлог *da(r) + предлог*.

○ <u>Wofür</u> interessierst du dich?	○ <u>Чем</u> ты интересуешься?
□ <u>Für</u> Musik.	□ Музыкой.
○ Ich interessiere mich auch <u>dafür</u>.	○ Я тоже (<u>ею</u> интересуюсь).

Если же вопрос относится к одушевлённому предмету, то предлог употребляется в сочетании с вопросительным словом *wen?* или *wem?*. В ответе, относящемся к одушевлённым предметам, предлог употребляется в сочетании с личным местоимением.

○ Über wen ärgerst du dich?	○ Из-за (На) кого ты сердишься?
□ Über meinen Chef.	□ Из-за (На) моего шефа.
○ Ich ärgere mich auch über ihn.	○ Я тоже из-за (на) него сержусь.
○ Mit wem hast du gesprochen?	○ С кем ты поговорил?
□ Mit Sonja.	□ С Соней.
○ Mit ihr muss ich auch noch sprechen.	○ С ней я тоже должен ещё поговорить.

LEKTION 3

2.3. Упражнение
Выберите нужный вариант.

a) Er hat mich ___nach___ Anitas Adresse gefragt.
  ☑ nach   ☐ um   ☐ danach

b) Hast du dich ~~worüber~~ Herberts Geschenk gefreut?
  ☑ darüber   ☑ über   ☐ für

c) Peter, morgen bin ich nicht da, und die Kinder sind allein. Kannst du ___auf sie___ aufpassen.
  ☐ darauf   ☑ auf sie   ☐ auf ihnen

d) Wenn du zu spät kommst, musst du dich ___dafür___ entschuldigen.
  ☐ dabei   ☐ für das   ☑ dafür

e) ___Worüber___ beschweren Sie sich eigentlich? Es ist doch alles in Ordnung.
  ☐ Worauf   ☑ Worüber   ☐ Darüber

f) Hat er sich ~~bei~~ um die Stelle als Programmierer beworben?
  ☑ bei   ☐ über   (☐ um)

g) Hast du dich schon ___darüber___ Reisekosten informiert?
  ☑ über die   ☐ bei den   ☑ darüber

2.4. Упражнение
Вставьте нужные предлоги, вопросительные слова и препозиционные местоимения.

a) ○ ___Worüber___ hat er geschrieben? ___Über___ Politik?
   ☐ Nein, ___darüber___ hat er nicht geschrieben.

b) ○ ___An wen___ hat er geschrieben? ___An___ berühmte Politiker?
   ☐ Ja, ___an sie___ hat er geschrieben.

c) ○ ___Auf wen___ hat er gewartet? ___Auf___ Willi?
   ☐ Nein, ___auf ihn___ hat er nicht gewartet.

d) ○ ___Worauf___ hat er gewartet? ___auf___ Willis Anruf?
   ☐ Ja, ___darauf___ hat er gewartet.

e) ○ ___Worüber___ hat sie erzählt? ___Über___ einen Unfall?
   ☐ Nein, ___darüber___ hat sie nicht erzählt.

f) ○ ___Über wen___ hat sie erzählt? ___Über___ ihre Freundin?
   ☐ Ja, ___über sie___ hat sie erzählt.

g) ○ ___Worauf___ freut sie sich? ___Auf___ den Urlaub in Spanien?
   ☐ Ja, ___darauf___ freut sie sich.

3. Сослагательное наклонение *(Konjunktiv)* (§ 20, с. 139–140)

До сих пор мы рассматривали глаголы изъявительного наклонения, т. е описывающие что-то как факт, состоявшийся в прошедшем, или происходящий в настоящем. Если же мы хотим описать действие нереальное, возможное или желательное, то нам надо употребить сослагательное наклонение глагола. В русском языке оно образуется добавлением к глаголу частицы *б* или *бы* (*хотел бы, вспомнил бы, пошла бы*).

В немецком языке сослагательное наклонение *(Konjunktiv)* встречается чаще, чем в русском, и употребляется в совершенно определённых случаях (см. 3.2.).

LEKTION 3

3.1. Образование *Konjunktiv II*

3.1.1. Сослагательное наклонение глаголов *haben, sein* и модальных глаголов

Konjunktiv II образуется от первого лица простого прошедшего времени глагола, при этом гласная в корне всех слов за исключением *wollen* и *sollen* приобретает *Umlaut*. В корне слова *war* появляется дополнительное *-e*.

	war-	→	wäre-
первое лицо простого прошедшего времени			Konjunktiv II
	hatte	→	hätte
	konnte	→	könnte

инфинитив	sein	haben	können	dürfen	müssen	sollen	wollen	окончание
прошед.время	war	hatte	konnte	durfte	musste	sollte	wollte	
ich	wäre	hätte	könnte	dürfte	müsste	sollte	wollte	
du	wärest	hättest	könntest	dürftest	müsstest	solltest	wolltest	-st
er / sie / es	wäre	hätte	könnte	dürfte	müsste	sollte	wollte	
wir	wären	hätten	könnten	dürften	müssten	sollten	wollten	-n
ihr	wäret	hättet	könntet	dürftet	müsstet	solltet	wolltet	-t
sie / Sie	wären	hätten	könnten	dürften	müssten	sollten	wollten	-n

3.1.2. *Konjunktiv* с *würde-* + инфинитив

Теоретически каждый глагол имеет сослагательное наклонение. На практике же только глаголы *haben* и *sein*, а также модальные, употребляются в *Konjunktiv*. Во всех же остальных случаях для выражения сослагательного наклонения прибегают к конструкции: *Konjunktiv* глагола *werden* (= *würde*) + инфинитив смыслового глагола.

инфинитив	werden	окончание
перв. лицо прош. времени	wurde	
ich	würde	
du	würdest	-st
er/sie/es	würde	
wir	würden	-n
ihr	würdet	-t
sie / Sie	würden	-n

LEKTION 3

3.2. Употребление *Konjunktiv II*

Мы уже говорили выше, что *Konjunktiv* употребляется для описания нереального, возможного или желательного действия или сосотояния.

3.2.1. *Gern + Konjunktiv II*

Gern в сочетании с *Konjunktiv* выражает желание и может переводиться как *хотелось бы*.

Ich hätte gern ein großes Haus. (Mein Haus hat nur vier Zimmer.)
Мне хотелось бы иметь большой дом.

Ich würde gern in Frankreich arbeiten. (Ich kann aber kein Französisch.)
Мне хотелось бы поработать во Франции.

3.2.2. *Konjunktiv II* в условных предложениях

Konjunktiv II употребляется чаще всего в «нереальных» условных предложениях. Предложения выражают желание, выполнение которого возможно при определённом условии.

Wenn ich genug Geld hätte, würde ich eine Weltreise machen.
Если бы у меня было достаточно денег, я бы совершил кругосветное путешествие.

Wenn ich nicht so müde wäre, würde ich ins Kino gehen.
Если бы я не был таким уставшим, я бы пошёл в кино.

В некотрых случаях *Konjunktiv* может переводиться изъявительным наклонением глаголов.

Wenn ich ein Haus kaufen würde, könnte ich keine Weltreise machen.
Если я куплю дом, я не смогу совершить кругосветное путешествие.

Запомните: *Konjunktiv II* употребляется в обеих частях сложного условного предложения. Предложение, начинающееся с *wenn*, является придаточным и строится по правилам, описанным в главе 2, 2.

4. Письменная речь: личное письмо

В первой главе вы научились писать личные письма. Ниже мы познакомимся с некоторыми выражениями, часто употребляющимися в начале и в конце писем.

В начале:
- Heute habe ich deinen Brief/deine Karte/dein Paket erhalten und mich sehr darüber gefreut.
- Heute habe ich deinen Brief/deine Karte/dein Paket erhalten. Ich danke dir sehr dafür.
- Über deinen Brief/deine Karte/dein Paket habe ich mich sehr gefreut.
- Vielen Dank für deinen Brief/deine Karte/deine nette Einladung.

В конце:
- Schreibst du mir bald wieder? Ich freue mich auf deinen Brief.
- Auf deinen Brief / deine Antwort warte ich mit Ungeduld.
- So, das wäre es für heute. Lass bald von dir hören.

LEKTION 3

4.1. Упражнение

Прочтите внимательно текст, а затем напишите письмо.

Sie haben von Ihrer Freundin Gabriela *(Kursbuch,* S. 43) einen Brief bekommen. Sie erzählt von ihrem neuen Beruf als Straßenpantomimin. Antworten Sie auf den Brief.

- Bedanken Sie sich für den Brief.
- Wie finden Sie Gabrielas neues Leben?
- Was wären Sie gern von Beruf? Warum?
- Wie würde Ihr Arbeitsalltag aussehen?

LEKTION 3

1. Wo passen die Wörter am besten?

a) Theater, Musik, Kunst, Museum, Literatur, Bilder: _____
b) Show, Film, Musik, Spiel, lustig, macht Spaß: _____
c) Zeitung (Anzeige), Fernsehen, Industrie, Produkt verkaufen: _____
d) Arzt, Medikament, krank, Apotheke, Gesundheit: _____
e) Spiel, Geld, Glück, Preis: _____
f) Kirche, glauben, Religion: _____
g) Musik machen, Gruppe, Konzert: _____
h) Nachrichten, Wetter, politisches Magazin, Reportage, Illustrierte: _____
i) fliegen, Flugzeug: _____
j) Fußball, Musik, Klavier, Karten: _____

> Unterhaltung Orchester Werbung Gewinn Medizin Information spielen Kultur Gott Pilot

2. „-film", „-programm", „-sendung" oder „Unterhaltungs-"? Was passt?

| _____ | -musik
-sendung
-orchester
-programm
-film | Spiel-
Kinder-
Kriminal-
Tier-
Kurz- | _____ | Nachmittags-
Kultur-
Unterhaltungs-
Musik-
Sport- | _____ |

3. Was passt nicht?

a) Uhrzeit – Vormittag – Abend – Morgen – Nachmittag – Nacht – Mittag
b) Brief – Karte – Telefon – Telegramm
c) Frühstück – Mittagessen – Nachmittagsprogramm – Abendessen
d) Katze – Fisch – Tier – Hund – Schwein – Huhn
e) Zahnarzt – Tierarzt – Augenarzt – Hautarzt – Frauenarzt
f) zuerst – dann – zum Schluss – danach – zu spät
g) Stewardess – Flugzeug – Passagier – Flughafen – Auto
h) tot – schwer – schwierig – nichtleicht
i) los sein – geschehen – vergleichen – passieren

4. Beschreiben Sie den Film. Verwenden Sie die Wörter im Kasten.

> nach Paris fliegen   Eltern   Flugzeug   merken   Sohn vergessen haben
> Kevin cleverer Junge   erst acht Jahre   findet nicht schlimm   hat jede Freiheit
> kann fernsehen   abends nicht ins Bett müssen   aber wenig Freizeit   Diebe
> ins Haus einsteigen wollen   Spiel   gefährliche Situation   Diebe gelernt haben
> Kind   viel Ärger

Kevin – Allein zu Haus
Eine Familie will in den Weihnachtsferien _____

...

Lektion 3

5. Ergänzen Sie.

a) ● Kommt, Kinder, wir müssen jetzt gehen.
   ■ Eine halbe Stunde noch, bitte, der Film fängt gleich an. __Wir__ freuen __uns__ doch immer so auf das Kinderprogramm.
b) ● Warum macht ihr nicht den Fernseher aus? Interessiert __ihr__ __euch__ denn wirklich für das Gesundheitsmagazin?
   ■ Oh ja. Es ist immer sehr interessant.
c) ● Du, ärgere __du__ __dich__ doch nicht über den Film!
   ■ Ach, __ich__ habe __mich__ sehr auf den Kriminalfilm gefreut, und jetzt ist er so schlecht.
d) ● Warum sind Klaus und Jochen denn nicht gekommen?
   ■ Sie sehen den Ski-Weltcup im Fernsehen. Ihr wisst doch, __sie__ interessieren __sich__ sehr für den Ski-Sport.
e) ● Was macht Marianne?
   ■ Sie sieht das Deutschland-Magazin. __Sie__ interessiert __sich__ doch für Politik.
f) ● Will dein Mann nicht mitkommen?
   ■ Nein, er möchte unbedingt fernsehen. __Er__ freut __sich__ schon seit gestern auf den Spielfilm im zweiten Programm.
g) ● Siehst du jeden Tag die Nachrichten?
   ■ Natürlich, man muss __sich__ doch für Politik interessieren.

Nach Übung 7 im Kursbuch

6. Ergänzen Sie.

Die Verben im Kasten kennen Sie sicher schon, sie können oder müssen mit einem Reflexivpronomen verwendet werden.

```
vorstellen       anziehen              stellen    setzen
         bewerben          duschen
   entscheiden      waschen          legen
```

a) Hier sind deine Kleider. __Du__ kannst ~~dich~~ selbst __anziehen__, du bist alt genug.
b) ● Willst du baden?
   ■ Nein, __ich__ möchte __duschen__ lieber ~~mich~~. Das geht schneller.
c) ● Kauft ihr das Haus?
   ■ Wir wissen es noch nicht, __wir__ können __uns__ nicht __entscheiden__.
d) Susanne war sehr müde. __Sie__ hat __sich__ aufs Sofa __gelegt__ und schläft ein bisschen. Bitte störe sie nicht!
e) __Setzen__ __Sie__ __sich__ doch, Frau Lorenz! Der Platz hier ist frei.
f) Ich möchte ein Familienfoto machen. Bitte __stellt__ __euch__ alle vor die Haustür.
g) Die neuen Nachbarn kenne ich noch nicht. __Sie__ haben __sich__ noch nicht __vorgestellt__.
h) Bitte geht ins Bad, Kinder. __Ihr__ müsst __euch__ noch __waschen__ und die Zähne putzen.
i) Bettina hat __sich__ bei zehn Firmen __beworben__, aber sie hat keine Stelle bekommen.

Nach Übung 7 im Kursbuch

fünfundfünfzig **55**

Lektion 3

7. Ihre Grammatik. Ergänzen Sie.

ich	du	er	sie	es	man	wir	ihr	sie	Sie
mich	dich	sich	sich	sich	sich	uns	euch	sich	sich

8. Verben und Präpositionen.

Die Verben kennen Sie schon, sie werden oft mit den folgenden Präpositionen gebraucht.

aufpassen / freuen / warten | auf

anrufen / bewerben / arbeiten / informieren / entschuldigen | bei

diskutieren / erzählen / freuen / lachen / nachdenken / schreiben / weinen / wissen / ärgern / beschweren / aufregen / sprechen / informieren | über

denken / glauben | an

spielen / telefonieren / sprechen / vergleichen / einverstanden sein / aufhören | mit

fragen / suchen | nach

interessieren / brauchen / entschuldigen | für

Ergänzen Sie.

a) Ich kann mich nicht entscheiden. Ich muss _über die_ Sache noch einmal nachdenken.
b) Er sah wirklich komisch aus. Alle haben _über ihn_ gelacht.
c) Ich komme in zwei Stunden wieder. Kannst du bitte _auf die_ Kinder aufpassen?
d) Franz arbeitet schon zehn Jahre _bei in der_ gleichen Firma.
e) Ich habe gestern _mit dem_ Arzt gesprochen. Herbert ist bald wieder gesund.
f) Wenn Sie etwas _über den_ Fall wissen, müssen Sie es der Polizei erzählen.
g) Ich bin _mit dem_ Vertrag einverstanden. Er ist in Ordnung.
h) Was hat er dir _über den_ Unfall erzählt?
i) _Über das_ Problem hat er mit mir nicht gesprochen.
j) Ich habe meine Kamera _mit der_ Kamera von Klaus verglichen. Seine ist wirklich besser.
k) Sie hat nie Zeit. Sie interessiert sich nur _für ihren_ Beruf.
l) Bitte hör _mit der_ Arbeit auf. Das Essen ist fertig.

LEKTION 3

9. Ihre Grammatik. Ergänzen Sie.

	der Film	die Musik	das Programm	die Sendungen	
über	den Film				sprechen
sich über					ärgern
sich auf					freuen
sich für					interessieren

	der Plan	die Meinung	das Geschenk	die Antworten	
nach	dem Plan				fragen
mit					einverstanden sein

Nach Übung 7 im Kursbuch

10. Ergänzen Sie.

Sachen

wofür?	→ für …	→ dafür	womit?	→ mit …	→ damit
worauf?	→ auf …	→ darauf	worüber?	→ über …	→ darüber

a) ● Was machst du denn für ein Gesicht? __Worüber__ ärgerst du dich?
   ■ Ach, __über__ mein Auto. Es ist schon wieder kaputt.
   ● __darüber__ musst du dich nicht ärgern. Du kannst meins nehmen.

b) ● __Worüber__ regst du dich so auf?
   ■ __Über__ meine Arbeitszeit. Ich muss schon wieder am Wochenende arbeiten.
   ● Warum regst du dich __darüber__ auf? Such dir doch eine andere Stelle.

c) ● __Wofür__ interessierst du dich im Fernsehen am meisten?
   ■ __Für__ Sport.
   ● __dafür__ interessiere ich mich nicht. Das finde ich langweilig.

d) ● __Womit__ bist du nicht einverstanden?
   ■ __Mit__ deinem Plan.
   ● __Damit__ sind aber alle einverstanden, nur du nicht.

e) ● __worauf__ freust du dich am meisten?
   ■ __Auf__ unseren nächsten Urlaub.
   ● __Darauf__ freue ich mich auch.

f) ● __Worauf__ wartest du?
   ■ __Auf__ einen Anruf.
   ● __darauf__ kannst du noch lange warten. Das Telefon ist kaputt.

Nach Übung 7 im Kursbuch

siebenundfünfzig **57**

LEKTION 3

11. Ergänzen Sie.

Personen

| mit wem? | → mit ... | → mit *ihm, ihr, ...* | auf wen? | → auf ... | → auf *ihn, sie, ...* |
| für wen? | → für ... | → für *ihn, sie, ...* | über wen? | → über ... | → über *ihn, sie, ...* |

a) ● <u>Mit</u>   <u>wem</u>   hast du telefoniert?
   ■ _____ Frau Burger.
   ● Warum hast du mir das nicht gesagt?
      Ich wollte auch _____ _____ sprechen.

b) ● _____ _____ brauchst du das Geschenk?
   ■ _____ Paula und Bernd. Sie heiraten am Freitag.
   ● Mensch, das habe ich ganz vergessen. Ich brauche auch noch ein Geschenk _____
      _____ .

c) ● _____ _____ spielst du am liebsten?
   ■ _____ Doris.
   ● _____ _____ spiele ich auch sehr gerne. Sie ist eine gute Spielerin.

d) ● _____ _____ ärgerst du dich so?
   ■ _____ dich.
   ● _____ _____ ? Warum?
   ■ Du hast nicht eingekauft, obwohl du es versprochen hast.

e) ● _____ _____ wartest du?
   ■ _____ Konrad. Er wollte um 4 Uhr bei mir sein.
   ● Das ist typisch, _____ _____ muss man immer warten. Er ist nie pünktlich.

12. Ihre Grammatik. Ergänzen Sie.

Präposition + Artikel + Nomen Präposition + Name/Person	Fragewort	Pronomen
über den Film (sprechen) über Marion	*worüber?* *über wen?*	*darüber* *über sie*
auf die Sendung (warten) auf Frau Oller		
für die Schule (brauchen) für meinen Sohn		
nach dem Weg (fragen) nach Thomas		
mit dem Ball (spielen) mit dem Kind		

LEKTION 3

13. Ihre Grammatik. Ergänzen Sie.

a) Wofür interessiert Bettina sich am meisten?
b) Bettina interessiert sich am meisten für Sport.
c) Für Sport interessiert Bettina sich am meisten.
d) Am meisten interessiert Bettina sich für Sport.
e) Für Sport hat Bettina sich am meisten interessiert.

	Vorfeld	Verb₁	Subjekt	Ergänzung	Angabe	Ergänzung	Verb₂
a)	Wofür	interessiert	Bettina	sich	am meisten?		
b)							
c)							
d)							
e)							

14. Sie ist nie zufrieden.

a) Sie macht jedes Jahr acht Wochen Urlaub, aber _sie würde gern noch mehr Urlaub machen._
b) Sie hat zwei Autos, aber _sie hätte gern ..._
c) Sie ist schlank, aber _sie wäre gern ..._
d) Sie sieht jeden Tag vier Stunden fern, aber ...
e) Sie verdient sehr gut, aber ...
f) Sie hat drei Hunde, aber ...
g) Sie schläft jeden Tag zehn Stunden, aber ...
h) Sie ist sehr attraktiv, aber ...
i) Sie sieht sehr gut aus, aber ...
j) Sie spricht vier Sprachen, aber ...
k) Sie hat viele Kleider, aber ...
l) Sie ist sehr reich, aber ...
m) Sie kennt viele Leute, aber ...
n) Sie fährt oft Ski, aber ...
o) Sie geht oft einkaufen, aber ...
p) Sie weiß sehr viel über Musik, aber ...

LEKTION 3

15. Was würden Sie raten?

a) Er ist immer sehr nervös.
   (weniger arbeiten)
   Es wäre gut, wenn er weniger arbeiten würde.

b) Ich bin zu dick. (weniger essen)
c) Petra ist immer erkältet. (wärmere Kleidung tragen)
d) Sie kommen immer zu spät zur Arbeit. (früher aufstehen)
e) Mein Auto ist oft kaputt. (sich ein neues Auto kaufen)
f) Meine Miete ist zu teuer. (sich eine andere Wohnung suchen)
g) Ich bin zu unsportlich. (jeden Tag 30 Minuten laufen)
h) Seine Arbeit ist so langweilig. (sich eine andere Stelle suchen)
i) Wir haben so wenig Freunde. (netter sein)

16. Ihre Grammatik. Ergänzen Sie.

	ich	du	er/sie/es/man	wir	ihr	sie	Sie
Indikativ	gehe	gehst					
Konjunktiv	würde gehen	würdest gehen					
Indikativ	bin						
Konjunktiv	wäre						
Indikativ	habe						
Konjunktiv	hätte						

17. Was passt nicht?

a) schwer – schlimm – schlecht – wichtig
b) zufrieden sein – sauber sein – Lust haben – Spaß machen
c) Politiker – Lehrerin – Firma – Verkäufer – Arzt – Schauspielerin – Polizist – Sekretärin – Schüler – Beamter
d) Studium – Universität – Student – Schule – studieren
e) leicht – aber – denn – deshalb – trotzdem

LEKTION 3

18. Was passt?

> Kompromiss   raten   Himmel   Kunst
> singen   Literatur   Hut
> Glückwunsch   Radio   Mond   sich ärgern

a) hören : Musik / lesen : _____
b) wahr : Wissenschaft / schön : _____
c) lustig sein : sich freuen / böse sein : _____
d) hell : Sonne / dunkel : _____
e) Fuß : Schuhe / Kopf : _____
f) unten : Erde / oben : _____
g) Weihnachten : Fröhliche Weihnachten / Geburtstag: Herzlichen _____
h) keiner zufrieden : Streit / alle zufrieden : _____
i) tun : helfen / vorschlagen : _____
j) Klaviermusik : spielen / Lied : _____
k) sehen und hören : Fernsehen / nur hören : _____

Nach Übung **14** im Kursbuch

19. Was wissen Sie über Gabriela? Schreiben Sie einen kleinen Text.

Sie können die folgenden Informationen verwenden.

> Gabriela, 20, Straßenpantomimin
> zieht von Stadt zu Stadt, spielt auf Plätzen und Straßen
> Leute mögen ihr Spiel, nur wenige regen sich auf
> sammelt Geld bei den Leuten, verdient ganz gut, muss regelmäßig spielen
> früher mit Helmut zusammen, auch Straßenkünstler, ihr hat das freie Leben gefallen
> für Helmut Geld gesammelt, auch selbst getanzt
> nach einem Krach Schnellkurs für Pantomimen gemacht
> findet ihr Leben unruhig, möchte keinen anderen Beruf

Nach Übung **16** im Kursbuch

20. „Hat", „hatte", „hätte", „ist", „war", „wäre" oder „würde"? Ergänzen Sie.

Gabriela _____(a) Straßenpantomimin. Natürlich _____(b) sie nicht viel Geld, aber wenn sie einen anderen Beruf _____(c), dann _____(d) sie nicht mehr so frei. Früher _____(e) sie zusammen mit ihrem Freund gespielt. Sein Name _____ (f) Helmut, und er _____(g) ganz nett, aber sie _____(h) oft Streit. Manchmal _____(i) das Leben einfacher, wenn Helmut noch da _____(j). Im Moment _____(k) Gabriela keinen Freund.

Nach Übung **16** im Kursbuch

einundsechzig **61**

LEKTION 3

Deshalb _____(l) sie oft allein, aber trotzdem _____(m) sie nicht wieder mit Helmut zusammen spielen. „Wir _____(n) doch nur wieder Streit", sagt sie. Gestern _____(o) Gabriela in Hamburg gespielt. „Da _____(p) ein Mann zu mir gesagt: ‚Wenn Sie meine Tochter _____(q), dann _____(r) ich Ihnen diesen Beruf verbieten', erzählt sie. Natürlich _____(s) Gabrielas Eltern auch glücklicher, wenn ihre Tochter einen „richtigen" Beruf _____(t). Es _____(u) ihnen lieber, wenn Gabriela zu Hause wohnen _____(v) oder einen Mann und Kinder _____(w). Aber Gabriela _____(x) schon immer ihre eigenen Ideen.

21. Ergänzen Sie.

a) auf dem Kopf : Haare / im Gesicht : _____
b) Dollar : Cent / Euro : _____
c) wegfahren : Koffer packen / nach Hause kommen : Koffer _____
d) Museum : Ausstellung / Theater : _____
e) im Film spielen : Schauspieler / den Film sehen : _____
f) in der Arbeitszeit : arbeiten / in der Pause : _____
g) Fuß : Zehe / Hand : _____
h) Woche : Tage / Stunde : _____
i) ruhig : Ruhe / laut : _____
j) sich freuen : lachen / traurig sein : _____
k) Buch : schreiben / Bild : _____
l) Erdbeere : Pflanze / Apfel : _____

22. Was passt?

nützen   Eingang/Ausgang   Ordnung   Qualität   Kaufhaus   feucht   öffentlich   Lautsprecher   Spezialität   möglich   regelmäßig   kaum

a) vielleicht, es könnte sein: _____
b) gut/schlecht machen, gute/schlechte Ware: _____
c) großes Geschäft, man kann alles kaufen: _____
d) hat nicht jeder, besonderes Produkt: _____
e) Haus, Geschäft, Tür, Tor: _____
f) Radio, Fernsehen, hören: _____
g) für alle, nicht privat: _____
h) jede Woche, jeden Tag, jeden Sonntag: _____
i) nicht ganz trocken: _____
j) gut für eine Person / eine Sache, Vorteile bringen: _____
k) sehr selten, fast nie: _____
l) alle Dinge haben einen festen Platz: _____

LEKTION 3

23. Was passt am besten?

verbieten	sich ausruhen	leihen	lachen
sich beschweren	legen	laut sein	gern haben

a) ruhig sein – _____
b) nicht mögen – _____
c) gut finden – _____
d) stellen – _____
e) kaufen – _____
f) die Erlaubnis geben – _____
g) weinen – _____
h) arbeiten – _____

24. Ergänzen Sie die Modalverben im Konjunktiv („sollt-", „müsst-", „könnt-", „dürft-").

a) Sonja ist erst 8 Jahre alt. Eigentlich _____ sie den Kriminalfilm nicht sehen, aber sie tut es trotzdem, weil ihre Eltern nicht zu Hause sind.
b) Wenn Manfred mit der Schule aufhören würde, dann _____ er sofort arbeiten und Geld verdienen.
c) Wenn Manfred den Schulabschluss machen möchte, dann _____ er noch ein Jahr zur Schule gehen.
d) „Du _____ unbedingt deinen Schulabschluss machen", hat seine Mutter ihm geraten.
e) Manfred _____ vielleicht sogar auf das Gymnasium gehen, wenn er den Realschulabschluss machen würde.
f) Wenn Vera nicht bei ihren Eltern wohnen _____ , dann hätte sie große Probleme, weil sie dann eine eigene Wohnung mieten _____ .
g) Anita möchte die Stelle in Offenbach nicht nehmen, weil sie dann jeden Tag 35 Kilometer zur Arbeit fahren _____ .
h) Auf dem Rathausplatz in Hamburg _____ Gabriela eigentlich nicht spielen, aber sie tut es trotzdem.

25. Ihre Grammatik. Ergänzen Sie.

	ich	du	er/sie/es/man	wir	ihr	sie	Sie
müssen	müsste						
dürfen							
können							
sollen							

LEKTION 4

Словарь

Verben

abholen	забирать	sich leisten	позволять себе
abmelden	сообщать об отъезде, выписываться	passieren	происходить
		pflegen	ухаживать
anmelden	сообщать о приезде, записываться	prüfen	испытывать
		reparieren	ремонтировать
ausgeben	тратить	schlafen	спать
bedienen	обслуживать	schneiden	резать
bekommen	получать	sorgen für	заботиться о
beraten	консультировать	tanken	заправлять (машину)
bezahlen	платить	überzeugen	убеждать
brauchen	нуждаться	verbrauchen	использовать
bringen	приносить, привозить	verkaufen	продавать
einkaufen	покупать, делать покупки	verlieren	терять
erklären	объяснять	versuchen	пробовать, пытаться
funktionieren	функционировать	warnen vor	предупреждать о
kontrollieren	контролировать	wechseln	менять

Nomen

das Abendessen, -	ужин	der Kofferraum, -räume	багажник
die Arbeit, -en	работа	die Konkurrenz	конкурент
der Arbeiter, -	рабочий	der Kredit, -e	кредит
der Artikel, -	товар, статья, артикль	der Kunde, -n	покупатель, посетитель
das Auto, -s	автомобиль	die Lampe, -n	лампа
die Batterie, -n	аккумулятор	der Lastwagen, -	грузовик
das Benzin	бензин	die Länge	длина
die Bremse, -n	тормоз	der Liter, -	литр
das Büro, -s	бюро	der Lohn, Löhne	зарплата
die Chance, -n	шанс	die Maschine, -n	машина
der Dank	благодарность	das Material, -ien	материал
der Diesel	дизель, дизельное топливо	der Mechaniker, -	механик
der Donnerstag	четверг	der Meister, -	мастер
die Eheleute	супруги	der Motor, -en	мотор, двигатель
(das) Europa	Европа	das Öl	масло
der Freitag	пятница	die Panne, -n	авария, поломка
das Gas	газ	der Prospekt, -e	проспект
das Geld	деньги	die Reparatur, -en	ремонт
die Geschwindigkeit, -en	скорость	die Situation, -en	ситуация
		der Spiegel, -	зеркало
das Gewicht, -e	вес	die Steuer, -n	руль, налог
das Haus, Häuser	дом	der Strom	ток
der Haushalt	домашнее хозяйство	die Summe, -n	сумма
die Heizung	отопление	die Tankstelle, -n	автозаправочная станция, АЗС
die Information, -en	информация		
das Jahr, -e	год	der Unfall, Unfälle	несчастный случай
die Kasse, -n	касса	der Unterricht	урок
der Kilometer, -	километр		

LEKTION 4

der Urlaub	отпуск	das Wasser	вода
die Überweisung, -en	перевод *(денег)*	die Werkstatt, -stätten	мастерская
der Verkäufer, -	продавец	die Wohnung, -en	квартира
der Verkehr	дорожное движение	die Zeitschrift, -en	журнал
die Versicherung, -en	страховка	der Zug, Züge	поезд
der Vorname, -n	имя	der Zuschlag, -schläge	доплата

Adjektive

automatisch	автоматический	langsam	медленный
bequem	удобный	niedrig	низкий
billig	дешёвый	normal	нормальный
direkt	прямой	preiswert	дешёвый
durchschnittlich	средний, усреднённый	schwach	слабый
eigen-	свой	technisch	технический
früh	ранний	teuer	дорогой
geöffnet	открытый	unterschiedlich	разный
hoch	высокий	wahr	настоящий, правильный, подлинный
kaputt	поломанный, неисправный		
kompliziert	сложный		

Adverbien

danach	потом	nachmittags	после обеда (в послеобеденное время)
dienstags	по вторникам		
links	налево	vormittags	до обеда
montags	по понедельникам	vorn	впереди
morgen (Mittag)	завтра в обед	zuerst	сначала

Funktionswörter

daraus	из (чего-то)	wenig	мало
pro	за, на, с	wie viel?	сколько?

Ausdrücke

Das dürfen Sie nicht so einfach!	Этого же нельзя делать просто так!	frei haben	иметь свободное время, быть выходным
Das können Sie doch nicht machen!	Этого же нельзя делать!	noch einmal	ещё раз
eine Frage stellen	задавать вопрос	Recht haben	быть правым
Erfolg haben	увенчаться успехом	Verzeihung!	Извините! Простите!
es geht	так себе	wie lange?	как долго?
		rund ums Auto	всё об автомобиле

LEKTION 4

Грамматика

1. Склонение сравнительной и превосходной степеней прилагательных (§ 7, с. 133)

В „*Themen aktuell 1*", в главе 9, 4. вы познакомились со сравнительной и превосходной степенями сравнения прилагательных. В „*Themen aktuell 2*", в главе 1, 1., узнали, что прилагательные в зависимости от падежа имеют различные окончания, если они стоят перед существительными. Это же касается и сравнительной, и превосходной степеней сравнения прилагательных.

положительная:	Der Mercedes ist klein.	Der Mercedes ist der kleine Wagen.
сравнительная:	Der Polo ist kleiner.	Der Polo ist der kleinere Wagen.
превосходная:	Der Mini Cooper ist am kleinsten.	Der Mini Cooper ist der kleinste Wagen.

В левой колонке прилагательные выступают дополнением и не имеют окончаний. В правой колонке прилагательные являются определениями и стоят перед существительными. Поэтому они приобретают окончание по правилам, описанным в главе 1.

Запомните: При склонении превосходной степени *am* замещается определённым артиклем, *-en* пропадает. Окончание стоит после суффикса *-st*.:

	Nominativ	Akkkusativ
am kleinsten	der kleinst**e** Wagen	den kleinst**en** Wagen
	die kleinst**e** Badewanne	die kleinst**e** Badewanne
	das kleinst**e** Haus	das kleinst**e** Haus
	die kleinst**en** Tiere	die kleinst**en** Tiere

1.1. Упражнение

Вставьте нужные окончания в диалоге.

○ Ihr wollt ein neues Auto kaufen, sagt deine Frau. Was für eins denn?
□ Dieses Mal möchten wir ein klein_____(a). Du hast doch den neuen Corsa. Bist du zufrieden?
○ Eigentlich ja. Er ist der teuerst_____(b) von den Kleinwagen, aber er hat den stärkst_____(c) Motor. Übrigens ist sein Benzinverbrauch niedrig_____(d) als der vom Polo.
□ Das habe ich auch schon gehört. Der Polo ist wohl der unattraktivst_____(e) von allen Kleinwagen. Viele sagen, VW bietet eine besser_____(f) Qualität und einen besser_____(g) Werkstattservice als die anderen Firmen. Aber das stimmt doch nicht mehr. Die Japaner zum Beispiel bauen keine schlechter_____(h) Autos als die Deutschen. Letzte Woche habe ich mir mal den neust_____(i) Nissan, den Micra, angesehen. Sein Kofferraum ist etwas klein_____(j) als der von den anderen Kleinwagen, aber dafür hat er den günstigst_____(k) Preis, den niedrigst_____(l) Verbrauch und die niedrigst_____(m) Kosten pro Monat. Das ist mir am wichtigst_____(n).

2. Сравнение

Вы уже встречались со структурами, которые употребляются для сравннения двух одушевлённых или неодушевлённых предметов (см. главу 1, 2.).

Der Polo fährt <u>so schnell wie</u> der Ford.
Der Mini Cooper <u>fährt schneller als</u> der Mercedes.

Такая же структура употребляется и тогда, когда второе существительное заменяется предложением.

Der Citroën fährt <u>so schnell, wie</u> im Prospekt steht.
Der Polo fährt <u>schneller, als</u> im Prospekt steht.

В таких случаях словами *wie* и *als* начинаются придаточные предложения. Запятая разделяет два предложения.

2.1. Упражнение
Закончите предложения.

a) ○ Verbraucht der Mini Cooper so viel Benzin, wie im Prospekt steht?
   □ Nein, er verbraucht weniger Benzin, _____ .
b) ○ Fährt der Citroën so schnell, _____ der Verkäufer gesagt hat?
   □ Nein, er fährt nicht so _____ .
c) ○ Kostet der Mercedes so viel, _____ im Prospekt steht?
   □ Nein, er ist teurer, _____.
d) ○ Ist der Polo _____ wie du gedacht hast?
   □ Nein, er ist sogar bequemer, _____ .

3. Страдательный залог (Passiv) (§ 21, с. 140)

3.1. Образование страдательного залога
Страдательный залог образуется вспомогательным словом *werden* и *Partizip II* смыслового глагола. Как и в *Perfekt*, *Partizip II* занимает место $Verb_2$.

Das Auto <u>wird</u> gerade repariert.   Машину как раз ремонтируют.

Рассмотрим на примерах образование страдательного залога глагола *brauchen* в настоящем времени.

ich	werde	...	gebraucht	wir	werden	...	gebraucht
du	wirst	...	gebraucht	ihr	werdet	...	gebraucht
er / sie / es	wird	...	gebraucht	sie / Sie	werden	...	gebraucht

LEKTION 4

3.2. Употребление страдательного залога

Как и в русском языке, страдательный залог употребляется тогда, когда меняются местами действующий субъект и объект действия, например:

Der Motor <u>wird geprüft</u>.   Мотор проверяют.

Важно здесь, что мотор проверяется, но не важно, кем именно. Если вы хотите указать, кто же проверяет мотор, вы можете выбирать из двух вариантов:

действительный (активный) залог *Aktiv:*	Der Mechaniker prüft den Motor. Механик проверяет мотор. (Подлежащее *механик*, дополнение *мотор*).
страдательный (пассивный) залог *Passiv:*	Der Motor wird <u>von</u> dem Mechaniker geprüft. Мотор проверяется механиком. (Подлежащее *мотор*, дополнение *механиком*).

В *Passiv* действующее лицо может быть дополнено предлогом *von*, после которого всегда употребляется *Dativ*. *Von + существительное* переводится на русский творительным падежом.

3.3. Преобразование *Aktiv* в *Passiv*

Между активным и пассивным залогами существует тесная связь. Дополнение в предложении активного залога становится подлежащим в пассивном залоге. Если в предложении вы хотите указать на субъект действия, то он вводится в предложение словосочетанием *von + Dativ*.

активный залог: <u>Arbeiter</u> prüfen den <u>Motor</u>.

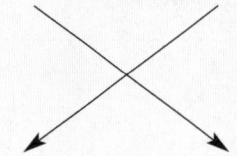

пассивный залог: <u>Der Motor</u> wird <u>von Arbeitern</u> geprüft.

3.4. Структура предложения

	Vorfeld	Verb₁	Subjekt	Bestimmung	Objekt	Verb₂
Aktiv	Arbeiter	prüfen			das Auto.	
Passiv	Das Auto Von Arbeitern	wird wird	das Auto	von Arbeitern		geprüft. geprüft.

Как вы видите из таблицы, рамочная структура *Verb₁-Verb₂*, встречающаяся в предложениях с модальными глаголами, с глаголами с отделяющейся приставкой и во временных формах *Perfekt*, характерна и для *Passiv*. Субъект действия с предлогом *von* занимает место *Objekt* или же *Vorfeld*.

4. Werden

Werden употребляется:

A. как вспомогательное слово в *Passiv*.
   Das Auto wird jedes Jahr geprüft.　　　　Автомобиль проверяется ежегодно.

B. в грамматической форме *würde-* для образования *Konjunktiv II* (см. главу 3, 3.).
   Sabine würde fahren, wenn ...　　　　Сабине поехала бы, если бы ...

C. как смысловой глагол, примерно соответствующий русскому *становиться*.
   Ich werde müde.　　　　Я устаю. (Я становлюсь усталым).
   Peter wird Lehrer.　　　　Петер станет учителем.

5. Предлог *bei*

Bei всегда сопровождается существительным в *Dativ*. Он используется для выражения:

A. места работы.
   Jürgen März arbeitet bei einer Autoreifenfabrik.　　работать на (фабрике)
   Bernd Evers arbeitet bei Opel.　　работать на («Опеле»)

B. если вы находитесь у кого-то «дома».
   Philipp ist beim Arzt.　　у врача
   Sabine ist beim Friseur.　　у парикмахера

6. Количество

A. Перечисленные ниже слова используются для определения количества некоторых существительных во множественном числе.

<u>Wenige</u> Arbeiter machen Schichtarbeit.　　Немногие рабочие работают по сменам.
<u>Ein paar</u> Arbeiter machen Schichtarbeit.　　Несколько рабочих работают ...
<u>Einige</u> Arbeiter machen Schichtarbeit.　　Некоторые рабочие ...
<u>Manche</u> Arbeiter machen Schichtarbeit.　　Отдельные ...
<u>Mehrere</u> Arbeiter machen Schichtarbeit.　　Многие ...
<u>Viele</u> Arbeiter machen Schichtarbeit.　　Многие ...

Все эти слова склоняются как определённый артикль во множественном числе за исключением выражения *ein paar*, которое не склоняется.

Запомните: не путайте *ein paar* (несколько) с *ein Paar* (пара, два предмета, составляющих одно целое – *пара обуви, пара чулок*).

LEKTION 4

B. Приведённые ниже слова определяют количество чего-либо и употребляются всегда с единственным числом существительных.

Er hat ein <u>bisschen</u> Zeit.   У него есть немного времени.
Er hat <u>wenig</u> Zeit.   У него мало времени.
Er hat <u>viel</u> Zeit.   У него много времени.

Ein bisschen и *wenig* никогда не склоняются.

Слово *viel* иногда склоняется (например, в выражении *vielen Dank*), иногда нет.

Эти слова могут употребляться в роли *Adverbien*, как правило, в сочетании с глаголами.

Er arbeitet <u>ein bisschen</u>.   Он работает немного.
Er arbeitet <u>wenig</u>.   Он работает мало.
Er arbeitet <u>viel</u>.   Он работает много.

7. Письменная речь: структурирование текста с *Adverbien* времени

эти слова используются для определения хронологической последовательности событий.

zuerst = сначала
dann = потом
danach = после этого
später = позже
zuletzt = в последнюю очередь
zum Schluss = в самом конце

Ниже приведённые слова тоже определяют временную последовательность, но одного события по отношению к другому.

vorher = раньше, прежде (перед событием, о котором идёт речь)
nachher = позже, потом (после события, о котором идёт речь)
früher = раньше, прежде

Все эти *Adverbien* занимают позицию *Bestimmung* или же, если на них должно падать логическое ударение, *Vorfeld*.

Vorfeld	Verb$_1$	Subjekt	Objekt	Bestimmung	Objekt	Verb$_2$
Zuerst	formt	eine Maschine			die Bleche.	
Eine Maschine	formt			zuerst	die Bleche.	

Существует много вспомогательных слов, которые облегчают чтение длинного текста.

LEKTION 4

7.1. Упражнение
Коротко опишите события одного дня, ключевые слова к которым даны в правой колонке. Используйте при этом слова из левой колонки для лучшего структурирования текста.

und / heute früh / dann	– Unfall haben
dort / dann / leider	– Auto kaputt
zuerst / dort / vorher	– Polizei anrufen
zuletzt / zwanzig Minuten später / und	– Unfallwagen und Polizeiwagen kommen
da / zum Schluss / dann	– Auto zur Werkstatt bringen
danach / plötzlich / früher	– ins Büro fahren und zu spät kommen
dort / zuerst / am Nachmittag	– Chef auf mich warten
nachher / natürlich / dort	– er sich aufregen
am Nachmittag / dort / und	– wieder zur Werkstatt fahren
sofort / natürlich / da	– Kfz-Mechaniker erklärt: die Reparatur kostet € 1900
zum Schluss / und / vorher	– müde nach Hause gehen und ein Bier trinken

LEKTION 4

1. Was passt wo?

| Benzinverbrauch | Geschwindigkeit | Leistung | Länge |
| Gewicht | | Kosten | Alter |

a) Kilowatt, PS: _____
b) Euro: _____
c) Jahre: _____
d) Kilogramm, Gramm: _____
e) Meter, Zentimeter: _____
f) Kilometer in der Stunde: _____
g) Liter auf 100 Kilometer: _____

2. Wie heißt das Gegenteil?

schwer   viel   preiswert/billig   klein   niedrig/tief   leise   schnell   stark   lang

a) langsam – _____
b) groß – _____
c) laut – _____
d) kurz – _____
e) hoch – _____
f) teuer – _____
g) wenig – _____
h) schwach – _____
i) leicht – _____

3. Ergänzen Sie.

Der neu_____ Gaudi 26: Ihr Auto für die Zukunft!

Sein stärker_____ Motor, seine höher_____ Geschwindigkeit, sein größer_____ Kofferraum (430 Liter), seine breiter_____ Türen, seine bequemer_____ Sitzplätze – das sind nur einige Argumente. Aber er hat nicht nur einen stärker_____, sondern auch einen sauberer_____ Motor durch den neu_____, besser_____ 3-Wege-Katalysator. Der niedriger_____ Benzinverbrauch bedeutet auch: niedriger_____ Kosten. Der neu_____ Gaudi 26 gibt Ihnen größer_____ Sicherheit durch Airbag, ABS und das Gaudi-Sicherheitssystem R.E.U.S.

**Gaudi 26 – die moderner_____ Technik –
Gaudi 26 – das besser_____ Auto!**

LEKTION 4

4. Ihre Grammatik. Ergänzen Sie.

a)

Nominativ	Das ist … … der _höchste_ Verbrauch. … die _höch_____ Geschwindigkeit. … das _höch_____ Gewicht. Das sind die _höch_____ Kosten.
Akkusativ	Dieser Wagen hat … … den _____ Verbrauch. … die _____ Geschwindigkeit. … das _____ Gewicht. … die _____ Kosten.
Dativ	Das ist der Wagen mit… … dem _____ Verbrauch. … der _____ Geschwindigkeit. … dem _____ Gewicht. … den _____ Kosten.

b)

Nominativ	Das ist… … ein _niedriger_ Verbrauch. … eine _nied_____ Geschwindigkeit. … ein _____ Gewicht. Das sind _____ Kosten.
Akkusativ	Dieser Wagen hat … … einen _____ Verbrauch. … eine _____ Geschwindigkeit. … ein _____ Gewicht. … _____ Kosten.
Dativ	Es gibt einen Wagen mit… … einem _____ Verbrauch. … einer _____ Geschwindigkeit. … einem _____ Gewicht. … _____ Kosten.

5. „Wie" oder „als"? Ergänzen Sie.

a) Den Polo finde ich besser _____ den Mini.
b) Der Citroën fährt fast so schnell _____ der Mercedes.
c) Der Citroën hat einen genauso starken Motor _____ der Mercedes.
d) Der Polo verbraucht weniger Benzin _____ der Citroën.
e) Der Polo hat einen fast so großen Kofferraum _____ der Citroën.
f) Es gibt keinen günstigeren Kleinwagen _____ den Polo.
g) Kennen Sie einen schnelleren Kleinwagen _____ den Mini Cooper?
h) Der Citroën kostet genauso viel Steuern _____ der Mercedes.

6. Sagen Sie es anders.

a) Man hat mir gesagt, das neue Auto verbraucht weniger Benzin. Aber das stimmt nicht.
   Das neue Auto verbraucht mehr Benzin, als man mir gesagt hat.
b) Man hat mir gesagt, das neue Auto verbraucht weniger Benzin. Das stimmt wirklich.
   Das neue Auto verbraucht genauso wenig Benzin, wie man mir gesagt hat.
c) Du hast gesagt, die Kosten für einen Renault sind sehr hoch. Du hattest Recht.
d) Der Autoverkäufer hat uns gesagt, der Motor ist erst 25 000 km gelaufen. Aber das ist falsch. Der Motor ist viel älter.
e) Im Prospekt steht, der Wagen fährt 150 km/h. Aber er fährt schneller.
f) In der Anzeige schreibt Renault, der Wagen fährt 155 km/h. Das stimmt.
g) Der Autoverkäufer hat mir erzählt, den Wagen gibt es nur mit einem 65-PS-Motor. Aber es gibt ihn auch mit einem schwächeren Motor.
h) Früher habe ich gemeint, Kleinwagen sind unbequem. Aber jetzt finde ich das nicht mehr.

LEKTION 4

7. Was passt nicht?

a) Auto: einsteigen, fahren, gehen, aussteigen
b) Schiff: schwimmen, fließen, segeln, fahren
c) Flugzeug: fahren, fliegen, einsteigen, steuern
d) Spaziergang: gehen, wandern, laufen, fahren
e) Fahrrad: fahren, klingeln, hinfallen, gehen

8. Ergänzen Sie.

| Batterie | Bremsen | Unfall | Panne | Lampe |
| Werkzeug | Reifen | Spiegel | Benzin | Werkstatt |

a) Wenn der Tank leer ist, braucht man _____ .
b) Eine _____ ist kaputt, deshalb funktioniert das Fahrlicht nicht.
c) Ich kann die Bremsen nicht prüfen. Mir fehlt das richtige _____ .
d) Ich kann hinter mir nichts sehen, der _____ ist kaputt.
e) Oh Gott! Ich kann nicht mehr anhalten! Die _____ funktionieren nicht.
f) Wir können nicht mehr weiterfahren; wir haben eine _____ .
g) Der Wagen hat zu wenig Luft in den _____ ; das ist gefährlich.
h) Der Motor startet nicht. Vielleicht ist die _____ leer.
i) Jetzt ist mein Wagen schon seit drei Tagen in der _____ und er ist immer noch nicht fertig.
j) Die Tür vorne rechts ist kaputt, weil ich einen _____ hatte.

9. Was kann man nicht sagen?

a) Ich muss meinen Wagen | *waschen.*
 | *tanken.*
 | *baden.*
 | *abholen.*
 | *parken.*

b) Der Tank ist | *kaputt.*
 | *schwierig.*
 | *leer.*
 | *voll.*
 | *groß.*

c) Ich finde, der Motor läuft | *zu langsam.*
 | *sehr gut.*
 | *nicht richtig.*
 | *zu schwierig.*
 | *sehr laut.*

d) Ist der Wagen | *preiswert?*
 | *blau?*
 | *fertig?*
 | *blond?*
 | *neu?*

e) Das Auto | *verliert* | Öl.
 | *braucht*
 | *hat genug*
 | *verbraucht*
 | *nimmt*

f) Mit diesem Auto können Sie | *gut laufen.*
 | *schnell fahren.*
 | *gut parken.*

10. „Gehen" hat verschiedene Bedeutungen.

A. Als Frau alleine Straßentheater machen – das *geht* doch nicht!
   (Das soll man nicht tun. Das ist nicht normal.)
B. Das Fahrlicht *geht* nicht.
   (Etwas ist kaputt oder funktioniert nicht.)
C. Können Sie bis morgen mein Auto reparieren? *Geht* das?
   (Ist das möglich?)
D. Wie *geht* es dir?
   (Bist du gesund und zufrieden? Hast du Probleme?)
E. Warum willst du mit dem Auto fahren? Wir können doch *gehen*.
   (zu Fuß gehen, laufen, nicht fahren)
F. Inge ist acht Jahre alt. Sie *geht* seit zwei Jahren zur Schule.
   (die Schule oder die Universität oder einen Kurs besuchen)
G. Wir *gehen* oft ins Theater. / Wir *gehen* jeden Mittwoch schwimmen.
   (zu einem anderen Ort gehen oder fahren und dort etwas tun)

Welche Bedeutung hat „gehen" in den folgenden Sätzen?

1. Meiner Kollegin geht es heute nicht so gut. Sie hat Kopfschmerzen.
2. Geht ihr heute Abend ins Kino?
3. Kann ich heute bei dir fernsehen? Mein Gerät geht nicht.
4. Wenn man Chemie studieren will, muss man 5 bis 6 Jahre zur Universität gehen.
5. Geht das Radio wieder?
6. Gaby trägt im Büro immer so kurze Röcke. Ich finde, das geht nicht.
7. Ich gehe heute Nachmittag einkaufen.
8. Warum gehst du denn so langsam?
9. Wie lange gehst du schon in den Deutschkurs?
10. Max trinkt immer meine Milch. Das geht doch nicht!
11. Geht es Ihrer Mutter wieder besser?
12. Ich möchte kurz mit Ihnen sprechen. Geht das?
13. Ich gehe lieber zu Fuß. Das ist gesünder.
14. Sie wollen mit dem Chef sprechen? Das geht leider nicht.

LEKTION 4

11. Schreiben Sie einen Dialog.

Ja, da haben Sie Recht, Frau Becker. Na gut, wir versuchen es, vielleicht geht es ja heute doch noch.
Mein Name ist Becker. Ich möchte meinen Wagen bringen.
Nein, das ist alles. Wann kann ich das Auto abholen?
Morgen Nachmittag erst? Aber gestern am Telefon haben Sie mir doch gesagt, Sie können es heute noch reparieren.
Das interessiert mich nicht. Sie haben es versprochen!
Morgen Nachmittag.
Die Bremsen ziehen immer nach rechts, und der Motor braucht zu viel Benzin.
Es tut mir Leid, Frau Becker, aber wir haben so viel zu tun. Das habe ich gestern nicht gewusst.
Noch etwas?
Ach ja, Frau Becker. Sie haben gestern angerufen. Was ist denn kaputt?

- <u>Mein Name ist Becker. Ich möchte meinen Wagen bringen.</u>
-
- ...

12. Was passt wo? (Einige Wörter passen zu mehr als einem Verb.)

Pullover   Kuchen   ~~Wagen~~   Brief   Benzin   Brille   ~~Öl~~
Hände   Brot   Führerschein   Bart   Haare   Geld   Kind   Auto
Wurst   ~~Blech~~   Gemüse   Hemd   Papier   Hals   Fleisch

verlieren	schneiden	waschen
Öl	Blech	Wagen

LEKTION 4

13. Arbeiten in einer Autowerkstatt. Was passiert hier? Schreiben Sie.

Nach Übung **11** im Kursbuch

Radio montieren   Bremsen prüfen   reparieren   waschen   nicht arbeiten   tanken
sauber machen   Rechnung bezahlen   schweißen   Öl prüfen   wechseln   ~~abholen~~

a) Hier wird ein Auto abgeholt.
b) Das Auto wird repariert. 
c) Das Rad wird gewechselt. 
d) Das Auto wird getankt. 
e) Die Bremsen werden geprüft. 
f) Es wird geschweißt. 
g) Das Auto wird gewaschen. 
h) Hier wird sauber gemacht. 
i) Das Öl wird geprüft. 
j) Die Rechnung wird bezahlt. 
k) Das Radio wird gemontiert. 
l) Hier werden nicht gearbeitet.

14. Ihre Grammatik. Ergänzen Sie.

Nach Übung **11** im Kursbuch

ich	du	Sie	er/sie/es/man	wir	ihr	sie/Sie
werde abgeholt	wirst abgeholt	werden abgeholt	wird abgeholt	werden abgeholt	werdet abgeholt	werden abgeholt

siebenundsiebzig **77**

LEKTION 4

15. Familie Sommer: Was wird von wem gemacht?

a) Kinder wecken (Vater) — *Die Kinder werden vom Vater geweckt.*
b) Kinder anziehen (Mutter) — Die Kinder werden von der Mutter angezogen
c) Frühstück machen (Vater) — Das Frühstück wird vom Vater gemacht
d) Kinder zur Schule bringen (Vater) — Die Kinder werden zur Schule vom Vater gebracht
e) Geschirr spülen (Geschirrspüler) — Das Geschirr wird vom Geschirrspüler gespült
f) Wäsche waschen (Waschmaschine) — Die Wäsche wird von der Waschmaschine gewaschen
g) Kinderzimmer aufräumen (Kinder) — Das Kinderzimmer wird von den Kindern aufgeräumt
h) Hund baden (Kinder) — Der Hund wird von den Kindern gebadet
i) Kinder ins Bett bringen (V. und M.) — Die Kinder werden ins Bett von dem V und M gebracht
j) Wohnung putzen (Vater) — Die Wohnung wird vom Vater geputzt
k) Essen kochen (Vater) — Das Essen wird vom Vater gekocht
l) Geld verdienen (Mutter) — Das Geld wird von der Mutter verdient

16. Ihre Grammatik. Ergänzen Sie.

a) Die Karosserien werden von Robotern geschweißt.
b) Roboter schweißen die Karosserien.
c) Morgens wird das Material mit Zügen gebracht.
d) Züge bringen morgens das Material.
e) Der Vater bringt die Kinder ins Bett.
f) Die Kinder werden vom Vater ins Bett gebracht.

	Vorfeld	Verb$_1$	Subjekt	Ergänzung	Angabe	Ergänzung	Verb$_2$
a)	Die Karosserien	werden			von Robotern		geschweißt.
b)							
c)							
d)							
e)							
f)							

LEKTION 4

17. Was können Sie auch sagen?

a) *Die schweren Arbeiten werden von Robotern gemacht.*
- A Die Roboter machen die Arbeit schwer.
- B Die schweren Roboter werden nicht von Menschen gemacht.
- C Die Roboter machen die schweren Arbeiten.

b) *In unserer Familie wird viel gesungen.*
- A In unserer Familie singen wir oft.
- B Unsere Familie singt immer.
- C Unsere Familie singt meistens hoch.

c) *Worüber wird morgen im Deutschkurs gesprochen?*
- A Mit wem sprechen wir morgen im Deutschkurs?
- B Spricht morgen jemand im Deutschkurs?
- C Über welches Thema sprechen wir morgen im Deutschkurs?

d) *Kinder werden nicht gerne gewaschen.*
- A Keiner wäscht die Kinder.
- B Kinder mögen es nicht, wenn man sie wäscht.
- C Kinder wäscht man meistens nicht.

e) *Wird der Wagen zu schnell gefahren?*
- A Fährt der Wagen zu schnell?
- B Ist der Wagen meistens sehr schnell?
- C Fahren Sie den Wagen zu schnell?

f) *In Deutschland wird viel Kaffee getrunken.*
- A Man trinkt viel Kaffee, wenn man in Deutschland ist.
- B Wenn man viel Kaffee trinkt, ist man oft in Deutschland.
- C Die Deutschen trinken viel Kaffee.

Nach Übung 11 im Kursbuch

18. Berufe rund ums Auto

Nach Übung 12 im Kursbuch

a) Ordnen Sie zu.

| A. | Ein Autoverkäufer | B. | Ein Tankwart | C. | Eine Berufskraftfahrerin |

1	bekommt Provisionen.
2	fährt täglich 500 bis 700 Kilometer.
3	hat keine leichte Arbeit.
4	hat oft unregelmäßige Arbeitszeiten.
5	ist meistens an der Kasse.
6	kann Kredite und Versicherungen besorgen.
7	ist oft von der Familie getrennt.
8	muss auch Büroarbeit machen.
9	muss auch technische Arbeiten machen.
10	muss immer pünktlich ankommen.
11	verkauft Autos.
12	verkauft Benzin, Autozubehörteile und andere Artikel.

b) Schreiben Sie drei Texte im Konjunktiv II.

A. *Wenn ich Autoverkäufer wäre, würde ich Pr ...*   *Ich ...   und ...*
B. *Wenn ich Tank...*
C. *Wenn ...*

neunundsiebzig 79

LEKTION 4

19. Setzen Sie die Partizipformen ein.

a) (anrufen)
- Hast du schon die Werkstatt _____ ?
- Ich werde von der Werkstatt _____ .

b) (reparieren)
- Hat der Mechaniker das Auto _____ ?
- Nein, das Auto wird später _____ .

c) (aufmachen)
- Hat die Tankstelle schon _____ ?
- Nein, sie wird erst um 9 Uhr _____ .

d) (versorgen)
- Hat Thomas die Kinder _____ ?
- Die Kinder werden von Brigitte _____ .

e) (bedienen)
- Hat man dich schon _____ ?
- Nein, hier wird man nicht gut _____ .

f) (verkaufen)
- Hast du dein Auto _____ ?
- Nein, das wird nicht _____ .

g) (wechseln)
- Hat Martin die Reifen _____ ?
- Nein, die Reifen werden von der Werkstatt _____ .

h) (beraten)
- Hat man dich hier gut _____ ?
- Ja, hier wird man gut _____ .

i) (anmelden)
- Hast du deinen neuen Wagen _____ ?
- Der wird von der Autofirma _____ .

j) (besorgen)
- Hast du dir einen Kredit _____ ?
- Der wird mir vom Autoverkäufer _____ .

k) (pflegen)
- Hast du dein Auto immer gut _____ ?
- Das wird von meinem Bruder _____ .

l) (montieren)
- Hast du das Autoradio _____ ?
- Nein, das wird vom Mechaniker _____ .

m) (kontrollieren)
- Hat Herr Meyer die Kasse _____ ?
- Die wird von Herrn Müller _____ .

n) (vorbereiten)
- Haben Sie die Reparatur _____ ?
- Die wird vom Meister _____ .

o) (zurückgeben)
- Hat man dir das Geld _____ ?
- Nein, das wird nicht _____ .

p) (einschalten)
- Haben Sie das Fahrlicht _____ ?
- Nein, das wird noch nicht _____ .

q) (bezahlen)
- Hast du die Rechnung schon _____ ?
- Nein, die wird auch nicht _____ .

r) (kündigen)
- Hast du die Versicherung _____ ?
- Nein, die wird auch nicht _____ .

s) (schreiben)
- Haben Sie die Rechnung _____ ?
- Die wird doch vom Computer _____ .

t) (liefern)
- Hat man schon die neuen Teile _____ ?
- Nein, die werden morgen mit der Bahn _____ .

LEKTION 4

20. Wo arbeiten diese Leute?

Sekretär(in), Roboter, Tankwart(in), Autoverkäufer(in), Meister(in), Mechaniker(in), Schichtarbeiter(in), Buchhalter(in), Facharbeiter(in), Fahrlehrer(in), Taxifahrer(in), Berufskraftfahrer(in)

a) im Auto:
   _____ , _____ , _____

b) im Autogeschäft:
   _____ , _____ , _____

c) an der Tankstelle / in der Werkstatt:
   _____ , _____ , _____

d) in der Autofabrik:
   _____ , _____ , _____

21. Ergänzen Sie.

a) Franziska ist _____ Jürgen verheiratet.
b) Jürgen arbeitet seit 11 Jahren _____ einer Autoreifenfabrik.
c) Er sorgt _____ die Kinder und macht das Abendessen.
d) Die Arbeit ist nicht gut _____ das Familienleben.
e) Jürgen ist _____ seinem Gehalt zufrieden.
f) _____ Überstunden bekommt er 25% extra.
g) Arbeitspsychologen warnen _____ Schichtarbeit.
h) Da bleibt wenig Zeit _____ Gespräche.
i) Hier findet man Informationen _____ die wichtigsten Berufe.
j) Berufskraftfahrer sind oft mehrere Tage _____ ihrer Familie getrennt.
k) Der Beruf des Automechanikers ist _____ Jungen sehr beliebt.
l) Fahrlehrer bereiten die Fahrschüler _____ die Führerscheinprüfung vor.
m) _____ Selbstständiger verdient man mehr.

mit, von, vor, für, über, als, auf, bei

22. Was passt nicht?

a) Job – Beruf – Hobby – Arbeit
b) Frühschicht – Feierabend – Nachtschicht – Überstunden
c) Industrie – Arbeitgeber – Arbeitnehmer – Angestellter
d) Feierabend – Wochenende – Urlaub – Arbeitszeit
e) Urlaubsgeld – Gehalt – Haushalt – Stundenlohn
f) Firma – Kredit – Betrieb – Fabrik

LEKTION 4

Nach Übung 15 im Kursbuch

23. Ein Interview mit Norbert Behrens. Schreiben Sie die Fragen.

○ *Herr Behrens, was sind ...*
▪ Ich bin Taxifahrer.
○ _____
▪ Nein, ich arbeite für ein Taxiunternehmen.
○ _____
▪ Ich bin jetzt 27.
○ _____
▪ Ich habe eigentlich immer Nachtschicht, das heißt, ich arbeite von 20 bis 7 Uhr.
○ _____
▪ Naja, nach dem Frühstück, also zwischen 8 und 14 Uhr.
○ _____
▪ Nein, das finde ich nicht so schlimm. Wenn ich nur am Tag besser schlafen könnte.
○ _____
▪ Weil der Straßenlärm mich stört.
○ _____
▪ Sie ist Krankenschwester.
○ _____
▪ Einen Sohn, er ist 4 Jahre alt.
○ _____
▪ Sie arbeitet nur morgens, zwischen 8 und 13 Uhr.
○ _____
▪ Da sind wir beide zu Hause. Dann machen wir gemeinsam den Haushalt, spielen mit dem Kind, oder wir gehen einkaufen.
○ _____
▪ Weil wir sonst nicht genug Geld haben. Außerdem möchte ich ein eigenes Taxi kaufen und mich selbstständig machen.

Nach Übung 15 im Kursbuch

24. Wie heißt das Gegenteil?

| wach | allein | gleich | leer | sauber | mehr | selten | zusammen | ruhig |

a) nervös – _____   d) oft – _____   g) weniger – _____
b) getrennt – _____   e) müde – _____   h) gemeinsam – _____
c) schmutzig – _____ f) voll – _____   i) unterschiedlich – _____

LEKTION 4

25. Was passt?

> Kredit   Haushaltsgeld   Rentenversicherung   Schichtarbeit   Steuern
> Arbeitslosenversicherung   Krankenversicherung   Überstunden   Lohn   Gehalt

a) Wenn man mehr Stunden am Tag arbeitet, als man sonst muss, macht man _____ .
b) Wenn man krank ist, möchte man Medikamente und Arztkosten nicht selbst bezahlen. Deshalb hat man eine _____ .
c) Wenn man nicht regelmäßig arbeitet, also mal am Tag und mal nachts, macht man _____ .
d) Ein Arbeiter bekommt für seine Arbeit einen _____ .
e) Ein Angestellter bekommt für seine Arbeit ein _____ .
f) Wenn man seine Arbeit verloren hat, bekommt man Geld von der _____ .
g) Für die Kosten im Haushalt und in der Familie braucht man _____ .
h) Wenn man sich Geld leiht, hat man einen _____ .
i) Herr Meier arbeitet nicht mehr. Deshalb bekommt er jetzt Geld von der _____ .
j) Der Bruttolohn ist der Nettolohn plus Versicherungen und _____ .

26. Was sehen Sie?

a) Autobahn _____
b) Autounfall _____
c) Autozug _____
d) Unfallauto _____
e) Automechaniker _____
f) Autowerkstatt _____
g) Lastwagen _____
h) Werkstattauto _____

LEKTION 5

Словарь

Verben

anrufen	звонить (по телефону)	sich kümmern	заботиться
aufpassen auf	присматривать (за кем-то)	sich langweilen	скучать
aufräumen	убирать	leben	жить
aufstehen	вставать	lieben	любить
ausmachen	выключать	meinen	иметь мнение, считать
berichten	сообщать	putzen	чистить
denken über	думать о	rauchen	курить
sich duschen	мыться под душем, принимать душ	schimpfen	ругать
		schlagen	бить
einladen	приглашать	schmecken	(быть) на вкус
sich entschuldigen	извиняться	schwimmen	плавать
erziehen	воспитывать	sich setzen	садиться
fühlen	чувствовать	sparen	сберегать
hängen	висеть	spazierengehen	прогуливаться
hassen	ненавидеть	sterben	умирать
heiraten	жениться, выходить замуж, заключать брак	streiten	ссориться
		telefonieren mit	говорить по телефону с
hoffen	надеяться	töten	убивать
kochen	варить	sich unterhalten	развлекаться
		wecken	будить

Nomen

der Alkohol	алкоголь, алкогольные напитки	die Großeltern	бабушка и дедушка
das Baby, -s	грудной ребёнок, дитя	die Großmutter, Großmütter	бабушка
die/der Bekannte (ein Bekannter)	знакомый	der Großvater, Großväter	дедушка
der Chef, -s	шеф	der Herr, -en	господин, *также обращение к мужчине*
die Diskothek, -en	дискотека		
die Ehe, -n	брак	der Ingenieur, -e	инженер
die Ehefrau, -en	жена, супруга	die Jugend	молодёжь
das Ehepaar, -e	супруги	das Kind, -er	ребёнок
die Eltern	родители	die Kleider	одежда
die Erziehung	воспитание	die Küche, -n	кухня
das Essen	еда	der Kühlschrank, Kühlschränke	холодильник
die Familie, -n	семья		
der Fehler, -	ошибка	die Laune, -n	настроение
der Fernseher, -	телевизор	das Leben	жизнь
die Flasche, -n	бутылка	das Mädchen, -	девочка, девушка
die Frau, -en	женщина, жена, *также обращение к женщине*	das Menü, -s	меню
		die Mutter,	мать
der Freund, -e	друг	der Nachbar, -n	сосед
die Freundin, -nen	подруга	der Neffe, -n	племянник
der Geburtstag, -e	день рождения	die Nichte, -n	племянница
das Gesetz, -e	закон	der Onkel, -	дядя
das Gespräch, -e	разговор	das Paar, -e	пара (*обуви*)

LEKTION 5

die Pause, -n	пауза, антракт	die Tante, -n	тётя
das Prozent, -e	процент	die U-Bahn, -en	метро, подземка
die Ruhe	покой, спокойствие	der Unsinn	глупость, бессмыслица
der Salat, -e	салат	die Untersuchung, -en	исследование
die Sauce, -n	соус		
die Schokolade	шоколад	das Urteil, -e	приговор, вывод
der Schrank, Schränke	шкаф	der Vater,	отец
		das Viertel, -	квартал, четверть
die Schwester, -n	сестра	der Wunsch, Wünsche	желание
der Sohn, Söhne	сын		

Adjektive

aktiv	активный	höflich	вежливый
allein	одинокий	kritisch	критичный, критический
ärgerlich	сердитый, раздосадованный	ledig	неженатый, не замужем
besetzt	занятый	neugierig	любопытный
dauernd	длительный	spät	поздний
deutlich	ясный, чёткий	still	спокойный
doof	глупый	überzeugt	убеждённый
frei	свободный	unfreundlich	недружественный
früher	раньше	unmöglich	невозможный, нетерпимый
glücklich	счастливый	verheiratet	женат, замужем

Adverbien

damals	тогда	sofort	сразу же, немедленно
gern	с удовольствием	weg-	*указывает на удаление, отделение, лишение*
jetzt	сейчас		
manchmal	иногда	zurück-	назад
schließlich	в конце концов	unbedingt	безусловно

Funktionswörter

dass	что *(союз в сложноподчинённом предложении)*	für	для, за
		mit	с
		über	о
entweder ... oder	или ... или	um ... zu	чтобы

Ausdrücke

Angst haben	бояться	na ja	ладно, хорошо
auf Hochzeitsreise	в свадебном путешествии	nach Hause	домой
Besuch haben	принимать гостей	schlechte Laune haben	быть в плохом настроении
berufliche Karriere	профессиональная карьера		
dagegen sein	быть против	sich wohlfühlen	хорошо себя чувствовать
frei sein	быть свободным	Sport treiben	заниматься спортом
immer nur	всегда	zu Hause	дома
Lust haben	хотеться (чего-нибудь)		

LEKTION 5

Грамматика

1. Инфинитивы с частицей *zu* или без неё (§ 30, с. 145)

1.1. Употребление

Вы уже познакомились с предложениями с модальными глаголами *(können, wollen, müssen, dürfen, sollen, „möchten")*, употребляющимися вместе со смысловыми глаголами в инфинитиве.

Ich muss jeden Morgen um 5 Uhr aufstehen.

Существуют и другие глаголы, которые употребляются так же.

bleiben:	Ich bleibe lieber stehen.	Я лучше останусь стоять.
fahren:	Ich fahre jetzt einkaufen.	Я еду сейчас за покупками.
fühlen:	Ich fühle mein Herz klopfen.	Я чувствую, как стучит моё сердце.
gehen:	Sie geht heute abend tanzen.	Она идёт сегодня вечером танцевать.
helfen:	Er hilft mir aufräumen.	Он помогает мне убирать.
hören:	Wir hören sie singen.	Мы слышим их поющими.
lassen:	Sie lässt ihr Auto reparieren.	Она отдала свой автомобиль в ремонт.
lehren:	Ich lehre meinen Sohn lesen.	Я учу моего сына читать.
sehen:	Ich sehe ihn aus dem Bus steigen.	Я вижу его, выходящим из автобуса.

Как видите, переводятся эти конструкции по-разному. В немецком языке существует достаточно много глаголов, которые употребляются вместе с инфинитивом другого глагола. При этом перед инфинитивом стоит частица *zu*.

Ich versuche weniger zu rauchen.   Я стараюсь курить поменьше.

Запомните: Если в инфинитиве стоит глагол с отделяющейся приставкой, *zu* вставляется между приставкой и корнем.

Sie versucht abzunehmen.   Она старается похудеть.

Полный список глаголов, употребляющихся с инфинитивом плюс *zu*, дать нельзя – их слишком много. Наиболее часто употребляемые: *anfangen, aufhören, versuchen, verbieten, vergessen*.

Запомните: *helfen, lehren* и *lernen* могут употребляться с инфинитивом с частицей *zu* и без неё. Наиболее распространено такое правило: «чистый» инфинитив употребляется без *zu*. Если же в предложении есть объект, то появляется *zu*.

Ich helfe dir aufräumen.
Ich helfe dir das Haus aufzuräumen.

В конструкции *глагол + инфинитив* с *zu* глагольная часть может быть расширена за счёт существительного или прилагательного.

Er hat keine Lust mit mir zu tanzen.
Er hat Zeit mir zu helfen.
Es ist wichtig das Auto zu reparieren.
Es ist langweilig allein ins Kino zu gehen.

LEKTION 5

1.2. Структура предложения и пунктуация

	Vorfeld	Verb₁	Subjekt	Objekt	Bestimmung	Objekt	Verb₂
1	Sie	versucht					
2a							abzunehmen.
2b					schnell	5 Kilo	abzunehmen.
2c				sich	nicht	über ihren Mann	zu ärgern.

Из приведённой выше таблицы видно, что все предложения 2 дополняют предложение 1. Сами по себе они неполные, потому что в них отсутствует субъект и спрягаемый глагол (*Verb₁*). Подразумеваемый субъект предложений 2 идентичен с субъектом предложения 1.

Sie will abnehmen. + Sie versucht es. = Sie versucht abzunehmen.

Предложение 1 и предложения 2 b и 2 c разделяются запятыми. Предложение 2a состоит только из инфинитива с *zu* и поэтому запятой не отделяется (см. таблицу вверху).

1.3. Упражнение
Переведите предложения, используя инфинитив с частицей *zu* или без неё.

a) Михаэль идёт танцевать со своей женой.

b) Михаэль хотел бы пойти потанцевать со своей женой.

c) У Михаэля нет желания идти танцевать со своей женой.

d) Я забыл тебе позвонить.

e) Я пытался всё время после обеда до тебя дозвониться.

f) Я хотел тебе позвонить.

g) Мой муж не может отремонтировать наш автомобиль.

h) Мой муж пытается отремонтировать нашу машину.

i) Мой муж отдал машину в ремонт.

j) Я помогаю моему мужу ремонтировать машину.

k) Карл учится играть в теннис.

l) У Карла сегодня нет времени поиграть в теннис.

LEKTION 5

m) Сегодня я могу есть шоколад.

n) Сегодня мне хочется съесть шоколада.

o) Врач запрещает мне есть шоколад.

2. Придаточное предложение с союзом *dass* (§ 25, с. 142)

Понятия придаточного предложения и придаточных связей были введены во второй главе (см. 2.2.). *Dass* является придаточным союзом и соответствует русскому *что*.
Он употребляется преимущественно после глаголов, выражающих личное мнение, намерение или утверждение.

Ich glaube, dass Maria geheiratet hat.   Мне кажется, что Мария вышла замуж.

Не забудьте порядок слов в придаточном предложении: субъект стоит всегда после союза, спрягаемый глагол идёт в самый конец предложения. Придаточное предложение всегда отделяется от главного запятой.

Ich habe gehört, dass Maria geheiratet hat.

3. Инфинитив с *zu* или придаточное предложение с *dass*

Личное мнение, намерение, утверждение могут выражаться как инфинитивом с *zu*, так и придаточным предложением с *dass*.

Ich finde es schön nicht mehr zu rauchen.
Ich finde es schön, dass ich nicht mehr rauche.
Ich finde es schön, dass du auch nicht mehr rauchst.

Как вы видите из приведённых выше примеров, инфинитив с *zu* употребляется лишь в том случае, если субъект в главном и инфинитивном предложении один и тот же (см. 1.2.). Придаточное предложение с *dass* может употребляться, если субъект в обоих предложениях идентичен. Придаточное предложения должно употребляться, если субъекты различны.

Запомните: если субъект в придаточном предложении выражен обобщающим словом *man*, то он включает в себя и субъект главного предложения. Поэтому в этом случае тоже может быть использован инфинитив с *zu*.

Ich finde es richtig, dass man jung heiratet.
Ich finde es richtig jung zu heiraten.

LEKTION 5

3.1. Упражнение

Замените придаточное предложение с *dass* на инфинитив с *zu* там, где это возможно.

a) Ich freue mich, dass Maria geheiratet hat.
   Ich freue mich _____ .
b) Ich finde es schön, dass ich Kinder habe.
   Ich finde es schön _____ .
c) Viele Paare sind sicher, dass die Karriere wichtiger als Kinder ist.
   Viele Paare sind sicher _____ .
d) Lisa findet es richtig, dass sie auch als Mutter noch arbeitet.
   Lisa findet es richtig _____ .
e) Martin hat versprochen, dass er pünktlich kommt.
   Martin hat versprochen _____ .
f) Ich finde es wichtig, dass man mit dem Partner über alle Probleme spricht.
   Ich finde es wichtig _____ .
g) Meine Mutter ist überzeugt, dass man ohne Kinder nicht glücklich sein kann.
   Meine Mutter ist überzeugt _____ .

4. Придаточное предложение с *als* и *wenn*

Во второй главе вы познакомились с придаточным союзом *wenn*, который может переводиться как *когда*. (см. главу 2, 3.2). В немецком языке есть ещё один союз, который также переводится как *когда*. Это союз *als*, который употребляется, если речь идёт о единичном событии или периоде в прошлом.

<u>Als</u> ich 16 war, wollte ich die Schule verlassen.

Правильное употребление *wenn* и *als* показано ниже на примерах.

(1) <u>Als</u> die Familie Besuch hatte, musste Sandra nicht ruhig sein.
(2) <u>Wenn</u> die Familie Besuch hatte, musste Ingeborg immer ruhig sein.
(3) <u>Wenn</u> die Familie Besuch hat, müssen die Kinder (immer) ruhig sein.
(4) <u>Wenn</u> wir nächsten Sonntag Besuch haben, kochen wir chinesisch.

Как вы видите, союз *wenn* употребляется, если он относится к событию в прошлом (2), настоящем (3) и будущем, которое регулярно повторяется. Он также употребляется с единичными событиями или периодами в настоящем и в будущем (4). Однако с единичными событиями в прошлом должен употребляться союз *als* (1).

Запомните: Существует и другое значение союза *wenn*. Он употребляется в условных предложениях и переводится как *если* (см. главу 2, 3.2. и главу 3, 3.).

LEKTION 5

5. Als

Als в немецком языке употребляется:

A. как придаточный союз в значении *когда* (см. 4.).
Als Maria zwei Jahre alt war, ist ihr Vater gestorben.

B. в качестве предлога, который не имеет эквивалента в русском языке и переводится творительным падежом существительного, перед которым он стоит.
Anja Maurer arbeitet als Sekretärin.   Аня Маурер работает секретаршей.

C. в сравнениях в сочетании со сравнительной степенью прилагательного.
Klaus ist größer als Peter. (См. „*Themen aktuell 1*", глава 9, 4.).
Klaus ist größer, als ich gedacht habe. (См. главу 4, 2.).

5.1. Упражнение

Дополните предложения союзами *als, wie, wenn*.

a) _____ ich am Nachmittag Zeit habe, räume ich die Wohnung auf,
b) Mein Mann arbeitet _____ Bürokaufmann bei einer Firma.
c) Meine Tochter tanzt so gut _____ eine Tänzerin.
d) Ulrike wurde freier _____ ihre Mutter erzogen.
e) Möchtest du später nicht _____ Chemikerin arbeiten?
f) _____ wir jünger waren, hatten wir beide noch sehr wenig Geld.
g) Ich hasse es, _____ jemand dauernd über Geld spricht.
h) Adele hatte genauso viele Kinder _____ ihre Mutter Maria.
i) Wir sind alle ruhig, _____ mein Sohn Hausaufgaben macht.

5. Es

Личное местоимение *es* имеет следующие функции:

A. заменяет существительные среднего рода.
Das ist mein neues Haus. Wie findest du es ?

B. как предвосхищение следующего за ним придаточного предложения с союзами *dass* или *wenn*, а также инфинитива с *zu*. Это придаточное или инфинитивное предложение как единое целое является субъектом или объектом главного предложения и представлено в нём местоимением *es*.

<u>Es</u> ist wichtig, <u>dass man mit dem Partner über alle Probleme spricht</u>.
<u>Es</u> ist wichtig, <u>mit dem Partner über alle Probleme zu sprechen</u>.
Ich hasse <u>es</u>, <u>wenn jemand zuviel redet</u>.
Ich finde <u>es</u> gut, <u>dass Peter Humor hat</u>.
Ich finde <u>es</u> nicht gut, <u>zu jung zu heiraten</u>.

Запомните: Если предложение начинается с придаточной или инфинитивной части, то *es* как предвосхищение становится лишним и поэтому опускается.

<u>Mit dem Partner über alle Probleme zu sprechen</u> ist wichtig.
<u>Dass man mit dem Partner über alle Probleme spricht</u>, ist wichtig.
<u>Dass Peter Humor hat</u>, finde ich gut.
<u>Zu jung zu heiraten</u> finde ich nicht gut.

LEKTION 5

7. Простое прошедшее время *(Präteritum)* (§ 19, с. 138)

Вы уже знаете, что временная форма *Perfekt* употребляется для описания событий прошедшего времени (см. „*Themen aktuell 1*" глава 6, 2.). Вы также встречались с простым прошедшим временем глаголов *haben* и *sein* (см. „*Themen aktuell 1*", глава 7, 2.) и модальных глаголов (см.главу 2, 1.). В настоящем разделе речь пойдёт о простом прошедшем времени других глаголов.

Простое прошедшее время чаще всего употребляется в письменной официальной речи. Оно часто встречается и в немецкой беллетристике. *Perfekt* используется в устной речи, а также в частных письмах. *Haben, sein* и модальные глаголы, как правило, встречаются в форме простого прошедшего времени. Практически нет смысловой разницы между *Perfekt* и простым прошедшим временем. В разговорном языке господствует смесь двух прошедших времён, хотя *Perfekt* всё же превалирует.

7.1. Образование простого прошедшего времени

Как и в случае с *Perfekt* нужно различать сильные и слабые глаголы. Разница заключается в образовании корня простого прошедшего времени.

7.1.1. Слабые глаголы

Простое прошедшее время слабых глаголов образуется прибавлением суффикса *-te* к корню настоящего времени.

Infinitiv		корень настоящего времени		корень простого прошедшего времени
lernen	→	lern-	→	lernte

Суффикс *-te* всегда сигнализирует о том, что мы имеем дело с простым прошедшим временем слабого глагола. Если корень настоящего времени заканчивается на *-d* или *-t*, то между корнем и суффиксом для более лёгкого произношения появляется гласная *-e*.

baden	→	bad-	→	bad**ete**
arbeiten	→	arbeit-	→	arbeit**ete**

Личные окончания прибавляются к корню простого прошедшего времени.

	lernen	окончания простого-прошедшего времени
ich	lernte	
du	lernte**st**	-st
er / sie / es	lernte	
wir	lernte**n**	-n
ihr	lernte**t**	-t
sie / Sie	lernte**n**	-n

Из таблицы видно, что первое и третье лицо единственного числа не имеют окончаний (см. главу 2, 1. 1.).

LEKTION 5

7.1.2. Сильные глаголы

Как и в *Partizip II* от сильных глаголов, в образовании простого прошедшего времени (*Präteritum*) нет правил. Их нужно выучить наизусть вместе с инфинитивом и *Partizip II* для каждого глагола. Список этих глаголов и отглагольных форм вы найдёте на странице 229.

Infinitiv		Präteritum		Partizip II
essen	→	aß-	→	gegessen
finden	→	fand-	→	gefunden
gehen	→	ging-	→	gegangen

Личные окончания сильных и слабых глаголов в *Präteritum* совпадают. Для облегчения произношения, в частности, если корень заканчивается на *-d* или *-t,* иногда между корнем и окончанием появляется беглое *-е*. Первое и третье лицо единственного числа не имеют окончаний.

	gehen	finden	окончания в Präteritum
ich	ging	fand	
du	gingst	fandest	-(e)st
er / sie / es	ging	fand	
wir	gingen	fanden	-en
ihr	gingt	fandet	-(e)t
sie / Sie	gingen	fanden	-en

7.1.3. Смешанные глаголы

Есть несколько глаголов, которые образуют простое прошедшее время как сильные глаголы, но с добавлением суффикса *-te* (который, как мы знаем, является признаком слабых глаголов) к корню. То же правило применимо для них и при образовании *Partizip II* (см. „*Themen aktuell 1*", глава 6, 2.2.).

Infinitiv		Präteritum		Partizip II
bringen	→	brachte	→	gebracht
denken	→	dachte	→	gedacht
kennen	→	kannte	→	gekannt
mögen	→	mochte	→	gemocht
nennen	→	nannte	→	genannt
rennen	→	rannte	→	gerannt
wissen	→	wusste	→	gewusst

7.2. Страдательный залог *(Passiv)* в простом прошедшем времени *(Präteritum)*

Как вы знаете из главы 4, 3. *Passiv* настоящего времени в немецком языке образуется с помощью слова *werden* + смысловой глагол в *Partizip II*. *Passiv* в простом прошедшем времени образуется точно так же, но настоящее время глагола *werden* заменяется формой прошедшего времени того же глагола – *wurden*.

	brauchen		
ich	wurde	...	gebraucht
du	wurdest	...	gebraucht
er / sie / es	wurde	...	gebraucht
wir	wurden	...	gebraucht
ihr	wurdet	...	gebraucht
sie / Sie	wurden	...	gebraucht

Как вы видите из таблицы, простое прошедшее время глагола *werden* образуется по законам для неправильных глаголов.

8. Окончания прилагательных в *Genitiv* (§ 5, с. 135)

В главе 1, 1. вы изучили, что прилагательные имеют окончания, если они стоят перед существительными. Были рассмотрены окончания всех падежей за исключением *Genitiv*.

муж.	des netten Mannes	(k)eines / meines netten Mannes	guten Weines
жен.	der netten Frau	(k)einer / meiner netten Frau	guter Suppe
сред.	des netten Kindes	(k)eines / meines netten Kindes	guten Brotes
мн. ч.	der netten Freunde	keiner / meiner netten Freunde	guter Trauben

Прилагательные в *Genitiv* заканчиваются, как правило, на *-en* за исключением женского рода и множественного числа, когда они употребляются без артикля или другого слова в роли артикля или если перед прилагательным стоят слова *vieler, weniger, einiger* или любое число в *Plural* (см. главу 1, 1.4.). В этих случаях у них окончание *-er*.

8.1. Упражнение
Вставьте окончания прилагательных.

a) Die Reparatur alt_____ Autos ist oft teuer.
b) Die Tochter meiner älter_____ Schwester arbeitet bei Opel.
c) Die Küche dieses italienisch_____ Restaurants ist sehr gut.
d) Ich finde den Moderator der neu_____ Sendung langweilig.
e) Das Leben mancher alt_____ Leute war sehr schwer.
f) Popsänger ist der Traumjob einiger jung_____ Männer.
g) Mozart begann schon als Kind mit dem Komponieren klassisch_____ Musik.
h) Ist das der Wagen deines neu_____ Freundes?

LEKTION 5

9. Предлоги времени

A. Während

После него употребляется *Genitiv*, но в разговорной немецкой речи часто употребляется также *Dativ*. Он переводится как *во время* или *во время того как*.

<u>Während</u> der Ferien arbeitete Ulrike bei Opel.

Во время каникул Ульрике работала на «Опеле».

B. Bei

Употребляется с *Dativ*. Переводится как *при* или *во время, когда* и часто заменяет придаточные предложения, начинающиеся с *wenn* или *als*.

Bei schönem Wetter gehe ich spazieren. = Wenn das Wetter schön ist, ...

При хорошей погоде ...

Bei unserem Besuch musste Sandra nicht ruhig sein. = Als wir sie besuchten, ...

Когда мы были у вас в гостях ...

C. Mit

Употребляется с *Dativ* и часто указывает точный возраст.

Mit 17 bekam Ulrike ein Kind.

В 17 лет Ульрике родила ребёнка.

10. Adverbien *recht, ziemlich, sehr, besonders, furchtbar*

Эти слова стоят перед прилагательными и видоизменяют (смягчают, ужесточают) его.

Katrin ist <u>recht</u> intelligent.	... весьма интелигентна
Katrin ist <u>ziemlich</u> intelligent.	... довольно интелигентна
Katrin ist <u>sehr</u> intelligent.	... очень интелигентна
Katrin ist <u>besonders</u> intelligent.	... особенно интелигентна
Katrin ist <u>furchtbar</u> intelligent.	... ужасно интелигентна

LEKTION 5

11. Письменная речь

11.1. Упражнение

Напишите письмо, используя приведённые ниже предложения и союзы. Обратите внимание на порядок слов, знаки препинания.

Liebe Katja,	
wir haben schon sechs Jahre nichts mehr voneinander gehört.	
Ich weiß, es ist eine lange Zeit.	dass
Ich schreibe dir endlich einen Brief.	deshalb
In den letzten Jahren ist viel passiert.	natürlich
Vor sechs Jahren haben wir das Abitur gemacht.	
Ich habe sechs Monate als Verkäuferin in einer Boutique gearbeitet.	zuerst
Ich habe einen Studienplatz für Architektur in Berlin bekommen.	dann
Ich bin nach Berlin umgezogen.	also
Ich habe mich wie im Paradies gefühlt.	dort
Ich hatte so viele Möglichkeiten.	denn
Jeden Abend war ich im Kino, in einer Bar, im Kabarett oder im Theater.	
Ich kannte noch niemanden in der Stadt.	obwohl
Ich habe an der Universität viele Studenten kennen gelernt.	später
Ich hatte viele Freunde.	bald
Ich war schon zwei Jahre in Berlin.	als
Ich habe Hartmut kennen gelernt.	
Wir sind oft zusammen in Konzerte gegangen.	
Hartmut interessierte sich sehr für Musik.	weil
Ich fuhr in den Ferien nach Hause zu meinen Eltern.	wenn
Ich fühlte mich sehr allein.	
Wir waren mit dem Studium fertig.	als
Wir haben geheiratet.	
Wir haben schon ein Kind.	jetzt
Was hast du denn in den letzten Jahren gemacht?	
Vielleicht hast du Lust, mir zu schreiben.	
Auf deinen Brief warte ich mit Ungeduld.	

Viele Grüße
deine Michaela

11.2. Упражнение

Внимательно прочтите текст. Затем напишите личное письмо.

Sie haben mehrere Jahre nichts von Ihrem Freund / Ihrer Freundin gehört. Schreiben Sie ihm / ihr einen Brief. Schreiben Sie etwas zu den folgenden Punkten:

– Warum haben Sie so lange nicht geschrieben?
– Was haben Sie in den letzten Jahren gemacht?
– Fragen Sie Ihren Freund / Ihre Freundin, was er / sie gemacht hat.
– Schlagen Sie ein Wiedersehen vor.

LEKTION 5

1. Herr X ist unzufrieden. Er will anfangen besser zu leben. Was sagt Herr X?

Obst essen	Eltern besuchen	spazieren gehen	Blumen gießen
schlafen gehen	Rechnungen bezahlen	eine Krawatte anziehen	kochen
Sport treiben	täglich duschen	arbeiten	eine Fremdsprache lernen
fernsehen	Schuhe putzen	ein Gartenhaus bauen	Zeitung lesen
Bier trinken	zum Zahnarzt gehen	billiger einkaufen	Maria Blumen mitbringen
Geld ausgeben	lügen	Fahrrad fahren	Briefe schreiben
Wohnung aufräumen	aufstehen	frühstücken	telefonieren

> mehr   besser   regelmäßig   nicht mehr   früher
> weniger   immer   schneller   öfter

Morgen fange ich an, mehr Obst zu essen.
Morgen fange ich an früher ...

2. Ihre Grammatik. Ordnen Sie.

anfangen	bleiben	fragen	lesen	studieren
anrufen	buchstabieren	frühstücken	malen	tanken
antworten	denken	gehen	nachdenken	tanzen
arbeiten	diskutieren	gewinnen	packen	telefonieren
aufhören	duschen	heiraten	parken	überlegen
aufpassen	einkaufen	helfen	putzen	verlieren
aufräumen	einpacken	kämpfen	reden	vergleichen
aufstehen	einschlafen	klingeln	reisen	vorbeikommen
auspacken	einsteigen	kochen	schlafen	wählen
ausruhen	erzählen	kontrollieren	schreiben	wandern
aussteigen	essen	korrigieren	schwimmen	waschen
ausziehen	fahren	kritisieren	schwitzen	wegfahren
baden	feiern	lachen	singen	weinen
bestellen	fernsehen	laufen	sitzen	zeichnen
bezahlen	fliegen	leben	spielen	zuhören
bitten	fotografieren	lernen	sterben	zurückgeben

untrennbare Verben	trennbare Verben
Ich habe keine Lust ...	Ich habe keine Lust ...
zu antworten.	*anzufangen.*
zu ...	*anzurufen.*
	...

LEKTION 5

3. Was findet man gewöhnlich bei anderen Menschen positiv oder negativ? Ordnen Sie die Wörter und schreiben Sie das Gegenteil daneben.

Nach Übung 2 im Kursbuch

a) attraktiv	d) schmutzig	g) laut	j) freundlich	m) pünktlich	p) verrückt
b) treu	e) langweilig	h) sportlich	k) hässlich	n) dumm	q) zufrieden
c) ehrlich	f) höflich	i) sympathisch	l) traurig	o) nervös	

+ / −

a) _attraktiv_ _unattraktiv_
b) ___ ___
c) ___ ___
d) ___ ___
e) ___ ___
f) ___ ___
g) ___ ___
h) ___ ___
i) ___ ___

+ / −

j) ___ ___
k) ___ ___
l) ___ ___
m) ___ ___
n) ___ ___
o) ___ ___
p) ___ ___
q) ___ ___

4. Ergänzen Sie.

Nach Übung 2 im Kursbuch

Ich mag …

a) dick_____ Leute.
b) meine neu_____ Kollegin.
c) meinen neugierig_____ Nachbarn nicht.
d) sein jüngst_____ Kind am liebsten.
e) Leute mit verrückt_____ Ideen.
f) Leute mit einem klug_____ Kopf.
g) Leute mit einer lustig_____ Frisur.
h) Leute mit einem hübsch_____ Gesicht.
i) den neu_____ Freund meiner Kollegin.
j) die neu_____ Chefin lieber als die alt_____ .
k) das ältest_____ Kind meiner Schwester nicht sehr gerne.
l) die sympathisch_____ Gesichter der beiden Schauspieler.
m) das Mädchen mit den rot_____ Haaren.
n) den Mann mit dem lang_____ Bart nicht.
o) die Frau mit dem kurz_____ Kleid.
p) den Mann mit dem sportlich_____ Anzug.

5. Ordnen Sie.

Nach Übung 3 im Kursbuch

Nachbar	Pilot	Verkäufer	Tante	Zahnärztin	Schwester	Musikerin
Bruder	Ehemann	Kaufmann	Eltern	Kellnerin	Kollege	Künstler
Tochter	Lehrerin	Bekannte	Ministerin	Sohn	Politiker	Ehefrau
Polizist	Schauspielerin	Schriftsteller	Soldat	Kind		Fotografin
Freund	Friseurin	Journalistin	Bäcker	Vater		Mutter

Berufe	Familie / Menschen, die man gut kennt
Pilot	_Nachbar_
…	…

siebenundneunzig **97**

LEKTION 5

6. Sie können es auch anders sagen.

a) Ich wollte dich anrufen. Leider hatte ich keine Zeit.
   Leider hatte ich keine Zeit, dich anzurufen.
b) Immer muss ich die Wohnung alleine aufräumen. Nie hilfst du mir.
c) Kannst du nicht pünktlich sein? Hast du das nicht gelernt?
d) Hast du Gaby nicht eingeladen? Hast du das vergessen?
e) Ich lerne jetzt Französisch. Morgen fange ich an.
f) Ich wollte letzte Woche mit Jochen ins Kino gehen, aber er hatte keine Lust.
g) Meine Kollegin konnte mir gestern nicht helfen, weil sie keine Zeit hatte.
h) Mein Bruder wollte mein Auto reparieren. Er hat es versucht, aber es hat nicht geklappt.
i) Der Tankwart sollte den Wagen waschen, aber er hat es vergessen.

7. Ordnen Sie.

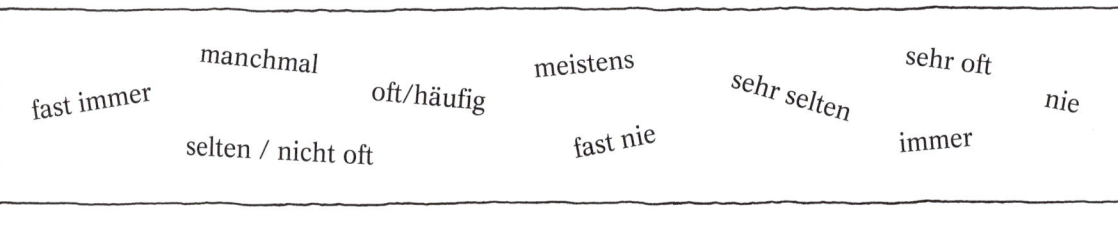

```
     manchmal          meistens           sehr oft
fast immer    oft/häufig      sehr selten            nie
     selten / nicht oft   fast nie     immer
```

a) _nie_ → b) _____ → c) _____ → d) _____ → e) _____ →
f) _____ → g) _____ → h) _____ → i) _____ → j) _____

8. Was passt zusammen?

A. Mit den folgenden Sätzen kann man einen Infinitivsatz beginnen.

Ich habe Lust   Ich habe vergessen   Ich versuche   Ich höre auf
Es macht mir Spaß   Ich habe Zeit   Ich helfe dir   Ich habe nie gelernt
Ich habe die Erlaubnis   Ich habe vor   Ich habe Angst   Ich verbiete dir
Ich habe Probleme

Bilden Sie Infinitivsätze. Welche der Sätze oben passen mit den folgenden Sätzen zusammen?

a) Heute habe ich nichts zu tun. Da kann ich endlich mein Buch lesen.
b) Mein Fahrrad ist kaputt. Vielleicht kann ich es selbst reparieren.
c) Ich spiele gern mit kleinen Kindern.
d) Dein Koffer ist sehr schwer. Komm, wir tragen ihn zusammen!
e) Im August habe ich Urlaub. Dann fahre ich nach Spanien.
f) Ich darf heute eine Stunde früher Feierabend machen.
g) Ich kann abends sehr schlecht einschlafen.
h) Nachts gehe ich nicht gern durch den Park. (Das ist mir zu gefährlich.)
i) Ab morgen rauche ich keine Zigaretten mehr.
j) Du sollst nicht in die Stadt gehen; ich will das nicht!

LEKTION 5

k) Ich wollte gestern den Brief zur Post bringen. (Er liegt noch auf meinem Schreibtisch.)
l) Ich bin schon 50 Jahre alt, aber ich kann nicht Auto fahren.
m) Ich möchte gerne spazieren gehen.

a) _Ich habe Zeit, mein Buch zu lesen._
b) _Ich versuche . . ._
...

B. Auch mit den folgenden Sätzen beginnt man Infinitivsätze.

Es ist | wichtig   Es ist | richtig
       | langweilig | furchtbar
       | gefährlich | unmöglich
       | interessant | leicht
       | lustig | schwer
       | falsch | ...

neue Freunde finden   ~~das Auto reparieren~~
allein sein   ~~zu viel Fisch essen~~
~~andere Leute treffen~~   ~~alles wissen~~   ~~im Meer baden~~
~~einen Freund verlieren~~
...   mit Kindern spielen

Bilden Sie Infinitivsätze.
a) _Es ist wichtig, das Auto zu reparieren._
b) _Es ..._
...

9. Ergänzen Sie.

Nach Übung **5** im Kursbuch

telefonieren   duschen   erzählen   hängen   vergessen
entschuldigen   anmachen   ausmachen   anrufen   wecken   reden

a) Ich habe in meiner neuen Wohnung kein Bad. Kann ich bei dir _____ ?
b) Dein Mantel liegt im Wohnzimmer auf dem Sofa, oder er _____ im Schrank.
c) Du hörst jetzt schon seit zwei Stunden diese schreckliche Musik. Kannst du das Radio nicht mal _____ ?
d) _____ doch mal das Licht _____ . Man sieht ja nichts mehr.
e) Du stehst doch immer ziemlich früh auf. Kannst du mich morgen um 7.00 Uhr _____ ?
f) Vielleicht kann ich doch morgen kommen. _____ mich doch morgen Mittag zu Hause oder im Büro _____ . Dann weiß ich es genau. Meine Nummer kennst du ja.
g) Du musst dich bei Monika _____ . Du hast ihren Geburtstag _____ .
h) Mit wem hast du gestern so lange _____ ? Ich wollte dich anrufen, aber es war immer besetzt.
i) Klaus ist so langweilig. Ich glaube, der kann nur über das Wetter _____ .
j) Sie hat mir viel von ihrem Urlaub _____ . Das war sehr interessant.

LEKTION 5

10. Welches Verb passt wo? (Sie können selbst weitere Beispiele finden.)

| entschuldigen | unterhalten | reden | ausmachen | telefonieren | kritisieren | anrufen |

a) den Arzt _____
aus der Telefonzelle
bei der Auskunft
Frau Cordes

e) den Film _____
die Politik
den Freund
das Essen

b) sich | bei den Nachbarn | _____
für den Lärm
für den Fehler
bei den Eltern

f) sich | mit einem Freund | _____
über den Urlaub
auf der Feier
in der U-Bahn

c) mit der Freundin _____
am Schreibtisch
in der Post
in der Mittagspause

g) über | die Operation | _____
das Theaterstück
Politik
den Chef

d) den Fernsehapparat _____
die Waschmaschine
das Licht
das Radio

11. Was passt?

a) ausmachen: den Fernseher, den Schrank, das Licht, das Radio
b) anrufen: Frau Keller, Ludwig, meinen Chef, das Gespräch
c) telefonieren: mit meinem Kind, mit dem Ehepaar Klausen, mit der Ehe, mit seiner Schwester
d) aufräumen: den Geburtstag, die Küche, das Haus, das Büro
e) hoffen: auf eine bessere Zukunft, auf ein besseres Leben, auf der besseren Straße, auf besseres Wetter

12. Sagen Sie es anders.

a) Meine Freundin glaubt, alle Männer sind schlecht.
   Meine Freundin glaubt, dass alle Männer schlecht sind.
b) Ich habe gehört, Inge hat einen neuen Freund.
c) Peter hofft, seine Freundin will ihn bald heiraten.
d) Wir wissen, Peters Eltern haben oft Streit.
e) Helga hat erzählt, sie hat eine neue Wohnung gefunden.
f) Ich bin überzeugt, es ist besser, wenn man jung heiratet.
g) Frank hat gesagt, er will heute Abend eine Kollegin besuchen.
h) Ich meine, man soll viel mit seinen Kindern spielen.
i) Du hast mich zu deinem Geburtstag eingeladen. Darüber habe ich mich gefreut.

LEKTION 5

13. Welcher Satz ist sinnvoll?

a) A *Ich finde,*
   B *Ich glaube,*
   C *Ich verlange,*

   dass es morgen regnet.

b) A *Ich bin der Meinung,*
   B *Ich passe auf,*
   C *Ich verspreche,*

   dass meine Schwester sehr intelligent ist.

c) A *Ich denke,*
   B *Ich meine,*
   C *Ich weiß,*

   dass die Erde rund ist.

d) A *Ich bin dafür,*
   B *Ich bin überzeugt,*
   C *Ich kritisiere,*

   dass der Präsident ein guter Politiker ist.

e) A *Ich bin einverstanden,*
   B *Ich verspreche,*
   C *Ich bin traurig,*

   dass du nie Zeit für mich hast.

f) A *Ich hasse es,*
   B *Ich bin glücklich,*
   C *Ich möchte,*

   dass meine Nachbarn mich immer durch laute Musik stören.

14. Nebensätze mit „dass" beginnen auch oft mit den folgenden Sätzen. Lernen Sie die Sätze.

Ich habe geantwortet,	dass ...	Es ist	falsch,	dass ...	Es ist	möglich,	dass ...
Ich habe erklärt,			richtig,			wunderbar,	
Ich habe gesagt,			wahr,			interessant,	
Ich habe entschieden,			klar,			toll,	
Ich habe gehört,			lustig,			nett,	
Ich habe geschrieben,			schlimm,			klug,	
Ich habe vergessen,			wichtig,			verrückt,	
Ich habe mich beschwert,			schlecht,			selten,	
			gut,				

15. Was ist Ihre Meinung? Schreiben Sie.

a) Geld macht nicht glücklich.　　　　　　　　　Ich bin auch/nicht überzeugt, ...

   Ich bin auch überzeugt, dass Geld nicht glücklich macht.

b) Es gibt sehr viele schlechte Ehen.　　　　　　Ich glaube auch/nicht, ...
c) Ohne Kinder ist man freier.　　　　　　　　　Ich finde auch/nicht, ...
d) Die meisten Männer heiraten nicht gern.　　　Ich bin auch/nicht der Meinung,...
e) Die Liebe ist das Wichtigste im Leben.　　　　Es stimmt / stimmt nicht,...
f) Reiche Männer sind immer interessant.　　　　Es ist wahr/falsch, ...
g) Schöne Frauen sind meistens dumm.　　　　　Ich meine auch/nicht, ...
h) Frauen mögen harte Männer.　　　　　　　　Ich denke auch/nicht, ...
i) Man muss nicht heiraten, wenn man Kinder will.　Ich bin dafür/dagegen, ...

LEKTION 5

16. Ihre Grammatik. Ergänzen Sie den Infinitiv und das Partizip II.

Starke und unregelmäßige Verben

Infinitiv	Präteritum (3. Person Singular)	Partizip II
anfangen	fing an	angefangen
	begann	
	bekam	
	brachte	
	dachte	
	lud ein	
	aß	
	fuhr	
	fand	
	flog	
	gab	
	ging	
	hielt	
	hieß	
	kannte	
	kam	
	lief	
	las	
	lag	
	nahm	
	rief	
	schlief	
	schnitt	
	schrieb	
	schwamm	
	sah	
	sang	
	saß	
	sprach	
	stand	
	trug	
	traf	
	tat	
	vergaß	
	verlor	
	wusch	
	wusste	

LEKTION 5

Schwache Verben

Infinitiv	Präteritum (3. Person Singular)	Partizip II
abholen	holte ab	abgeholt
	stellte ab	
	antwortete	
	arbeitete	
	hörte auf	
	badete	
	baute	
	besichtigte	
	bestellte	
	besuchte	
	bezahlte	
	brauchte	
	kaufte ein	
	erzählte	
	feierte	
	glaubte	
	heiratete	
	holte	
	hörte	
	kaufte	
	kochte	
	lachte	
	lebte	
	lernte	
	liebte	
	machte	
	parkte	
	putzte	
	rechnete	
	reiste	
	sagte	
	schenkte	
	spielte	
	suchte	
	tanzte	
	zeigte	

LEKTION 5

17. „Nach", „vor", „in", „während", „bei" oder „an"? Was passt? Ergänzen Sie auch die Artikel.

a) ~~Während~~ I'm Sommer sitzen wir abends oft im Garten und grillen.
b) Nach dem Abendessen dürfen die Kinder nicht mehr spielen. Sie müssen dann sofort ins Bett gehen.
c) Meine Mutter passt genau auf, dass ich mir vor dem Essen immer die Hände wasche. Sonst darf ich mich nicht an den Tisch setzen.
d) Nach der Arbeit fahre ich sofort nach Hause.
e) An dem Abend sehen meine Eltern meistens fern.
f) In dem nächsten Jahr bekommen wir eine größere Wohnung. Dann wollen wir auch Kinder haben.
g) Mein Vater sieht sehr gerne Fußball. ~~Bei~~ ~~den~~ Sportsendungen darf ich ihn deshalb nicht stören.
h) Meine Frau und ich haben uns 4 Jahre vor der Hochzeit kennen gelernt.
i) Am Wochenende gehe ich mit meiner Freundin oft ins Kino.
j) In den ersten Ehejahren wollen die meisten Paare noch keine Kinder haben.
k) An dem Dienstag gehe ich in die Sauna.
l) Während der Schulzeit bekam Sandra ein Kind.
m) ~~Beim~~ Während Abendessen dürfen die Kinder nicht sprechen. Die Eltern möchten, dass sie still am Tisch sitzen.
n) Am Anfang konnten die Eltern nicht verstehen, dass Ulrike schon mit 17 Jahren eine eigene Wohnung haben wollte.

18. Ihre Grammatik. Ergänzen Sie.

	der Besuch	die Arbeit	das Abendessen	die Sportsendungen
vor	vor dem Besuch	vor d		
nach	nach d	nach d		
bei	bei d	bei d		
während	während dem während des Besuchs	während d während d		

	der Abend		das Wochenende	die Sonntage
an	am Abend			

	der letzte Sommer	die letzte Woche	das letzte Jahr	die letzten Jahre
in	im letzten Sommer	in d		

LEKTION 5

19. Im Gespräch verwendet man im Deutschen meistens das Perfekt und nicht das Präteritum. Erzählen Sie deshalb in dieser Übung von Adele, Ingeborg und Ulrike im Perfekt. Verwenden Sie das Präteritum nur für die Verben „sein", „haben", „dürfen", „sollen", „müssen", „wollen" und „können".

Nach Übung **13** im Kursbuch

a) Maria: *Marias Jugendzeit war sehr hart. Eigentlich hatte sie nie richtige Eltern. Als sie zwei Jahre alt war, ist ihr Vater gestorben. Ihre Mutter hat ihren Mann nie vergessen und hat mehr an ihn …*

b) Adele: *Adele hat als Kind …*

c) Ingeborg: …

d) Ulrike: …

20. Erinnerungen an die Großmutter. Ergänzen Sie die Verbformen im Präteritum.

Nach Übung **13** im Kursbuch

fand (finden)	arbeitete (arbeiten)	half (helfen)	las (lesen)	verdiente (verdienen)
hieß (heißen)	hatte (haben)	nannte (nennen)	besuchte (besuchen)	ging (gehen)
erzählte (erzählen)	heiratete (heiraten)	war (sein)	sah (sehen)	trug (tragen)
wohnte (wohnen)	liebte (lieben)	gab (geben)	wollte (wollen)	schlief (schlafen)

Meine Großmutter _____(a) Elisabeth, aber ich _____(b) sie immer Oma Lili. Ich _____(c) sie oft, und dann _____(d) sie mir von früher. Sie _____(e) schon mit 18 Jahren. Meine Mutter _____(f) ihr einziges Kind, weil ihr Mann bald nach der Hochzeit in den Krieg _____(g); und dann _____(h) sie ihn nie wieder. Sie _____(i) mit dem Kind bei ihren Eltern. Nachts _____(j) sie auf dem Sofa, weil es nicht genug Betten _____(k). Heiraten _____(l) sie nicht mehr, weil sie ihren Mann immer noch _____(m). Später _____(n) sie eine Arbeitsstelle in einem Gasthaus. Sie _____(o) dem Koch in der Küche. Obwohl sie täglich zehn Stunden _____(p), _____(q) sie wenig Geld. Meine Großmutter _____(r) damals nur ein schönes Kleid, und das _____(s) sie am Sonntag. Sie _____(t) gerne Bücher, am liebsten Liebesromane.

21. Sagen Sie es anders.

Nach Übung **13** im Kursbuch

a) Meine Eltern haben in Paris geheiratet. Da waren sie noch sehr jung.
Als meine Eltern in Paris geheiratet haben, waren sie noch sehr jung.

b) Ich war sieben Jahre alt. Da hat mir mein Vater einen Hund geschenkt.

c) Vor fünf Jahren hat meine Schwester ein Kind bekommen. Da war sie 30 Jahre alt.

d) Sandra hat die Erwachsenen gestört. Trotzdem durfte sie im Zimmer bleiben.

e) Früher hatten seine Eltern oft Streit. Da war er noch ein Kind.

f) Früher war es zu Hause nicht so langweilig. Da haben meine Großeltern noch gelebt.

g) Wir waren im Sommer in Spanien. Das Wetter war sehr schön.

LEKTION 5

22. Ein Vater erzählt von seinem Sohn. Was sagt er?

jeden Tag drei Stunden telefonieren (14 J.) schwimmen lernen (5 J.) laufen lernen (1 J.)
sich sehr für Politik interessieren (18 J.) sich ein Fahrrad wünschen (4 J.)
sich nicht gerne waschen (8 J.) immer nur Unsinn machen (3 J.)
heiraten (24 J.) Briefmarken sammeln (15 J.) vom Fahrrad fallen (7 J.) viel lesen (10 J.)

Als er ein Jahr alt war, hat er laufen gelernt.
Als er drei Jahre alt war, ...

23. „Als" oder „wenn"? Was passt?

a) _Wenn_ das Wetter im Sommer schön ist, sitzen wir oft im Garten und grillen.
b) _Als_ Ulrike 17 Jahre alt war, bekam sie ein Kind.
c) _Wenn_ meine Mutter abends ins Kino gehen möchte, ist mein Vater meistens zu müde.
d) _Als_ meine Mutter gestern allein ins Kino gehen wollte, war mein Vater sehr böse.
e) _Als_ Ingeborg ein Kind war, war das Wort ihrer Eltern Gesetz.
f) Früher mussten die Kinder ruhig sein, _wenn_ die Eltern sich unterhielten.
g) _Als_ Sandra sich bei unserem Besuch langweilte und uns störte, lachten die Erwachsenen, und sie durfte im Zimmer bleiben.
h) _Wenn_ ich nächstes Wochenende Zeit habe, dann gehe ich mit meinen Kindern ins Schwimmbad.
i) _Wenn_ wir im Kinderzimmer zu laut sind, müssen wir sofort ins Bett.
j) _Als_ mein Vater gestern meine Hausaufgaben kontrollierte, schimpfte er über meine Fehler.

24. Ergänzen Sie.

| mit | an | um | für | auf | über |

a) Meine Mutter schimpfte immer _____ _d_____ Unordnung in unserem Zimmer.
b) Mein Vater regt sich oft _____ _d_____ Fehler in meinen Hausaufgaben auf.
c) Wenn ich mich _____ _mei_____ Vater unterhalten möchte, hat er meistens keine Zeit.
d) Ich möchte abends immer gern _____ _mei_____ Eltern spielen.
e) Meine Mutter interessiert sich abends nur _____ _d_____ Fernsehprogramm.
f) Früher kümmerte sich meistens nur die Mutter _____ _d_____ Kinder.
g) Weil Adele sich sehr _____ Kinder freute, wollte sie lieber heiraten als einen Beruf lernen.
h) Marias Vater starb sehr früh. Ihre Mutter liebte ihn sehr. Deshalb dachte sie mehr _____ _ihr_____ Mann als _____ _ihr_____ Tochter.

LEKTION 5

25. Ergänzen Sie.

ausziehen	damals	schließlich	unbedingt	Sorgen	anziehen
verschieden	früh	deutlich	hart	aufpassen	Wunsch	allein	Besuch

a) Obwohl sie Schwestern sind, sehen beide sehr _____ aus.
b) Wir warten schon vier Stunden auf dich. Wir haben uns _____ gemacht.
c) Was kann ich Holger und Renate zur Hochzeit schenken? Haben sie einen besonderen _____ ?
d) Rainer und Nils sind Brüder. Das sieht man sehr _____ .
e) Vor hundert Jahren waren die Familien noch größer. _____ hatte man mehr Kinder.
f) Wenn ihre Mutter nicht zu Hause ist, muss Andrea auf ihren kleinen Bruder _____ .
g) Michael ist erst vier Jahre alt, aber er kann sich schon alleine _____ und _____ .
h) Weil viele alte Leute wenig _____ bekommen, fühlen sie sich oft _____ .
i) Ulrike bekam sehr _____ ein Kind, schon mit 17 Jahren. Zuerst konnten ihre Eltern das nicht verstehen, aber _____ haben sie ihr doch geholfen. Denn für Ulrike war die Zeit mit dem kleinen Kind am Anfang sehr _____ .
j) Ulrike wollte schon als Schülerin _____ anders leben als ihre Eltern.

26. Sagen Sie es anders.

a) Mein ältester Bruder hat ein neues Auto. Es ist schon kaputt.
   Das neue Auto meines ältesten Bruders ist schon kaputt.
b) Mein zweiter Mann hat eine sehr nette Mutter.
c) Meine neue Freundin hat eine Schwester. Die hat geheiratet.
d) Mein jüngstes Kind hat einen Freund. Leider ist er sehr laut.
e) Meine neuen Freunde haben zwei Kinder. Sie gehen schon zur Schule.
f) Ich habe den alten Wagen verkauft, aber der Verkauf war sehr schwierig.
g) Das kleine Kind hat keine Mutter mehr. Sie ist vor zwei Jahren gestorben.
h) In der Hauptstraße ist eine neue Autowerkstatt. Der Chef ist mein Freund.
i) Die schwarzen Schuhe waren kaputt. Die Reparatur hat sehr lange gedauert.

der zweite Mann	die neue Freundin	das jüngste Kind	die neuen Freunde
die Mutter *meines zweiten Mannes*	die Schwester *meiner*	der Freund *m*	die Kinder *m*

der alte Wagen	das kleine Kind	die neue Werkstatt	die schwarzen Schuhe
der Verkauf *des alten Wagens*	die Mutter *d*	der Chef *d*	die Reparatur *d*

LEKTION 5

27. Was passt nicht?

a) glücklich sein – sich wohl fühlen – zufrieden sein – sich langweilen
b) erziehen – Schule – Eltern – Jugend – Erziehung – Besuch
c) schlagen – töten – sterben – tot sein
d) möchten – Wunsch – Bitte – bitten – Gesetz – wollen
e) wecken – leben – aufstehen – aufwachen
f) kümmern – fühlen – sorgen – helfen
g) putzen – sich waschen – schwimmen – sich duschen – sauber machen – spülen

28. Die Familie Vogel. Ergänzen Sie.

| Urgroßmutter | Tochter | Großmutter | Sohn | Onkel | Tante | Nichte |
| Urgroßvater | Mutter | Großvater | Eltern | Enkel | Neffe | Vater | Enkelin |

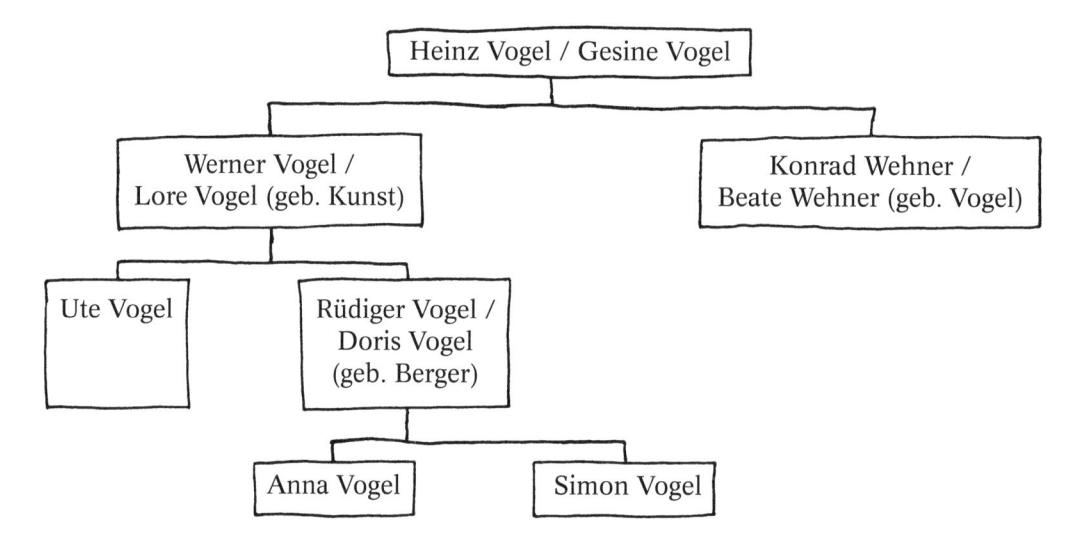

Heinz Vogel / Gesine Vogel

Werner Vogel / Lore Vogel (geb. Kunst)

Konrad Wehner / Beate Wehner (geb. Vogel)

Ute Vogel

Rüdiger Vogel / Doris Vogel (geb. Berger)

Anna Vogel   Simon Vogel

a) Heinz Vogel ist der _____ von Werner Vogel.
b) Werner Vogel ist der _____ von Heinz und Gesine Vogel.
c) Beate Wehner ist die _____ von Heinz und Gesine Vogel.
d) Werner Vogel und Lore Vogel sind die _____ von Rüdiger Vogel.
e) Anna Vogel ist die _____ von Heinz und Gesine Vogel.
f) Lore Vogel ist die _____ von Anna Vogel.
g) Ute Vogel ist die _____ von Konrad Wehner und Beate Wehner.
h) Rüdiger Vogel ist der _____ von Konrad und Beate Wehner.
i) Ute Vogel ist die _____ von Heinz Vogel.
j) Konrad Wehner ist der _____ von Ute Vogel.
k) Werner Vogel ist der _____ von Simon Vogel.
l) Lore Vogel ist die _____ von Ute Vogel.
m) Gesine Vogel ist die _____ von Anna Vogel.
n) Heinz Vogel ist der _____ von Simon Vogel.
o) Simon Vogel ist der _____ von Lore Vogel.

LEKTION 6

Словарь

Verben

baden gehen	идти купаться	scheinen	казаться
denken an	думать о	schneien	идти снегу
feiern	праздновать	trennen	отделять, расставаться
fließen	течь	überraschen	удивлять, делать сюрприз
herstellen	производить	übrig bleiben	оставаться, быть в остатке
mitmachen	делать вместе (с кем-то)	verbrennen	сгорать
mitnehmen	брать с собой	wegwerfen	выбрасывать
produzieren	производить	werfen	бросать
regnen	идти дождю	zeigen	показывать

Nomen

der Abfall, Abfälle	мусор, отходы	das Land, Länder	страна, земля
der Ausflug, Ausflüge	вылазка	die Landkarte, -n	географическая карта
der Bach, Bäche	ручей	die Limonade, -n	лимонад
der Bäcker, -	пекарь	die Lösung, -en	решение (задачи)
der Berg, -e	гора	die Luft	воздух
der Boden	земля	der März	март
der Container	контейнер (здесь для мусора)	das Meer, -e	море
		die Menge, -n	количество, толпа
die / der Deutsche, -n (ein Deutscher)	немка, немец	der Meter, -	метр
		die Mülltonne	бак для мусора
das Dorf, Dörfer	деревня	der Nebel	туман
die Dose, -n	жестяная банка, доза	der Norden	север
das Drittel, -	треть	der Osten	восток
das Eis	лёд, мороженое	(das) Österreich	Австрия
die Energie, -n	энергия	das Papier, -e	бумага, документ
das Feld, -er	поле	der Park, -s	парк
der Filter, -	фильтр	die Party, -s	вечеринка
das Fleisch	мясо	die Pflanze, -n	растение
der Fluss, Flüsse	река	das Plastik	пластмасса
der Frühling	весна	der Rasen	газон
das Gebirge, -	горы, горная местность	der Regen	дождь
das Getränk, -e	напиток	das Recycling	переработка вторсырья
das Gewitter, -	плохая погода, буря	der Saft, Säfte	сок
das Gift, -e	яд	das Schiff, -e	корабль
das Grad, -e	градус	der Schnee	снег
die Grenze, -n	граница, предел	der Schnupfen	насморк
der Handel	торговля	die See	море
der Herbst	осень	der See, -n	озеро
die Industrie, -n	промышленность	der Sommer	лето
die Insel, -n	остров	die Sonne, -n	солнце
der Käse	сыр	der Stoff, -e	материал
das Klima, Klimata	климат	der Strand, Strände	пляж
der Kunststoff, -e	искусственный материал, пластмасса	die Strecke, -n	дистанция
		der Süden	юг
		das Tal, Täler	долина

einhundertneun 109

LEKTION 6

das Taschentuch, Taschentücher	носовой платок	der Wetterbericht, -e	прогноз погоды
der Teil, -e	часть	die Wiese, -n	луг
die Temperatur, -en	температура	der Wind, -e	ветер
		der Winter	зима
die Tonne, -n	тонна	die Woche, -n	неделя
das Ufer, -	берег	der Wohnort, -e	место жительства
der Wald, Wälder	лес	die Wurst, Würste	колбаса
der Wein, -e	вино	die Zeichnung, -en	рисунок, чертёж
der Westen	запад		

Adjektive

allmählich	постепенный	meist-	более
besser	лучший	nass	сырой
deutsch	немецкий	persönlich	личный
erst-	первый	plötzlich	внезапный
flach	плоский	sonnig	солнечный
folgend	следующий	stark	сильный
gleichzeitig	одновременный	täglich	ежедневный
heiß	горячий	trocken	сухой
herrlich	прелестный	typisch	типичный
ideal	идеальный	warm	тёплый
kalt	холодный	wenige	некоторые
kühl	прохладный	zweit-	второ-

Funktionswörter und Ausdrücke

am Tage	днём	jeden Tag	каждый день
den ganzen Tag	целый день	jedes Jahr	каждый год
es gibt	есть, существует	noch mehr	ещё больше
etwas gegen den Müll tun	что-то предпринимать против накопления мусора	noch nicht	ещё не (нет)
		von ... nach ...	из ... в ... *(о передвижении)*
gar nichts	совершенно ничего		
gegen Mittag	в полдень	zwischen	между
immer noch	всё ещё		

LEKTION 6

Грамматика

1. Относительные предложения

1.1. Структура предложения (§ 29, с. 145)

Относительное придаточное предложение стоит после существительного в главном предложении и расширяет информацию о нём. В русском языке оно иногда называется присубстантивным и начинается чаще всего союзом *который*, и реже *где, какой*. В немецком языке придаточное всегда присоединяется относительными местоимениями *der, die, das* или их падежными формами (см. 1.2), например:

Wie heißt der Mann, der im 2. Stock wohnt?
Как зовут того мужчину, который живёт на третьем этаже?

Прочтите внимательно предложения и обратите внимание на место относительного местоимения и глагола.

Vorfeld	Verb₁	Subjekt	Bestimmung	Objekt	Verb₂	(Verb₁) в придат.
Wie	heißt		der Mann			
, der , mit dem , den		Du Frau Heide	immer schon	im 2. Stock Tennis	besucht	wohnt? spielst? hat?

Относительное предложение – это придаточное предложение. Следовательно оно всегда отделяется от главного запятой, и его глагол 1 идёт в самый конец предложения.

Относительные местоимения присоединяют придаточное предложение, но не являются придаточными союзами. Они являются частью относительного предложения и могут выступать в роли субъекта или дополнения. Они всегда занимают предглагольную позицию.

Задачей относительного предложения является расширение имеющейся информации о существительном в главном предложении. Оно обычно следует сразу же за существительным и поэтому может быть вставлено в главное предложение. Придаточное предложение всегда выделяется запятыми, например:

Der Mann, der im 2. Stock wohnt, ist Kapitän.

Однако, если после придаточного должно стоять лишь одно слово главного предложения, то придаточное обычно не вставляется в средину, а уходит в конец главного предложения.

возможный вариант: Ich habe mit dem Mann, der im 2. Stock wohnt, gesprochen.
обычный вариант: Ich habe mit dem Mann gesprochen, der im 2. Stock wohnt.

einhundertelf

LEKTION 6

1.2. Относительные местоимения (§ 13, с. 135)

Поскольку относительные местоимения соотносятся с существительным, они должны согласоваться с ним в роде и числе. Однако что касается падежа, то он зависит от грамматической функции местоимения в придаточном предложении. Последующие примеры разъясняют это.

A. Der Mann, der im 2. Stock wohnt, ist Kapitän.

   Употреблено относительное местоимение *der*, потому что:
   – оно относится к слову *der Mann* и поэтому мужского рода;
   – оно стоит в именительном падеже, потому что является подлежащим придаточного предложения. (*Er wohnt im 2. Stock,* – это главный смысл придаточного предложения).

B. Der Mann, den ich besucht habe, ist Kapitän.

   Употреблено относительное местоимение *den*, потому что:
   – оно относится к слову *der Mann* и поэтому мужского рода;
   – оно стоит в *Akkusativ*, потому что является «аккузативным» дополнением в придаточном предложении. (*Ich habe den Mann / ihn besucht,* – это главный смысл придаточного предложения).

C. Der Mann, mit dem ich Tennis gespielt habe, ist Kapitän.

   Употреблено относительное местоимение *dem*, потому что:
   – оно относится к слову *der Mann* и поэтому мужского рода;
   – оно стоит в *Dativ*, потому что находится после предлога, требующего после себя именно этот падеж. (*Ich habe mit dem Mann / mit ihm Tennis gespielt,* – это главный смысл придаточного предложения).

D. Der Mann, dem ich die Stadt gezeigt habe, ist Kapitän.

   Употреблено относительное местоимение *dem*, потому что:
   – оно относится к слову *der Mann* и поэтому мужского рода;
   – оно стоит в *Dativ*, потому что является «дативным» дополнением в придаточном предложении. (*Ich habe dem Mann / ihm die Stadt gezeigt,*- это главный смысл придаточного предложения).

E. Der Mann, dessen Auto gerade geprüft wird, ist Kapitän.

   Употреблено относительное местоимение *dem*, потому что:
   – оно относится к слову *der Mann* и поэтому мужского рода;
   – оно стоит в *Genitiv*, потому что относится к притяжательному *Genitiv (Das Auto des Mannes).* Русский эквивалент *чью машину* или *машину которого*.

Запомните: Относительное местоимение в *Genitiv* сочетается с определяемым существительным, после которого оно стоит, а не с существительным, перед которым оно стоит.

Предлог и относительное местоимение никогда не сливаются в одно слово, как это происходит с предлогом и артиклем.

Das ist das Cafe, <u>in dem</u> (никогда *im*) ich gewartet habe.

Ниже приведены грамматические формы относительных местоимений.

	Nominativ	Akkusativ	Dativ	Genitiv
masculinum femininum neutrum	der die das	den die das	dem der dem	**dessen** **deren** **dessen**
Plural	die	die	**denen**	**deren**

Относительные местоимения, выделенные жирным шрифтом, отличаются от форм определённого артикля.

2. Выражения времени без предлогов

Выражения времени в сочетании со словами *jed-* (= каждый), *letzt-* (= последний), *vorig-*, (= предыдущий), *nächst-* (= следующий), *dies-* (= этот) и *wenige* (= немногие) употребляются без артикля и всегда в *Akkusativ,* например:

jeden Tag	=	каждый день
voriges Jahr	=	прошлый год
letzte Woche	=	последняя неделя
nächsten Sonntag	=	следующее воскресенье
wenige Stunden	=	немногие часы

Выражение времени со словом *ganz* употребляется, однако, с артиклем, например:
den ganzen Tag = целый день

3. Предлог *aus*

A. может употребляться для выражения географического происхождения:
Mein Mann kommt aus Deutschland. = Мой муж (родом) из Германии.

B. показывать, из какого материала сделан предмет:
Der Kochtopf ist aus Glas. = Кастрюля (сделана) из стекла.

LEKTION 6

4. *Dabei, nämlich*

Эти *Adverbien* могут использоваться для связи предложений.

A. Dabei

Занимает предглагольную позицию и может быть переведён как *при этом*.

| Die Produktion von Glas und Papier kostet viel Geld. Dabei gibt es eine bessere Lösung, das Recycling. | Производство стекла и бумаги стоит очень дорого. При этом существует лучший выход – переработка вторсырья. |

B. Nämlich

Указывает на причину предыдущего сообщения или даёт его обоснование. Может переводится как *так как, ибо* и занимает позицию *Bestimmung*.

| Altpapier muss man nicht wegwerfen. Daraus kann man nämlich neues Papier herstellen. | Макулатуру не нужно выбрасывать. Ибо из неё можно сделать новую бумагу. |

5. Письменная речь

Во второй главе вы изучили, как пишутся официальные письма. Вы можете заглянуть туда или же прочесть письмо на странице 44 в *Kursbuch,* адресованное в городской совет. Оно может послужить вам образцом для выполнения следующего упражнения.

5.1. Упражнение

Прочтите внимательно текст и напишите по нему официальное письмо.

In Ihrer Heimatstadt ist der Müll zum Problem geworden. Es gibt keine Mülltonnen, sondern viele große, schwarze Tüten mit Abfall auf der Straße. Jetzt haben Sie über das neue Konzept „Der Grüne Punkt" gelesen. Schreiben Sie an die Duale System Deutschland AG:

– Stellen Sie sich vor.

– Schreiben Sie über das Problem mit dem Müll in Ihrer Heimatstadt.

– Was haben Sie über das Konzept „Der Grüne Punkt" gelesen?

– Bitten Sie um genaue Informationen über das Konzept (z. B. Organisation, Kosten).

– Warum finden Sie das Konzept so interessant?

LEKTION 6

1. Welche Adjektive passen am besten?

a) Herbst, Regen, 8° C: _____ und _____
b) Sommer, 35° C, Sonne: _____ und _____
c) Winter, Schnee, –8° C: _____ und _____
d) Herbst, Nebel, 9° C: _____ und _____
e) Frühling, Sonne, 20° C: _____ und _____

trocken warm kühl heiß nass kalt feucht

Nach Übung **1** im Kursbuch

2. Wie ist das Wetter? Was kann man sagen?

| stark | angenehm | groß | freundlich | schön | billig | gut | schlecht | mild |
| höflich | hübsch | unfreundlich | unangenehm | nett | glücklich | gleichzeitig |

Das Wetter ist
angenehm, ... _____

Nach Übung **2** im Kursbuch

3. Ordnen Sie.

Landschaft/Natur	Wetter

Tier   Pflanze   Gewitter   Grad   Meer
Regen   Berg   Klima   Blume   Insel
Wind   See   Strand   Fluss   Wald
Wolke   Schnee   Eis   Boden   Wiese
Sonne   Park   Nebel   Baum

Nach Übung **2** im Kursbuch

4. Drei Wörter passen nicht.

a) Der Regen ist | sehr / ziemlich / furchtbar / viel / zu viel / ganz / besonders / ein paar | stark.

c) Gestern gab es | viel / sehr / wenig / etwas / ein bisschen / besonders / ganz / keinen | Regen.

b) Es gibt hier | viele / ein bisschen / wenige / keine / sehr / ein paar / einige / zu viele / besonders | Tiere.

d) Es gibt hier | nie / selten / oft / ganz / wenig / keinen / häufig / manchmal / einige / zu viele | Regen.

Nach Übung **2** im Kursbuch

einhundertfünfzehn **115**

LEKTION 6

5. Sagen Sie es anders. Verwenden Sie die folgenden Wörter.

> es gibt …   es geht …   es regnet …   es schneit …   es klappt …   es ist …

a) In Bombay kennt man keinen Schnee.
   In Bombay _____ nie.
b) Der Regen hat aufgehört. Wir können jetzt schwimmen gehen.
   _____ nicht mehr. Wir können jetzt schwimmen gehen.
c) Hör mal! Da kommt gleich ein Gewitter.
   Hör mal! Gleich _____ ein Gewitter.
d) Heute habe ich keine Zeit.
   Heute _____ nicht.
e) Das Telefon ist immer besetzt. Du hast vielleicht mehr Glück, wenn du später anrufst.
   Das Telefon ist immer besetzt. Vielleicht _____ , wenn du später anrufst.
f) Das Wetter ist so kalt, dass die Kinder nicht im Garten spielen können.
   _____ , dass die Kinder nicht im Garten spielen können.
g) Wo kann man hier telefonieren?
   Wo _____ hier ein Telefon?

6. Ergänzen Sie.

Die Pronomen „er", „sie" und „es" bedeuten in einem Text gewöhnlich ganz bestimmte Sachen, zum Beispiel „der Film" = „er", „die Rechnung" = „sie" oder „das Hotel" = „es". Das Pronomen „es" kann aber auch eine allgemeine Sache bedeuten, zum Beispiel „Es ist sehr kalt hier" oder „Es schmeckt sehr gut". Ergänzen Sie in den folgenden Sätzen die Pronomen „er", „sie" und „es".

a) Wie hast du die Suppe gemacht? _____ schmeckt ausgezeichnet.
b) Dein Mann kocht wirklich sehr gut. _____ schmeckt ausgezeichnet.
c) Seit drei Tagen nehme ich Tabletten. Trotzdem tut _____ noch sehr weh.
d) Ich kann mit dem rechten Arm nicht arbeiten. _____ tut sehr weh.
e) Ich habe die Rechnung geprüft. _____ stimmt ganz genau.
f) Du kannst mir glauben. _____ stimmt ganz genau.
g) Sie brauchen keinen Schlüssel. _____ ist immer auf.
h) Es gibt keinen Schlüssel für diese Tür. _____ ist immer auf.
i) Morgen kann ich kommen. Da passt _____ mir sehr gut.
j) Dieser Termin ist sehr günstig. _____ passt mir sehr gut.
k) Der Spiegel war nicht teuer. _____ hat nur 14 Euro gekostet.
l) Ich habe nicht viel bezahlt. _____ hat nur 14 Euro gekostet.
m) Können Sie bitte warten? _____ dauert nur noch 10 Minuten.
n) Der Film ist gleich zu Ende. _____ dauert nur noch zehn Minuten.

In welchen Sätzen wird das allgemeine Pronomen „es" verwendet?

a)	b)	c)	d)	e)	f)	g)	h)	i)	j)	k)	l)	m)	n)

LEKTION 6

7. Ordnen Sie.

~~plötzlich~~	~~für wenige Wochen~~	~~jeden Tag~~	~~gegen Mittag~~	langsam	täglich
im Herbst	nachts	am Tage	jedes Jahr	manchmal	selten	allmählich
fünf Jahre	ein paar Monate	zwischen Sommer und Winter	wenige Tage

wie?	wie oft?	wann?	wie lange?
plötzlich,	jeden Tag,	gegen Mittag,	für wenige Wochen

8. Ergänzen Sie.

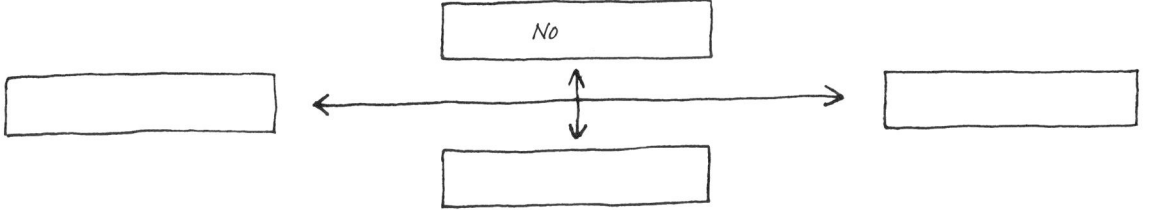

No

9. Ergänzen Sie.

a) Juni, Juli, August = _____
b) September, Oktober, November = _____
c) Dezember, Januar, Februar = _____
d) März, April, Mai = _____

10. Ergänzen Sie.

| am Nachmittag | früh am Morgen | spät am Abend |
| am Mittag | vor zwei Tagen | in zwei Tagen |

a) vorgestern – _____
b) spätabends – _____
c) mittags – _____
d) übermorgen – _____
e) frühmorgens – _____
f) nachmittags – _____

11. Was passt?

| am späten Nachmittag | am Abend | am Mittag | am frühen Nachmittag |
| früh abends | spätabends | frühmorgens | am frühen Vormittag |

a) 12.00 Uhr – *am Mittag*
b) 18.30 Uhr – _____
c) 23.00 Uhr – _____
d) 13.30 Uhr – _____
e) 17.30 Uhr – _____
f) 6.00 Uhr – _____
g) 8.00 Uhr – _____
h) 20.00 Uhr – _____

LEKTION 6

12. Ergänzen Sie.

Heute ist Sonntag. Dann ist (war) …

a) gestern Mittag: _Samstagmittag_
b) vorgestern Mittag: _____
c) übermorgen Abend: _____
d) morgen Vormittag: _____
e) morgen Nachmittag: _____
f) gestern Morgen: _____

13. Was passt wo? Ordnen Sie.

| selten   nie   im Winter   bald   nachts   ein paar Minuten   kurze Zeit oft   vorige Woche   den ganzen Tag   einige Jahre   damals   vorgestern   7 Tage jetzt   früher   letzten Monat   am Abend   nächstes Jahr   immer   heute Abend frühmorgens   heute   sofort   jeden Tag   gegen Mittag   gleich   für eine Woche um 8 Uhr   am Nachmittag   wenige Wochen   diesen Monat   fünf Stunden am frühen Nachmittag   meistens   am Tage   manchmal   mittags   morgen |

Wann?	Wie oft?	Wie lange?
im Winter	selten	ein paar Minuten

14. Wann ist das? Wann war das?

Heute ist Dienstag, der 13. Oktober 2003.

| nächst-   dies-   vorig-/letzt- |

a) November 2003? _nächsten Monat_
b) 2002? _____
c) 22. Oktober 2003? _____
d) 2004? _____
e) September 2003? _____
f) Oktober 2003? _____
g) 2003? _____
h) 5. Oktober 2003? _____

15. Ihre Grammatik. Ergänzen Sie die Zeitangaben im Akkusativ.

der Monat	die Woche	das Jahr
den ganz_en_ Monat	die ganz____ Woche	das ganz____ Jahr
letzt____ Monat	letzt____ Woche	letzt____ Jahr
vorig____ Monat	vorig____ Woche	vorig____ Jahr
nächst____ Monat	nächst____ Woche	nächst____ Jahr
dies____ Monat	dies____ Woche	dies____ Jahr
jed____ Monat	jed____ Woche	jed____ Jahr

LEKTION 6

16. Schreiben Sie.

a) Andrew Stevens aus England schreibt an seinen Freund John:
- ist seit 6 Monaten in München
- Wetter: Föhn oft schlimm
- bekommt Kopfschmerzen
- kann nicht in die Firma gehen
- freut sich auf England

Lieber John,

ich bin jetzt seit sechs Monaten in München. Hier ist der Föhn oft so schlimm, dass ich Kopfschmerzen bekomme. Dann kann ich nicht in die Firma gehen. Deshalb freue ich mich, wenn ich wieder zu Hause in England bin.

Viele Grüße,
Dein Andrew

Schreiben Sie die zwei Karten zu b) und c).

Lieb ...
ich ... Hier ... so ..., dass ...
Dann ... Deshalb ...

b) Herminda Victoria aus Mexiko schreibt an ihre Mutter:
- ist seit 8 Wochen in Bielefeld
- Wetter: kalt und feucht
- ist oft stark erkältet
- muss viele Medikamente nehmen
- fährt in den Semesterferien zwei Monate nach Spanien

c) Benno Harms aus Gelsenkirchen schreibt an seinen Freund Karl:
- ist Lehrer an einer Technikerschule in Bombay
- Klima: feucht und heiß
- bekommt oft Fieber
- kann nichts essen und nicht arbeiten
- möchte wieder zu Hause arbeiten

17. Was passt nicht?

a) See – Strand – Fluss – Bach
b) Tal – Hügel – Gebirge – Berg
c) Dorf – Stadt – Ort – Insel
d) Feld – Wiese – Ufer – Rasen

18. Ergänzen Sie „zum Schluss", „deshalb", „denn", „also", „dann", „übrigens", „und", „da", „trotzdem" und „aber".

Warum nur Sommerurlaub an der Nordsee?

Auch der Herbst ist schön. Es ist richtig, dass der Sommer an der Nordsee besonders schön ist. ___(a) kennen Sie auch schon den Herbst bei uns? ___(b) gibt es sicher weniger Sonne, und baden können Sie auch nicht. ___(c) gibt es nicht so viel Regen, wie Sie vielleicht glauben. Natur und Landschaft gehören Ihnen im Herbst ganz allein, ___(d) die meisten Feriengäste sind jetzt wieder zu Hause. Sie treffen ___(e) am Strand nur noch wenige Leute, ___(f) in den Restaurants haben die Bedienungen wieder viel Zeit für Sie. Machen Sie ___(g) auch einmal Herbsturlaub an der Nordsee. ___(h) sind Hotels und Pensionen in dieser Zeit besonders preiswert. ___(i) noch ein Tipp: Herbst bedeutet natürlich auch Wind. ___(j) sollten Sie warme Kleidung nicht vergessen.

LEKTION 6

Nach Übung 11 im Kursbuch

19. Wo möchten die Leute wohnen?

a) Ich möchte an einem See wohnen, ...
- ... nicht sehr tief ist. (1)
- ... nur wenige Leute kennen. (2)
- ... man segeln kann. (3)
- ... man gut schwimmen kann. (4)
- ... Wasser warm ist. (5)
- ... es viele Fische gibt. (6)
- ... es keine Hotels gibt. (7)
- ... es mittags immer Wind gibt. (8)

b) Ich möchte auf einer Insel leben, ...
- ... ganz allein im Meer liegt.
- ... keinen Flughafen hat.
- ... nur wenige Menschen wohnen.
- ... es keine Industrie gibt.
- ... man nur mit einem Schiff kommen kann.
- ... Strand weiß und warm ist.
- ... es noch keinen Namen gibt.
- ... immer die Sonne scheint.

c) Ich möchte in einem Land leben, ...
- ... schöne Landschaften hat.
- ... das Klima trocken und warm ist.
- ... Sprache ich gut verstehe.
- ... die Luft noch sauber ist.
- ... man keinen Regenschirm braucht.
- ... sich alle Leute wohl fühlen.
- ... man immer interessant findet.
- ... Leute freundlich sind.

d) Ich möchte in Städten wohnen, ...
- ... viele Parks haben.
- ... Straßen nicht so groß sind.
- ... noch Straßenbahnen haben.
- ... ein großer Fluss fließt.
- ... viele Brücken haben.
- ... man nachts ohne Angst spazieren gehen kann.
- ... sich die Touristen nicht interessieren.
- ... man sich frei fühlt.

an dem	auf dem	über der	deren	dessen	den	für die
durch die	zu der		denen	in denen	die	in dem
für das	auf der				der	das

a) _Ich möchte an einem See wohnen, der nicht sehr tief ist._ (1)
_____, den nur wenige Leute kennen. (2)
_____, auf dem (3)
_____ in dem (4)
_____ in dem (5) des
_____ in dem (6)
_____ an dem (7)
_____ an dem (8)

LEKTION 6

b) _____
   ...
c) ...
d) ...

Ihre Grammatik. Ergänzen Sie die Sätze (1) bis (8) aus a).

	Vorfeld	Verb₁	Subjekt	Erg.	Angabe	Ergänzung	Verb₂	Verb₁ im Nebensatz
	Ich	möchte				an einem See	wohnen,	
(1)	der				nicht	sehr tief		ist.
(2)	____							
(3)	____							
(4)	____							
(5)	____							
(6)	____							
(7)	____							
(8)	____							

20. Welche Nomen passen zusammen?

Nach Übung **14** im Kursbuch

Gerät   Fleisch   Pflanze   Temperatur   Bäcker   Tonne   Abfall   Gift   Benzin   Plastik
Strom   Regen   Schallplatte   Käse   Limonade   Schnupfen   Strecke   Medikament

a) Maschine – _____
b) Müll – _____
c) Öl – _____
d) Erde – _____
e) Wasser – _____
f) Energie – _____
g) Tablette – _____
h) Kilogramm – _____
i) Gefahr – _____
j) Kunststoff – _____
k) 10 Grad – _____
l) 30 Kilometer – _____
m) Musik – _____
n) Getränk – _____
o) Brot – _____
p) Erkältung – _____
q) Wurst – _____
r) Milch – _____

einhunderteinundzwanzig **121**

LEKTION 6

21. Herr Janßen macht es anders. Schreiben Sie.

a) kein Geschirr aus Kunststoff benutzen – nach dem Essen wegwerfen müssen
   Er benutzt kein Geschirr aus Kunststoff, das man nach dem Essen wegwerfen muss.

b) Putzmittel kaufen – nicht giftig sein
c) auf Papier schreiben – aus Altpapier gemacht sein
d) kein Obst in Dosen kaufen – auch frisch bekommen können
e) Saft trinken – in Pfandflaschen geben
f) Tochter Spielzeug schenken – nicht so leicht kaputtmachen können
g) Brot kaufen – nicht in Plastiktüten verpackt sein
h) Eis essen – keine Verpackung haben
i) keine Produkte kaufen – nicht unbedingt brauchen

22. Was für Dinge sind das?

a) Blechdose – *eine Dose aus Blech*
b) Teedose – *eine Dose für Tee*
c) Holzspielzeug – _____
d) Plastikdose – _____
e) Suppenlöffel – _____
f) Kunststofftasse – _____
g) Wassereimer – _____
h) Kuchengabel – _____
i) Weinglas – _____
j) Papiertaschentuch – _____
k) Glasflasche – _____
l) Brotmesser – _____
m) Suppentopf – _____
n) Kinderspielzeug – _____
o) Kaffeetasse – _____
p) Milchflasche – _____
q) Papiertüte – _____
r) Kleiderschrank – _____
s) Papiercontainer – _____
t) Steinhaus – _____
u) Steinwand – _____
v) Goldschmuck – _____

23. Sagen Sie es anders.

a) Man wäscht die leeren Flaschen und füllt sie dann wieder.
   Die leeren Flaschen werden gewaschen und dann wieder gefüllt.

b) Jedes Jahr werfen wir in Deutschland 30 Millionen Tonnen Abfall auf den Müll.
c) In vielen Städten sortiert man den Müll im Haushalt.
d) Durch gefährlichen Müll vergiften wir den Boden und das Grundwasser.
e) Ein Drittel des Mülls verbrennt man in Müllverbrennungsanlagen.
f) Altglas, Altpapier und Altkleider sammelt man in öffentlichen Containern.
g) Nur den Restmüll wirft man noch in die normale Mülltonne.
h) In vielen Regionen kontrolliert man den Inhalt der Mülltonnen.
i) Auf öffentlichen Feiern sollte man kein Plastikgeschirr benutzen.
j) Vielleicht verbietet man bald alle Getränke in Dosen und Plastikflaschen.

LEKTION 6

24. Was wäre, wenn?

a) weniger Müll produzieren → weniger Müll verbrennen müssen
   Wenn man weniger Müll produzieren würde, dann müsste man weniger Müll verbrennen.
b) einen Zug mit unserem Müll füllen → 12 500 Kilometer lang sein
c) weniger Verpackungsmaterial produzieren → viel Energie sparen können
d) alte Glasflaschen sammeln → daraus neue Flaschen herstellen können
e) weniger chemische Produkte produzieren → weniger Gift im Grundwasser und im Boden haben
f) Küchen- und Gartenabfälle sammeln → daraus Pflanzenerde machen können
g) weniger Müll verbrennen → weniger Giftstoffe in die Luft kommen

25. Was passt?

| mitmachen | überraschen | machen | produzieren | spielen | verbrennen |

a) einen Spaziergang _____
   eine Party
   Kaffee
   das Mittagessen
   das Radio lauter
   den Rock kürzer
   ein Bücherregal

b) mit den Kindern _____
   Tennis
   Theater
   Klavier
   Schach

c) das Papier im Ofen _____
   den Müll
   die Zeitungen
   das Holz

d) Schreibmaschinen _____
   Autos
   Müll
   Papier

e) meinen Bruder _____
   Frau Ludwig
   meine Chefin
   meine Kollegin

f) bei einer Arbeit _____
   bei einem Quiz
   bei einem Spiel

26. Was passt am besten?

| scheinen | baden gehen | herstellen | wegwerfen |
| feiern | übrig bleiben | zeigen | fließen |

a) Sonne – _____
b) Müll – _____
c) Schwimmbad – _____
d) Rest – _____
e) Fluss – _____
f) Hochzeit – _____
g) Industrie – _____
h) Finger – _____

LEKTION 7

Словарь

Verben

beantragen	подать заявление с просьбой (о чём-то)	klagen	жаловаться
besorgen	доставать	packen	паковать
bestellen	заказывать	planen	планировать
dasein	присутствовать	reinigen	чистить
denken	думать	reisen	путешествовать
(sich) einigen	приходить к общему мнению	reservieren	заказывать (билет, гостиницу)
einwandern	иммигрировать	retten	спасать
empfehlen	предлагать	steigen	подниматься
erkennen	определять, узнавать	untersuchen	исследовать
erledigen	заканчивать (дело)	verlassen	покидать
fahren	ездить	vorschlagen	предлагать
fliegen	летать	waschen	мыть, стирать
gelten	считаться	wiegen	весить, взвешивать
(sich) gewöhnen an	привыкать к	zumachen	закрывать
glauben an	верить в		

Nomen

die Apotheke, -n	аптека	der Fahrplan, -pläne	расписание движения
die Art, -en	искусство, способ, образ	das Fenster, -	окно
das Ausland	заграница	der Flug,	полёт, рейс
der Ausländer, -	иностранец	der Flughafen,	аэропорт
der Ausweis, -e	паспорт	das Flugzeug, -e	самолёт
die Änderung, -en	изменение	der Fotoapparat, -e	фотоаппарат
die Bahn, -en	железная дорога	die Fremdsprache, -n	иностранный язык
der Bauer, -n	крестьянин	die Freundschaft, -en	дружба
die Bedeutung, -en	значение	der Gast, Gäste	гость
die Besitzerin, -nen	хозяйка, владелица	das Gefühl, -e	чувство
das Betttuch, -tücher	простыня	das Handtuch, -tücher	полотенце
das Blatt, Blätter	листок	die Heimat	родина
der Bleistift, -e	карандаш (простой)	das Hotel, -s	гостиница
die Briefmarke, -n	почтовая марка	die Jugendherberge, -n	молодёжная гостиница
die Buchhandlung, -en	книжный магазин	der Kaffee	кофе
das Camping	кемпинг	die Kellnerin, -nen	официантка
(das) Deutschland	Германия	der Koffer, -	чемодан
die Diskussion, -en	дискуссия	der Kontakt, -e	контакт
die Drogerie, -n	магазин, где продаются аптечные и хозяйственные товары, косметика	der Krankenschein, -e (jetzt: die Chip-Karte)	пластиковая карточка, чип-карта (здесь: больничной кассы, где застрахован пациент; подтверждение медицинской страховки)
das Einkommen, -	доход		
die Erfahrung, -en	опыт		
die Fahrkarte, -n	билет (на транспорт, кроме самолёта)		

LEKTION 7

der Lehrling, -e	ученик	der Schweizer, -	швейцарец
das Licht, -er	свет	die Schwierigkeit, -en	трудность
die Liste, -n	список	die Seife, -n	мыло
das Medikament, -e	лекарство	das Streichholz, -hölzer	спичка
die Mode, -n	мода		
die Natur	природа, натура	die Tasche, -n	сумка, карман
der Pass, Pässe	паспорт	das Telefonbuch, -bücher	телефонный справочник
das Pech	неудача		
die Pension, -en	пансион, пенсионный возраст	der Tourist, -en	турист
		die /der Verwandte, -n (ein Verwandter)	родственник
das Pflaster, -	булыжник		
die Presse	пресса	das Visum, Visa	виза
die Regel, -n	правило	die Wäsche	бельё
die Reise, -n	поездка	die Zahnbürste, -n	зубная щётка
das Salz	соль	der Zweck, -e	смысл
der Schirm, -e	зонт		
der Schlüssel, -	ключ		

Adjektive

amerikanisch	американский	notwendig	необходимый
berufstätig	работающий, имеющий работу	sozial	социальный
durstig	жаждущий	vorig-	прежний
eben	ровный	zuverlässig	надёжный

Adverbien

also	итак	oben	вверху
außerhalb	вне	raus	наружу
endlich	наконец	unten	внизу
höchstens	максимум	zurück	назад
normalerweise	обычно		

Funktionswörter

alles	всё	sowohl ... als auch ...	как ... так и
damit	чтобы		
nicht nur ... sondern auch ...	не только ... но и	um ... zu	чтобы
		weder ... noch ...	ни ... ни
ob	ли	zwar ... aber ...	хотя ... но

Ausdrücke

Angst haben	бояться	immer mehr	всё больше и больше
dafür sein	быть за (что-то)	immer wieder	снова и снова
die Prüfung bestehen	сдать экзамен	noch etwas	и ещё
		noch immer	всё ещё
ein paar	несколько	vorbei sein	проходить
ernst nehmen	принимать близко к сердцу	was für?	какой?
für ... sein	быть за (что-то)	wie groß?	какого размера?
genau das	именно это		

LEKTION 7

Грамматика

1. Lassen

В „*Themen aktuell 1*", в главе 8, 4. вы познакомились с глаголом *lassen*.

У *lassen* есть два главных значения:

A. Mein kleiner Sohn lässt mich nicht lesen. — позволять, давать возможность что-то делать:
Мой маленький сын не позволяет мне читать.

B. Ich lasse meinen Wagen reparieren. — велеть, заставлять, поручать, просить что-то сделать (часто вместо себя):
Я отдам мою машину в ремонт.

В обоих предложениях *lassen* употребляется с объектом в *Akkusativ* – в случае «А» это живое лицо, в случае «Б» – неодушевлённый предмет.

Mein kleiner Sohn <u>lässt mich</u> nicht den Brief lesen. — Мой маленький сын не позволяет мне прочесть письмо.

Ich <u>lasse meinen Bruder mein Auto</u> reparieren. — Я попрошу моего брата (поручу моему брату) отремонтировать машину.

Lassen требует всегда объект в *Akkusativ* (= транзитивный глагол). Если второй глагол в предложении тоже транзитивный, то тогда возможны два объекта в *Akkusativ*.

Vorfeld	Verb₁	Subj.	Objekt	Bestimmung	Objekt	Verb₂
Ich	lasse		meinen Bruder	heute	meinen Wagen reparieren.	
Er	will		mich	nicht	den Brief lesen	lassen.

Как видно из таблицы, одушевлённый предмет в *Akkusativ* занимает первую позицию *Objekt*, а неодушевлённый – вторую.

2. Непрямой (косвенный) вопрос (§ 26, с. 142, 143)

Вопрос может быть выражен двумя способами:

– как прямой вопрос (всегда главное предложение) с вопросительным знаком и кавычками:
Sie fragt: „Wem gehört dieses Buch?"
– как непрямой вопрос (всегда придаточное предложение) без вопросительного знака и кавычек после глагола или словосочетания, выражающего любопытство, сомнение и т. п. Непрямой вопрос образуется двумя различными путями в зависимости от того, как начинался бы прямой вопрос.

A. Если прямой вопрос начинается с вопросительного слова, то с него же начинается и косвенный вопрос:
прямой вопрос: „Wer braucht eine Arbeitserlaubnis?"
косвенный вопрос: *Ich möchte wissen, wer eine Arbeitserlaubnis braucht.*

LEKTION 7

B. Если прямой вопрос начинается с глагола, то косвенный вопрос начинается со слова *ob*, которое в предложении часто переводится как *ли*.

прямой вопрос: „*Braucht man eine Arbeitserlaubnis?*"
косвенный вопрос: *Ich möchte wissen, ob man eine Arbeitserlaubnis braucht.*
Я хотел бы знать, нужно ли разрешение на работу.

союз	Vorfeld	Verb₁	Subjekt	Bestim-mung	Objekt	Verb₂	(Verb₁) в придат.
	Sie	möchte				wissen,	
	wer				eine Arbeitserlaubnis		braucht.
	warum		man		eine Arbeitserlaubnis		braucht.
ob			man		eine Arbeitserlaubnis		braucht.

В косвенном вопросе спрягаемый глагол 1 придаточного предложения перемещается в конец предложения. Два предложения разделяются запятой. В косвенном вопросе:

A. вопросительное слово является частью предложения и занимает предглагольную позицию;
B. придаточный союз *ob* стоит в начале придаточного предложения и не является его частью. После него следует подлежащее. Предглагольная позиция и позиция глагола 1 остаются свободными (см. главу 2, 9.1.).

3. Союзы из двух частей

Эти союзы состоят из двух частей и соединяют два предложения или две части предложения (см. 3, 5.).

3.1. *Entweder ... oder ...* (= *или ... или ...*)

Entweder может занимать три различные позиции в предложении, если соединяются два предложения:

– позицию вне предложения т. е. стоять перед предглагольной позицией;
– предглагольную позицию;
– место *Objekt*.

Место спрягаемого глагола определяется позицией слова *entweder*.

Oder находится всегда вне структуры предложения, т. е. перед предглагольной позицией (см. главу 2, 3.).

		Vorfeld	Verb₁	Subjekt	Objekt	Bestimmung	Objekt	Verb₂
1 a	Entweder	ich	habe				meinen Pass	verloren,
1 b		Entweder	habe	ich			meinen Pass	verloren,
1 c		Ich	habe			entweder	meinen Pass	verloren,
2	oder	(ich	habe)		ihn		zu Hause	gelassen.

LEKTION 7

3.2. Nicht nur ... sondern auch ... (= не только ... но и ...)

Im Ausland habe ich <u>nicht nur</u> einen Job, <u>sondern</u> (ich habe) <u>auch</u> Freunde gefunden.

За границей я не только работаю, но и нашёл друзей.

In Russland hat Sonja <u>nicht nur</u> gearbeitet, <u>sondern</u> (sie hat) <u>auch</u> gelernt selbstständig zu sein.

В России Соня не только работала, но также научилась быть самостоятельной.

Nicht nur занимает позицию *Objekt*; *sondern* всегда вне структуры предложения (см. главу 2, 3.), *auch* занимает место *Objekt*.

3.3. Weder ... noch ... (= ни ... ни ...)

Weder ... noch ... чаще всего переводится как *ни ... ни ...* или повторением частицы *не*, если отрицается глагол. Перевод этого словосочетания на русский осложняется тем, что в немецком языке в предложении может существовать только одно отрицание, в то время как в русском – множество. Сравните:

Im Physikunterricht wusste <u>nie</u> jemand etwas. (Одно отрицание).
На уроке физики <u>никто никогда ничего не</u> знал. (Четыре отрицания).

Ich hatte <u>weder</u> meinen Pass <u>noch</u> meinen Führerschein dabei.
У меня с собой <u>не</u> было <u>ни</u> паспорта, <u>ни</u> водительских прав.

Man hat mir <u>weder</u> meinen Koffer gestohlen, <u>noch</u> habe ich ihn verloren.
Мой чемодан никто <u>не</u> украл, и я его <u>не</u> потерял.
<u>Weder</u> hat man mir meinen Koffer gestohlen, <u>noch</u> habe ich ihn verloren.

Запомните: если *weder* и *noch* связывают два предложения, то *weder* может занимать преглагольную позицию или место *Objekt*. *Noch* всегда занимает преглагольную позицию.

	Vorfeld	Verb$_1$	Subjekt	Objekt	Bestimmung	Objekt	Verb$_2$
1 a	Man	hat	mir	weder	meinen Koffer	gestohlen,	
1 b	Weder	hat	man	mir		meinen Koffer	gestohlen,
2	noch	habe	ich	ihn			verloren.

3.4. Zwar ... aber ... (= хотя (и) ... всё же)

Zwar bin ich gern in England, aber das Wetter ist dort so schlecht.
Хотя я и бываю с удовольствием в Англии, погода там всё же плохая.
или
Ich halte mich zwar gern in England auf, aber das Wetter ist dort so schlecht.

Zwar либо зинимает предглагольную позицию, либо место *Objekt*; *aber* всегда вне структуры предложения (см. главу 2, 3.).

		Vorfeld	Verb$_1$	Subjekt	Bestimmung	Objekt	Verb$_2$
1 a		Ich	bin		zwar gern	in England,	
1 b		Zwar	bin	ich	gern	in England,	
2	aber	das Wetter	ist		dort	so schlecht.	

LEKTION 7

3.5. Соединение двух частей предложения

	Vorfeld	Verb₁	Subjekt	Objekt	Bestimmung	Objekt	Verb₂
3 a	Ich	kaufe				entweder einen Audi oder einen VW.	
3 b	Ich	hatte				weder meinen Pass noch meinen Führerschein	dabei.
3 c	Ich	bin				zwar klein, aber stark.	

Обратите внимание: в отличие от русского *ни ... ни ...*, где перед вторым *ни* всегда стоит запятая, в немецком выражении *weder ... noch ...*, если оно соединяет две части одного предложения, запятая между этими словами не ставится.

3.6. Упражнение

Переведите эти предложения на немецкий язык, употребляя выражение *zwar ... aber ...* Помните, что порядок слов может варьироваться.

a) Хотя Германия, может быть, и интересная страна, но еда в Испании всё же намного лучше.
_____
_____

b) Хоть он ещё и болен, он всё же будет играть завтра в футбол.
_____
_____

c) Хоть это, возможно, и хороший велосипед, мой всё же намного лучше.
_____
_____

d) Хоть я и выиграл в лотерею, но всё же я не счастлив.
_____
_____

3.7. *Sowohl ... als auch ...* (= как ... так и ...; и ... и ...)

Этот двойной союз соединяет всегда две части предложения.

Ich habe sowohl Englisch als auch Deutsch gelernt.

Я учил как английский язык, так и немецкий. (Я учил и английский язык, и немецкий).

Запомните: в выражение *sowohl ... als auch ...* запятая между ними, в отличие от русского языка, не ставится.

LEKTION 7

4. Придаточные предложения цели (§ 31, § 32, с. 146)

Существует три различных возможности выразить в придаточном предложении цель высказывания в главном:

A. Viele Leute fahren nach Deutschland, damit sie besser Deutsch lernen. — Многие люди едут в Германию, чтобы лучше выучить немецкий язык.

B. Viele junge Leute fahren ins Ausland um dort zu studieren. — Многие молодые люди едут за границу, чтобы там учиться.

C. Viele junge Leute fahren zum Studieren ins Ausland. — Многие молодые люди едут учиться (на учёбу) за границу.

4.1. Придаточное предложение с *damit*

В придаточном предложении с *damit* подлежащее следует за союзом, а сказуемое отправляется в самый конец предложения.

Этот союз может использоваться, если субъект в главном и придаточном предложениях один и тот же (см. выше пример A). Но в предложениях могут быть и два разных субъекта, например:

<u>Familie Kuhnert</u> fährt nach Deutschland, damit ihr <u>Sohn</u> dort besser Deutsch lernt. — <u>Семья Кунерт</u> едет в Германию, чтобы <u>их сын</u> там лучше выучил немецкий язык.

4.2. *Um … zu …* + инфинитив

Если же субъект в обоих предложениях один и тот же, преимущество отдаётся конструкции *um … zu …* + *инфинитив*.

Frau Kuhnert möchte auswandern um freier zu leben. — Госпожа Кунерт хочет эмигрировать, чтобы жить свободнее.

Порядок слов и пунктуация здесь такие же, как и в инфинитивных предложениях с *zu* (см. главу 5, 1.2).

4.3. *Zum* + инфинитив

Самый краткий способ выразить цель действия – употребить *zum* + *инфинитив*. *Zum* превращает глагол в существительное (субстантивирует его), поэтому слово пишется с большой буквы. Эта конструкция является в предложении обстоятельством и может занимать предглагольную позицию.

Ich möchte kochen. + Ich brauche einen Kochtopf.
→ Zum Kochen brauche ich einen Kochtopf.   Для варки мне нужна кастрюля.

Эта конструкция употребляется, если мы имеем дело с «голым» инфинитивом. Если же он должен быть употреблён с дополнением, то нужно прибегать к придаточным предложениям с *damit* или *um … zu …*

Ich möchte Kartoffeln kochen. + Ich brauche einen Kochtopf.
→ Ich brauche einen Kochtopf um Kartoffeln zu kochen.

LEKTION 7

В устойчивых выражениях *Fußball spielen, Feuer machen, Auto fahren, Ski laufen*, инфинитив и дополнение представляют собой одно целое. Поэтому в этих случаях может быть употреблена конструкция *zum + инфинитив*. Как видите, глагол остался глаголом и пишется поэтому с маленькой буквы.

Zum <u>Feuer machen</u> braucht man Streichhölzer.   Чтобы разжечь огонь, нужны спички.

5. Имена прилагательные

5.1. *Ander-, verschieden, anders*

Вспомните главу 1, 1.1.: когда прилагательные являются дополнением к глаголу или стоят после глаголов *sein, aussehen, wirken* или *finden*, они не имеют окончания. Если же они стоят непосредственно перед существительным и являются определением этого существительного, то у них появляется окончание.

Прочтите внимательно предложения и отметьте в таблице внизу, какие прилагательные являются дополнением к глаголу, а какие определением существительного:

a) <u>Verschiedene</u> Frauen erzählen über ihre Reise ins Ausland.
b) Frau Künzel ist nach Paris gefahren. Eine <u>andere</u> Frau ist nach Rom gefahren.
c) Italien ist <u>anders</u> als Deutschland.
d) Italien und Deutschland sind <u>verschieden</u>.

		дополнение к глаголу	определение существительного
a)	verschieden		
b)	ander-		
c)	anders		
d)	verschieden		

Anders (c) и *verschieden* (d), являющиеся дополнением глаголов, употреблены для сравнения, в то время как *verschieden* (a) и *ander-* (b) определяют существительные.

Попробуйте перевести приведённые выше предложения на русский язык. Подберите для перевода слова, наиболее подходящие по смыслу:

разный, другой, различный, по-другому, не такой как.

LEKTION 7

5.2. Упражнение
Вставьте в пробелы нужные слова *andere, anders, verschieden-*.

a) Heute denken viele Ausländer _____ als früher über deutsche Touristen.
b) Ich war schon in Österreich und Italien, aber ich möchte gern noch in _____ Länder reisen und das Leben dort kennen lernen.
c) Für die Ukraine brauchen Russen kein Visum. Für Deutschland ist das _____.
d) Deutsche und Russen sind _____. Russen nehmen die Regeln nicht so ernst wie die Deutschen.
e) Aber nicht alle Deutschen sind kühl und ernst. Viele sind _____, offen und herzlich.

5.3. Упражнение
Переведите предложения.

a) У меня другое мнение.
_____

b) В прошлом году в Испании я встречался с различными людьми.
_____

c) Отличаются ли русские от немцев?
_____

d) Я хотел бы пожить год в другой стране.
_____

e) Лиза и Аня сёстры. Но они выглядят по-разному.
_____

6. Derselbe / dieselbe / dasselbe; der gleiche / die gleiche / das gleiche

Derselbe / dieselbe / dasselbe переводятся на русский язык как *тот же* или *тот же самый (та же, то же)*. Слова *der gleiche / die gleiche / das gleiche* означают *такой же (такая же, такое же)* или *один и тот же* и отличаются от предыдущей группы тем, что называют похожий, но другой предмет. Первая часть этих слов склоняется как определённый артикль, вторая – как прилагательное.

A. Sie trägt denselben Pullover wie gestern.   У неё тот же пуловер, что и вчера.

B. Sie trägt den gleichen Pullover wie ihre Freundin.   У неё такой же пуловер, как у её подруги.

LEKTION 7

6.1. Упражнение

Какое слово Вы выбрали бы для перевода? Впишите в таблицу полностью нужное словосочетание. Следите за склонением первой и второй части слов.

derselbe	der gleiche

a) ○ Где живёт твой брат?
   □ В том же доме, что и я.

b) ○ Какие подарки ты получил на свадьбу?
   □ Многие дарили один и тот же подарок – кофеварку.

c) ○ Как вы познакомились с вашей женой?
   □ Мы учились в одном и том же университете.

d) ○ Эти две девушки сёстры?
   □ Нет, они просто одеты в одинаковые свитера.

7. Wissen, kennen

Оба слова переводятся словом *знать*, но их нельзя путать в немецком языке.

A. *Wissen* означает «располагать какой-то информацией» и обычно употребляется с придаточным предложением или со словами *das, viel, wenig, alles, nichts, etwas*.

Ich weiß nicht, wie ich einen Job in den USA finden soll.
Der Anfang in einem fremden Land ist schwierig. Das weiß ich.

B. *Kennen* означает «быть знакомым с кем-то или с чем-то», всегда употребляется с дополнением в *Akkusativ*, выраженным существительным или местоимением.

Sie kennt das Land nicht.
Sie kennt niemanden in den USA.

7.1. Упражнение

Вставьте *kennst du* или *weißt du*.

a) _____ Nowgorod?
b) _____, ob man in Deutschland leicht eine Stelle finden kann?
c) _____ Frau Neudel?
d) _____ alles für die Prüfung?
e) _____, dass Ulrike in England studiert hat?
f) _____ diese Sendung?
g) _____ jemanden aus Frankfurt?
h) _____, wo man Informationen über die USA bekommen kann?

LEKTION 7

7.2. Упражнение
Вставьте *wissen* или *kennen* в правильной грамматической форме.

i) ○ _____ Sie, wer der Mann dort ist?
   □ Ja, den _____ ich gut.

j) ○ _____ du vielleicht ein Rezept für Rinderbraten?
   □ Nein, ich kann doch nicht kochen, aber ich _____ wo ich eins finden kann.

k) ○ Ich will für ein Jahr nach Spanien gehen. _____ du, wo man in Frankfurt gut Spanisch lernen kann?
   □ Ich _____ eine gute Sprachenschule. Ich _____ auch, dass die Lehrer dort sehr gut sind.

8. *Noch, mehr*

A. Noch

Wohnst du noch bei deinen Eltern?   Ты <u>ещё</u> живёшь у родителей?

Noch может использоваться в сочетании с местоимениями и *Adverbien*, например:

noch jemand	= ещё кто-то	Kommt noch jemand?
noch ein-	= ещё один	Noch ein Bier, bitte.
noch etwas	= ещё что-то	Möchten Sie noch etwas?
noch viel	= ещё много	Wir haben noch viel Käse.
noch ein bisschen	= ещё немножко	Wir haben noch ein bisschen Zeit.
noch nichts	= ещё ничего	Ich habe noch nichts gehört.
noch nicht	= ещё не *(отрицает глагол)*	Ich habe ihn noch nicht besucht.
nur noch	= ещё только (всего лишь)	Wir haben nur noch 500 Euro.

Noch в сочетании с *immer* (*noch immer* или *immer noch*) выражает неожиданное удовлетворение или неудовольствие говорящего. Чаще всего в переводе усиливается словом *всё*.

Wohnst du immer noch bei deinen Eltern?   Ты всё ещё живёшь у твоих родителей?
Er hat immer noch nicht bezahlt.   Он всё ещё не заплатил.

B. Mehr

Может использоваться в таких выражениях:

nichts mehr	= больше ничего	Ich möchte nichts mehr.
nicht mehr	= больше не *(отрицает глагол)*	Er arbeitet nicht mehr.
niemand mehr	= больше никто	Heute kommt niemand mehr.

LEKTION 7

9. Письменная речь.

Прочтите внимательно текст, напишите по нему личное письмо.

Sie machen im Urlaub eine Reise und schreiben von dort Ihrer Freundin / Ihrem Freund. Schreiben Sie über folgende Punkte:

– Wo verbringen Sie Ihren Urlaub?

– Wie haben Sie die Reise vorbereitet?

– Wie sind Sie an den Urlaubsort gekommen?

– Wo wohnen Sie?

– Welche Sehenswürdigkeiten haben Sie schon besichtigt oder wollen Sie noch besichtigen?

LEKTION 7

1. Ergänzen Sie.

a) Nase : Taschentuch / Hand : _____
b) starke Verletzung : Verband / kleine Verletzung : _____
c) Hand : Seife / Zähne : _____
d) Frau : Bluse / Mann : _____
e) aufschließen : offen / abschließen : _____
f) wie groß? : messen / wie schwer? : _____
g) aufschließen : aufmachen / abschließen : _____
h) D : Deutscher / CH : _____
i) Sonne : Sonnenhut / Regen : _____
j) Flugzeug : Flugplan / Zug : _____
k) Lehrer : prüfen / Arzt : _____
l) Fenster : zumachen / Licht : _____
m) Auto : Motor / Taschenlampe : _____
n) eigenes Land : Inland / fremdes Land : _____
o) Auto : fahren / Flugzeug : _____
p) Bahnhof : Bahn / Flughafen : _____
q) kurz : Ausflug / lang : _____
r) mit Wasser : Kleidung waschen / chemisch : _____

2. Was muss man vor einer Reise erledigen? Ordnen Sie.

Motor prüfen lassen   Wagen waschen lassen   Koffer packen   Heizung ausmachen
Fahrplan besorgen   Benzin tanken   Medikamente kaufen   Fenster zumachen
sich impfen lassen   Geld wechseln   Fahrkarten holen   Wäsche waschen
Krankenschein holen   Reiseschecks besorgen   Hotelzimmer reservieren

zu Hause	im Reisebüro	für das Auto	Gesundheit	Bank

3. Was passt zusammen? Ordnen Sie. Einige Wörter passen zweimal.

Schirm   Herd   Flasche   Auto   Hemd   Haus   Tasche   Motor   Licht
Hotelzimmer   Auge   Koffer   Heizung   Ofen   Radio   Fernseher   Buch   Tür

ausmachen/anmachen	zumachen/aufmachen	abschließen/aufschließen

LEKTION 7

4. Ergänzen Sie.

| ein- | weg- | weiter- | mit- | zurück- | aus- |

a) Die Milch war sauer. Ich musste sie leider __aus__ gießen.
b) Hast du Durst? Soll ich dir ein Glas Limonade __ein__ gießen?
c) Viel Spaß in Amerika! Am liebsten möchte ich __mit__ fliegen.
d) Ich bleibe drei Wochen in den USA. Am 4. Oktober fliege ich nach Hause __zurück__.
e) Wenn Jugendliche Streit mit ihren Eltern haben, passiert es oft, dass sie von zu Hause __weg__ laufen.
f) Wir haben den gleichen Weg, ich kann bis zur Kirche __mit__ laufen.
g) Lass uns eine Pause machen. Ich kann nicht mehr __weiter__ laufen.
h) Du fährst doch in die Stadt. Kannst du mich bitte __mit__ nehmen?
i) ● Ich habe gestern diese Strümpfe bei Ihnen gekauft, aber sie passen nicht.
   ■ Tut mir Leid, aber Strümpfe können wir nicht __zurück__ nehmen.
j) Die Post war leider schon geschlossen. Ich kann das Paket erst morgen früh __weg__ schicken.
k) Wenn im Sommer das Hotel voll ist, müssen die Kinder des Besitzers __mit__ arbeiten.
l) Fußballspielen macht mir großen Spaß. Lasst ihr mich __mit__ spielen?
m) ● Wollen die Kinder nicht zum Essen kommen?
   ■ Nein, sie wollen lieber __weiter__ spielen.
n) Warum willst du denn diese Schuhe __weg__ werfen? Sie sind doch noch ganz neu!
o) Ich gehe ins Schwimmbad. Willst du __mit__ kommen?
p) Erich ist schon drei Wochen im Urlaub. Wann wollte er denn __zurück__ kommen?
q) Wenn ich die Wohnung putze, will meine kleine Tochter immer __mit__ helfen.
r) Ich komme gleich, ich will nur noch mein Bier __aus__ trinken.
s) Ich habe gerade Tee gekocht. Willst du eine Tasse __mit__ trinken?
t) Wenn ich im Hotelzimmer bin, will ich erst duschen und dann in Ruhe meinen Koffer __aus__ packen.
u) Darf man ohne Visum in die USA __ein__ reisen?
v) Du musst jetzt schnell __ein__ steigen, sonst fährt der Zug ohne dich ab.
w) ● Verzeihung, ich möchte zum Rathausplatz. Muss ich an der nächsten Haltestelle __aus__ steigen?
   ■ Nein, sie müssen noch zwei Stationen __weiter__ fahren.

5. „Lassen" hat verschiedene Bedeutungen.

A. Meine Eltern lassen mich abends nicht alleine weggehen.
   „lassen" = erlauben/zulassen, „nicht lassen" = verbieten

B. Ich gehe morgen zum Tierarzt und lasse den Hund untersuchen.
   „lassen" = eine andere Person soll etwas machen, was man selbst nicht machen kann oder möchte

LEKTION 7

Welche Bedeutung (A oder B) hat „lassen" in den folgenden Sätzen?

a) Am Wochenende lassen wir die Kinder abends fernsehen.
b) Wo lassen Sie Ihr Auto reparieren?
c) Die Briefe lasse ich von meiner Sekretärin schreiben.
d) Sie lässt ihren Mann in der Wohnung nicht rauchen.
e) Du musst dir unbedingt die Haare schneiden lassen. Sie sind zu lang.
f) Lass mich kochen. Ich kann das besser.
g) Lass ihn doch Musik hören. Er stört uns doch nicht.
h) Ich möchte die Bremsen prüfen lassen.
i) Bitte lass mich schlafen. Ich bin sehr müde.

a)	b)	c)	d)	e)	f)	g)	h)	i)

Nach Übung 4 im Kursbuch

6. Sagen Sie es anders.

a) Eva darf im Büro nicht telefonieren. Ihr Chef will das nicht.
   Ihr Chef lässt sie im Büro nicht telefonieren.
b) Ich möchte gern allein Urlaub machen, aber meine Eltern verbieten es.
c) Frau Taber macht das Essen lieber selbst, obwohl ihr Mann gerne kocht.
d) Rolfs Mutter ist einverstanden, dass er morgens lange schläft.
e) Herr Moser geht zum Tierarzt. Dort wird seine Katze geimpft.
f) Mein Pass muss verlängert werden.
g) Den Motor kann ich nicht selbst reparieren.
h) Ich habe einen Hund. Gisela darf mit ihm spielen.
i) Ingrid hat keine Zeit die Wäsche zu waschen. Sie bringt sie in die Reinigung.
j) Herr Siems fährt nicht gern Auto. Deshalb muss seine Frau immer fahren.

Nach Übung 4 im Kursbuch

7. Schreiben Sie einen Text.

Herr Schulz will mit seiner Familie verreisen. Am Tag vor der Reise hat er noch viel zu tun.

Zuerst geht Herr Schulz zum Rathaus. Dort werden die Pässe und die Kinderausweise verlängert. Dann geht er zum Tierarzt. Der untersucht die Katze. In die Autowerkstatt fährt er auch noch. Die Bremsen ziehen nach links und müssen kontrolliert werden. Im Fotogeschäft repariert man ihm schnell den Fotoapparat. Später hat er noch Zeit, zum Friseur zu gehen, denn seine Haare müssen geschnitten werden. Zum Schluss fährt er zur Tankstelle und tankt. Das Öl und die Reifen werden auch noch geprüft. Dann fährt er nach Hause. Er packt den Koffer selbst, weil er nicht möchte, dass seine Frau das tut. Dann ist er endlich fertig.

Schreiben Sie den Text neu. Verwenden Sie möglichst oft das Wort „lassen". Benutzen Sie auch Wörter wie „zuerst", „dann", „später", „schließlich", „nämlich", „dort" und „bei", „in", „auf", „an".
Zuerst lässt Herr Schulz im Rathaus die Pässe und die Kinderausweise verlängern.
Dann geht er ...

LEKTION 7

8. Was passt nicht?

a) Ofen – Gas – Öl – Kohle
b) Bleistift – Schlüssel – Schreibmaschine – Kugelschreiber
c) Krankenschein – Pass – Ausweis – Visum
d) Streichholz – Zigarette – Blatt – Feuer
e) Salz – Topf – Dose – Flasche – Tasche
f) Film – Fotoapparat – Foto – Papier
g) Messer – Uhr – Gabel – Löffel
h) Seife – Metall – Plastik – Wolle
i) Handtuch – Wolldecke – Pflaster – Betttuch
j) Fahrrad – Flug – Autofahrt – Schiffsfahrt
k) Visum – Pass – Liste – Ausweis
l) Seife – Zahnpasta – Waschmaschine – Zahnbürste
m) Liste – Zweck – Grund – Ziel
n) Campingplatz – Hotel – Telefonbuch – Pension
o) notwendig – unbedingt – auf jeden Fall – normalerweise
p) oben – üben – über – unten – unter
q) Saft – Bier – Wein – Schnaps

Nach Übung 6 im Kursbuch

9. Ergänzen Sie.

bestellen   überzeugen   erledigen   beantragen   planen   buchen   retten   einigen   reservieren

a) Das Restaurant ist immer voll. Wir müssen einen Tisch __reservieren__ lassen.
b) Klaus hat seine Reise sehr genau __geplant__. Sogar das Taxi, das ihn vom Bahnhof zum Hotel bringen soll, hat er vorher bestellt.
c) Meine Urlaubsreisen __buche__ ich immer im Reisebüro in der Bergstraße. Die Angestellten dort sind sehr nett.
d) Das Visum für dieses Land muss man vier Wochen vor der Reise __beantragen__.
e) Der Fotoapparat, den Sie möchten, ist leider nicht da. Ich kann ihn aber __bestellen__. Das dauert ungefähr 10 Tage.
f) Am Anfang gab es sehr viele verschiedene Meinungen. Aber zum Schluss haben wir uns doch noch __geeinigt__.
g) Also gut, ich bin einverstanden. Du hast mich __überzeugt__.
h) Auf dem Rhein gab es gestern ein großes Schiffsunglück, aber alle Menschen konnten __gerettet__ werden.
i) Es ist zwar schon Feierabend, aber diese Arbeit müssen Sie unbedingt heute noch __erledigen__.

Nach Übung 6 im Kursbuch

10. Ergänzen Sie „nicht", „nichts" oder „kein-".

a) Auf dem Mond braucht man __keinen__ Kompass, auch ein Ofen würde dort __nicht__ funktionieren.
b) Auf einer einsamen Insel braucht man bestimmt __kein__ Telefonbuch. Auch Benzin ist __nicht__ notwendig, weil es dort __keine__ Autos gibt. Reiseschecks muss man auch __nicht__ mitnehmen, denn dort kann man __nichts__ kaufen, weil es __keine__ Geschäfte gibt.
c) In der Sahara regnet es __nicht__. Deshalb muss man auch __keinen__ Schirm mitnehmen. Dort braucht man Wasser und einen Kompass, sonst __nichts__.

Nach Übung 6 im Kursbuch

LEKTION 7

11. Ordnen Sie.

Ich schlage vor, Benzin mitzunehmen.
Ich finde auch, dass wir Benzin mitnehmen müssen.
Wir sollten Benzin mitnehmen.
Ich meine, dass wir Benzin mitnehmen sollten.
Ich bin dagegen, Benzin mitzunehmen.
Benzin? Das ist nicht notwendig.
Stimmt! Benzin ist wichtig.
Ich finde es wichtig, Benzin mitzunehmen.
Es ist Unsinn, Benzin mitzunehmen.

Ich bin auch der Meinung, dass wir Benzin mitnehmen sollten.
Wir müssen unbedingt Benzin mitnehmen. Das ist wichtig.
Benzin ist nicht wichtig, ein Kompass wäre wichtiger.
Ich bin nicht der Meinung, dass Benzin wichtig ist.
Ich würde Benzin mitnehmen.
Ich bin einverstanden, dass wir Benzin mitnehmen.

etwas vorschlagen	die gleiche Meinung haben	eine andere Meinung haben
Ich schlage vor, Benzin mitzunehmen.	Ich finde auch, dass wir Benzin mitnehmen müssen.	Ich bin dagegen, Benzin mitzunehmen.

12. Sagen Sie es anders.

a) Wenn man waschen will, braucht man Wasser.
   Zum Waschen braucht man Wasser.

b) Wenn man kochen will, braucht man einen Herd.
c) Wenn man Ski fahren will, braucht man Schnee.
d) Wenn man schreiben will, braucht man Papier und einen Kugelschreiber.
e) Wenn man fotografieren will, braucht man einen Fotoapparat und einen Film.
f) Wenn man telefonieren muss, braucht man oft ein Telefonbuch.
g) Wenn man liest, sollte man gutes Licht haben.
h) Wenn man schlafen will, braucht man Ruhe.
i) Wenn man wandert, sollte man gute Schuhe haben.
j) Wenn ich lese, brauche ich eine Brille.

13. Welches Fragewort passt?

a) Wer / Wohin / Wo   kann ich eine Arbeitserlaubnis bekommen?
b) Womit / Wie viel / Was   kann ich im Ausland am meisten Geld verdienen?
c) Worauf / Warum / Womit   braucht man für die USA ein Visum?
d) Wer / Woher / Woran   kann mir bei der Reiseplanung helfen?
e) Wie / Wer / Was   finde ich im Ausland am schnellsten Freunde?
f) Was / Wie viel / Wie   Gepäck kann ich im Flugzeug mitnehmen?
g) Wann / Womit / Wo   lasse ich meine Katze, wenn ich im Urlaub bin?
h) Wohin / Woher / Wofür   kann ich ohne Visum reisen?
i) Was / Wer / Woher   bekomme ich alle Informationen?
j) Woran / Wohin / Worauf   muss ich vor der Abreise denken?
k) Wie / Was / Wo   muss ich machen, wenn ich im Ausland krank werde?

LEKTION 7

14. Sagen Sie es anders.

a) Ute überlegt: Soll ich in Spanien oder in Italien arbeiten?
   Ute überlegt, ob sie in Spanien oder in Italien arbeiten soll.
b) Stefan und Bernd fragen sich: Bekommen wir beide eine Arbeitserlaubnis?
c) Herr Braun möchte wissen: Wo kann ich ein Visum beantragen?
d) Ich frage mich: Wie schnell kann ich im Ausland eine Stelle finden?
e) Herr Klar weiß nicht: Wie lange darf man in den USA bleiben?
f) Frau Seger weiß nicht: Sind meine Englischkenntnisse gut genug?
g) Frau Möller fragt sich: Wie viel Geld brauche ich in Portugal?
h) Herr Wend weiß nicht: Wie teuer ist die Fahrkarte nach Spanien?
i) Es interessiert mich: Kann man in London leicht eine Wohnung finden?

Ihre Grammatik. Ergänzen Sie die Sätze b), c) und d).

	Junkt.	Vorfeld	Verb₁	Subjekt	Erg.	Angabe	Ergänzung	Verb₂	Verb₁ im Nebensatz
a)		Ute	überlegt,						
	ob			sie			in Spanien oder in Italien	arbeiten	soll.
b)		S. und B.							
c)									
d)									

15. Wie heißen die Wörter richtig?

a) Ich möchte gern im ANDLAUS arbeiten. _____
b) Er spricht keine DRACHEMSPREF. _____
c) Ich wohne in einer JUNGBERGHEREDE. _____
d) Jan und ich haben eine herzliche SCHEUDFRANFT. _____
e) Er wohnt in Italien, aber seine HAMTEI ist Belgien. _____
f) Hast du STANG, alleine in den Urlaub zu fahren? _____
g) Sonja hat gestern ihre FUNGPRÜ bestanden. _____
h) Thomas arbeitet noch nicht lange. Er hat erst wenig ERUNGFAHR in seinem Beruf. _____
i) Ich möchte bestellen. Ruf bitte die NUNGDIEBE. _____
j) In der LUNGHANDBUCH „Horn" kann man sehr gute Reisebücher kaufen. _____
k) Ich bezahle das Essen. Sie sind mein STAG. _____

LEKTION 7

16. Was können Sie auch sagen?

a) *Ich möchte meine Freunde nicht aus den Augen verlieren.*
   A Ich möchte meine Freunde nicht mehr sehen.
   B Ich möchte nicht den Kontakt zu meinen Freunden verlieren.
   C Ich schaue meinen Freunden immer in die Augen.

b) *Ulrike ist in die Stadt Florenz verliebt.*
   A Ulrike mag Florenz ganz gern.
   B Ulrike liebt einen jungen Mann aus Florenz.
   C Ulrike findet Florenz fantastisch.

c) *Die Deutschen leben um zu arbeiten.*
   A Für die Deutschen ist die Arbeit wichtiger als ein schönes Leben.
   B Die Deutschen leben nicht lange, weil sie zu viel arbeiten müssen.
   C In Deutschland kann man nur leben, wenn man viel arbeitet.

d) *Frankreich ist meine zweite Heimat.*
   A Ich habe zwei Häuser in Frankreich.
   B In Frankreich fühle ich mich wie zu Hause.
   C Ich habe einen französischen Pass.

17. Bilden Sie Sätze mit „um zu" und „weil".

a) Warum gehst du ins Ausland? (arbeiten/wollen)
   Ich gehe ins Ausland, um dort zu arbeiten.
   Ich gehe ins Ausland, weil ich dort arbeiten will.

b) Warum arbeitest du als Bedienung? (Leute kennen lernen/möchten)
c) Warum machst du einen Sprachkurs? (Englisch lernen/möchten)
d) Warum wohnst du in einer Jugendherberge? (Geld sparen/müssen)
e) Warum gehst du zum Rathaus? (Visum beantragen/wollen)
f) Warum fährst du zum Bahnhof? (Koffer abholen/wollen)
g) Warum fliegst du nach Ägypten? (Pyramiden sehen/möchten)

18. Ergänzen Sie.

a) (Männer/tolerant) Die deutschen Frauen haben _____ _____
b) (Problem/ernst) Ich glaube, Maria hat ein _____ _____
c) (Ehemann/egoistisch) Sie hat einen _____ _____
d) (Freundschaft/herzlich) Wir haben eine _____ _____
e) (Leute/nett) Ich habe in Spanien _____ _____ getroffen.
f) (Gefühl/komisch) Zuerst war es ein _____ _____ , alleine im Ausland zu sein.
g) (Junge/selbstständig) Peter ist erst 14 Jahre alt, aber er ist ein _____ _____
h) (Hund/dick) Ich sehe ihn jeden Tag, wenn er mit seinem _____ _____ spazieren geht.
i) (Mutter/alt) Sie wohnt bei ihrer _____ _____

LEKTION 7

19. Ergänzen Sie.

gleich | anders | ähnlich | verschieden | ander- | dieselbe

a) Die Frau in Jeans ist _dieselbe_ Frau wie die im Abendkleid.
b) Frau A und Frau B sehen ganz _verschieden_ aus, aber sie tragen die _gleichen_ Kleider.
   (Frau A sieht _anders_ aus als Frau B, aber sie trägt das _gleiche_ Kleid wie Frau B.)
c) Die eine Frau ist klein, die _andere_ ist groß, aber sie tragen _ähnliche_ Kleider.

Ihre Grammatik. Ergänzen Sie.

	Hut	Bluse	Kleid	Schuhe
Das ist/sind	derselbe der gleiche ein anderer	dieselbe die gleiche eine gleiche	dasselbe das gleiche ein gleiches	dieselben die gleichen gleiche
Sie trägt	denselben den gleichen einen anderen	dieselbe die gleiche eine andere	dasselbe das gleiche ein anderes	dieselben die gleichen andere
Das ist die Frau mit	demselben dem gleichen einem anderen	derselben der gleichen einer andere	demselben dem gleichen einem anderes	denselben den gleichen andere

LEKTION 7

20. Ergänzen Sie.

Einkommen · Bedeutungen · Angst · Schwierigkeiten · Kontakt · Gefühl · Zweck · Erfahrung · Pech

a) Das Wort „Bank" hat zwei verschiedene _____ .
b) Franz hat ein sehr gutes _____ . Er verdient 4500 Euro im Monat.
c) Frau Weber arbeitet schon 15 Jahre in unserer Firma. Sie hat sehr viel _____ in ihrem Beruf.
d) Carlo wohnt schon sechs Jahre in Deutschland, aber er hat immer noch wenig _____ mit Deutschen.
e) Herr Drechsler hat großes _____ gehabt; drei Tage vor seinem Urlaub hatte er einen Autounfall.
f) Kannst du bitte etwas lauter sprechen? Ich habe _____ dich richtig zu verstehen.
g) Karin hat sich gut vorbereitet, trotzdem hat sie große _____ vor der Prüfung.
h) Ich weiß es nicht genau, aber ich habe das _____ , dass Alexandra sich verliebt hat.
i) Es hat keinen _____ Dirk anzurufen. Er ist nicht zu Hause.

21. Was passt zusammen?

A	Die Städte sind sowohl sauber	1	sondern auch bei der Hausarbeit.
B	Für Mütter mit kleinen Kindern gibt es weder Erziehungsgeld	2	als auch Radfahrer.
C	Die Frauen müssen entweder nach drei Monaten Babypause zurück an den Arbeitsplatz,	3	noch für andere Leute.
		4	oder die Familie hat zu wenig Geld.
D	In den Städten können sowohl Autos fahren	5	als auch menschenfreundlich.
E	Die Frauen arbeiten nicht nur im Beruf,	6	oder sie verlieren ihre Stelle.
		7	sondern machen auch die ganze Hausarbeit alleine.
F	Die Deutschen haben weder Zeit für sich selbst	8	noch eine Reservierung der Arbeitsstelle.
G	Die Männer helfen nicht nur bei der Erziehung der Kinder,		
H	Entweder müssen die Frauen berufstätig sein,		

A	B	C	D	E	F	G	H

LEKTION 7

22. Bilden Sie Sätze mit „um … zu" oder „damit".

Warum ist Carlo Gottini nach Deutschland gekommen?

a) Er will hier arbeiten.
   Er ist nach Deutschland gekommen, um hier
   zu arbeiten.

b) Seine Kinder sollen bessere Berufschancen haben.
   Er ist nach Deutschland gekommen,
   damit seine Kinder bessere Berufschancen
   haben.

c) Er will mehr Geld verdienen.
d) Er möchte später in Italien eine Autowerkstatt kaufen.
e) Seine Kinder sollen Deutsch lernen.
f) Seine Frau muss nicht mehr arbeiten.
g) Er möchte in seinem Beruf später mehr Chancen haben.
h) Seine Familie soll besser leben.
i) Er wollte eine eigene Wohnung haben.

Nach Übung **18** im Kursbuch

23. Was passt am besten?

Mode   Regel   Diskussion   Schwierigkeit   Bedeutung   Presse
Ausländer(in)   Gefühl
Lohn/Einkommen   Änderung
Verwandte   Besitzer(in)   Bauer

a) hübsch aussehen – Kleidung – modern: _____
b) Problem – Sorge – Ärger: _____
c) Sprache – Spiel – Grammatik: _____
d) Arbeit – Geld verdienen – Arbeitgeber – Arbeitnehmer: _____
e) Meinungen – sprechen – dafür/dagegen sein – sich streiten: _____
f) Zeitung – Zeitschrift: _____
g) Wiesen – Kühe – Hühner – Land – Gemüse – Milch – Fleisch – Eier: _____
h) Onkel – Tante – Bruder – Schwester – Großeltern: _____
i) traurig – glücklich – mögen – hassen: _____
j) gehören – Haus/Auto/… – eigen- – sein/mein/…: _____
k) einwandern – im fremden Land wohnen – aus einem anderen Land kommen: _____
l) anders machen – nicht wie immer machen: _____
m) Wort – Lexikon – erklären – nicht kennen: _____

Nach Übung **18** im Kursbuch

LEKTION 7

24. Ergänzen Sie „dass", „weil", „damit", „um ... zu", „oder", „zu". (Bei „zu" bleibt eine Lücke frei.)

Immer mehr Deutsche kommen in die ausländischen Konsulate, _____(a) sie auswandern wollen. Manche haben Angst, _____(b) arbeitslos _____(c) werden, andere wollen ins Ausland gehen, _____(d) ihre Familien dort freier leben können. Die meisten hoffen _____(e) in ihrem Traumland reich _____(f) werden. Aber viele vergessen, _____(g) auch andere Länder wirtschaftliche Probleme haben. _____(h) zum Beispiel nach Australien auswandern _____(i) können, muss man einen Beruf haben, der dort gebraucht wird. Auch in anderen Ländern ist es schwer, _____(j) eine Arbeitserlaubnis _____(k) bekommen. Man sollte sich also vorher genau informieren. Man muss auch ein bisschen Geld gespart haben, _____(l) man in der ersten Zeit im fremden Land leben kann. Man kann nicht sicher sein, _____(m) sofort eine Stelle _____(n) finden. Manche Auswanderer kommen enttäuscht zurück. Dieter Westphal zum Beispiel ist seit ein paar Monaten wieder in Deutschland. Er sagt: „Ich bin nach Kanada gegangen, _____(o) mehr Geld _____(p) verdienen. Das Leben dort ist nicht leicht. Ich hatte keine Lust mehr, _____(q) 60 Stunden _____(r) arbeiten, _____(s) 580 Dollar _____(t) verdienen. Erst jetzt weiß ich, _____(u) es den Deutschen eigentlich gut geht."

25. Ergänzen Sie.

noch	schon	nicht mehr	noch nicht

a) Er hat gerade angefangen zu arbeiten. – Er arbeitet _____.
b) Seine Arbeit beginnt in zwei Stunden. – Er arbeitet _____.
c) Er macht heute später Feierabend. – Er arbeitet _____.
d) Er hat schon Feierabend. – Er arbeitet _____.

nichts mehr	schon etwas	noch etwas	noch nichts

e) Er hat sein Essen gerade bekommen. – Er hat _____.
f) Er wartet auf sein Essen. – Er hat _____.
g) Er möchte mehr essen. – Er möchte _____.
h) Er ist satt. – Er möchte _____.

noch immer	nicht immer	schon wieder	immer noch nicht

i) Obwohl sie wieder gesund ist, arbeitet sie nicht. – Sie arbeitet _____.
j) Obwohl sie noch krank ist, hat sie gestern angefangen zu arbeiten. – Sie arbeitet _____.
k) Obwohl sie müde ist, hört sie nicht auf zu arbeiten. – Sie arbeitet _____.
l) Sie arbeitet nur manchmal. – Sie arbeitet _____.

LEKTION 7

26. Ergänzen Sie.

a) Hunger : hungrig / Durst : _____
b) Anfang : anfangen / Ende : _____
c) studieren : Student / Beruf lernen : _____
d) Geschäft : Verkäuferin / Restaurant : _____
e) keine Stelle haben : arbeitslos / eine Stelle haben : _____
f) nicht weniger : mindestens / nicht mehr : _____
g) ins Haus gehen : reingehen / das Haus verlassen : _____
h) Bücher : Buchhandlung / Medikamente : _____
i) jetzt : diese Woche / vor sieben Tagen : _____
j) nach unten : fallen / nach oben : _____

Nach Übung

18

im Kursbuch

27. Ergänzen Sie die Verben und die Präpositionen.

Kontakt finden   Schwierigkeiten haben   interessieren   sein
sagen   helfen   hoffen   beschweren
gewöhnen   denken   gelten
klagen   arbeiten   Angst haben   denken   sprechen

an   vor   zu
über   in   mit
auf   bei   für

a) Johanna hat an die Zeitschrift geschrieben, weil sie sich _____ eine Arbeitsstelle im Ausland _____ .
b) Das Gesetz _____ nicht nur _____ Deutschland, sondern auch _____ die anderen EU-Bürger in den anderen Staaten.
c) Ludwig_____ seit acht Jahren _____ derselben Computerfirma.
d) Doris hat _____ ihrer Freundin _____ ihren Plan _____ .
e) Frauke _____ zuerst ein wenig _____ _____ den Franzosen, aber dann gefiel es ihr dort doch sehr gut.
f) Am Anfang kannte sie niemanden, aber dann hat sie schnell _____ _____ den Leuten _____ .
g) Eigentlich mag Simone England, aber sie _____ immer noch _____ _____ der kühlen Art der Engländer.
h) Viele Deutsche glauben, dass die Ausländer schlecht _____ sie _____ .
i) Kannst du mir morgen _____ der Arbeit im Garten _____ ?
j) Deutsche Frauen _____ sich zu viel _____ die Hausarbeit.
k) Maria Moro aus Italien meint, dass die Deutschen zu viel _____ die Arbeit und _____ Geld _____ .
l) Norbert hat sich schnell _____ das Leben in Portugal _____ .
m) Viele wandern aus, weil sie im Ausland _____ ein besseres Leben _____ .
n) Julio meint, dass die Deutschen zu viel _____ Probleme _____ , obwohl es ihnen eigentlich sehr gut geht.
o) Ich habe gehört, was du _____ meinen Plan _____ hast.
p) Ich _____ _____ deine Idee, nicht dagegen.

Nach Übung

18

im Kursbuch

einhundertsiebenundvierzig **147**

LEKTION 8

Словарь

Verben

annehmen	полагать	führen	вести
begleiten	сопровождать	gewinnen	побеждать
beschließen	решать	nennen	называть
demonstrieren	демонстрировать	öffnen	открывать
entscheiden	решать	rufen	звать
(sich) entschließen	решаться	schließen	закрывать
erinnern	вспоминать	streiken	бастовать
erreichen	достигать	unterschreiben	подписывать
folgen	следовать	verreisen	путешествовать
fordern	требовать	wählen	выбирать

Nomen

die Armee, -n	армия	der Juli	июль
die Ausreise, -n	выезд (из страны), эмиграция	das Kabinett, -e	кабинет
		die Katastrophe, -n	катастрофа
der Bau	стройка	das Knie,	колено
der Beginn	начало	die Koalition, -en	коалиция
der Briefumschlag, Briefumschläge	конверт	die Konferenz, -en	конференция
		der König, -e	король
der Bund	союз, общество	die Königin, -nen	королева
der Bus, -se	автобус	das Krankenhaus, -häuser	больница
der Bürger, -	гражданин		
die DDR	ГДР	der Krieg, -e	война
die Demokratie	демократия	die Krise, -n	кризис
die Demonstration, -en	демонстрация	die Macht	власть
		die Mauer, -n	стена, *здесь*: Берлинская стена
die Deutsche Demokratische Republik	Германская Демократическая Республика	der Minister, -	министр
		das Mitglied, -er	член
der Dienstag	вторник	die Nachricht, -en	сообщение
die Diktatur, -en	диктатура	der November	ноябрь
der Einfluss, Einflüsse	влияние	der Oktober	октябрь
		die Operation, -en	операция
der Empfang, Empfänge	приём	die Opposition	оппозиция
		der Ort, -e	населённый пункт, место
das Ende	конец		
das Ereignis, -se	событие	das Paket, -e	пакет
die Fabrik, -en	фабрика	das Parlament- -e	парламент
der Fahrer, -	водитель	die Partei, -en	партия
das Feuer	огонь	das Päckchen, -	бандероль
der Fotograf, -en	фотограф	die Politik	политика
der Frieden	мир	die Post	почта
das Geschäft, -e	магазин, дело	der Präsident, -en	президент
die Geschichte	история	der Protest, -e	протест
die Gesellschaft	общество	das Rathaus, -häuser	ратуша
die Gruppe, -n	группа		

LEKTION 8

der Raucher, -	курильщик	die Umwelt	окружающая среда
die Reform, -en	реформа	das Unglück, e	несчастье
die Regierung, -en	правительство	der Unterschied, -e	разница
das Schloß, Schlösser	замок, замок	die Verfassung, -en	конституция
die Seite, -n	сторона, страница	die Verletzung, -en	повреждение, травма, нарушение (прав)
der Sonntag	воскресенье	das Volk, Völker	народ
der Sozialdemokrat, -en	социал-демократ	der Vorschlag, Vorschläge	предложение
der Sportplatz, -plätze	спортивная площадка	die Wahl, -en	выбор
der Staat, -en	государство	der Weg, -e	путь, дорога
das Stadion, Stadien	стадион	(das) Weihnachten	рождество
die Straßenbahn, -en	трамвай	die Welt, -en	мир (земной шар)
der Streik, -s	забастовка	der Weltkrieg, -e	мировая война
das System, -e	система	die Zahl, -en	число, цифра
die Uhr, -en	часы	die Zeitung, -en	газета
		das Ziel, -e	цель
		der Zoll, Zölle	таможня, таможенная пошлина

Adjektive

ausländisch	иностранный	national	национальный
dankbar	благодарный	politisch	политический
demokratisch	демократичный, демократический	sozialdemokratisch	социал-демократический
		sozialistisch	социалистический
eng	узкий, тесный	verletzt	повреждённый, раненый, нарушенный
enttäuscht	разочарованный		
international	международный	völlig	полностью
kapitalistisch	капиталистический	wahrscheinlich	возможно
kommunistisch	коммунистический	westlich	западный
leer	пустой	wirtschaftlich	хозяйственный, экономический
liberal	либеральный		

Adverbien

allerdings	разумеется	lange	долго
beinahe	чуть, почти	noch	ещё
ein bisschen	немножко		

Funktionswörter

außer	кроме	ohne	без
gegen	против	während	во время того как
jedoch	однако	wegen	из-за, через

Ausdrücke

ein Gespräch führen	вести разговор, разговаривать	noch größer	ещё больше
		vor allem	прежде всего
immer größer	всё больше и больше	wie oft?	как часто?

LEKTION 8

Грамматика

1. Прилагательные, существительные и глаголы с постоянными предлогами
(§ 18, с. 137, § 34, 35, с. 147, 148)

В главе 3, 2. мы уже встречались с прочными сочетаниями глаголов с предлогами, например: *Peter spricht über seine Arbeit.* Кроме глаголов есть существительные и прилагательные, имеющие постоянные предлоги.

Viele Leute waren <u>glücklich über</u> die Öffnung der Mauer.
Kennst du seine <u>Meinung über</u> die Öffnung der Mauer?

Глаголы, существительные и прилагательные с постоянными предлогами представляют собой одно целое и запоминать их нужно вместе. Поскольку каждый предлог требует после себя определённый падеж, следует выучить эти закономерности наизусть.

1.1. Упражнение

Какой падеж – *Dativ* или *Akkusativ* – употребляется после этих предлогов? Закройте ответ внизу листком бумаги пока не выполните упражнение.

a) denken an + _____ h) glücklich über + _____

b) ein Gespräch über + _____ i) fragen nach + _____

c) warten auf + _____ j) dankbar für + _____

d) der Grund für + _____ k) bitten um + _____

e) arbeiten bei + _____ l) enttäuscht von + _____

f) Angst vor + _____ m) gehören zu + _____

g) sprechen mit + _____ n) verheiratet mit + _____

Запомните: *bei, mit, vor, nach, zu, von* требуют после себя *Dativ; auf, für, über, um -Akkusativ*. Придумайте предложения с каждой из приведённых выше пар.

Часто встречающиеся ошибки!

A. В русском языке слово *ожидать* не требует предлога (*ждать поезд, ожидать подругу*). В немецком языке *warten* всегда с предлогом *auf + Akkusativ*.

B. Глагол *stören* всегда употребляется с *Akkusativ (stören mich)*, а не с дательным падежом, как в русском языке *(мешать мне)*.

LEKTION 8

1.2. Список наиболее употребляемых прилагательных с предлогами
Обратите внимание: при переводе на русский не все немецкие предлоги имеют эквиваленты.

Dativ		Akkusativ	
abhängig von + D	зависимый от	dankbar für + A	благодарный за
einverstanden (sein) mit + D	быть согласным с	enttäuscht über + A	разочарованный в
überzeugt von + D	убеждённый в	froh über + A	рад (чему-то, кому-то)
verheiratet mit + D	женатым на (замужем за)	glücklich über + A	счастлив из-за
		ideal für + A	идеальный для
zufrieden mit + D	довольный (кем-то, чем-то)	traurig über + A	печальный из-за
		typisch für + A	типичный для

1.3. Список наиболее употребимых существительных с предлогами

Dativ		Akkusativ	
Angst (haben) vor + D	бояться	die Demonstration für / gegen + A	демонстрация за/против
Erfolg (haben) mit + D	иметь успех	die Diskussion über + A	дискуссия о
Probleme mit + D	проблемы с	das Gespräch über + A	разговор о
		die Information über + A	информация о
		Lust (haben) auf + A	хотеться (чего-то)
		die Meinung über + A	мнение о
		der Streik für / gegen + A	забастовка за/против
		Zeit (haben) für + A	иметь время для

1.4. Список наиболее употребимых глаголов с предлогами

Dativ		Akkusativ	
drohen mit + D	угрожать (чем-то)	denken an + A	думать о
gehören zu + D	принадлежать к	denken über + A	думать о (*мнение*)
kommen zu + D	приходить к	sich entscheiden für + A	решаться на
sich unterhalten mit + D	разговаривать с	sich erinnern an + A	вспоминать о
		es geht um + A	речь идёт о
		gelten für + A	слыть, считаться
		sich gewöhnen an + A	привыкать к
		sich kümmern um + A	заботиться о
		sorgen für + A	заботиться о

Запомните: Глаголы могут употребляться с различными предлогами и поэтому иметь различное значение, например:

Wie nett, dass Sie <u>an</u> meinen Geburtstag denken.	Хорошо, что вы не забыли … (помнить о чём-то, не забывать)
Wie denkst du <u>über</u> meinen Vorschlag?	Что ты думаешь о моём предложении? (Как ты находишь моё предложение?) (отношение к чему-либо, мнение о чём-либо)

Некоторые русские эквиваленты употребляются без предлогов.

LEKTION 8

1.5. Место расширенного дополнения

Если прилагательное или существительное имеют относящееся к ним расширенное дополнение, то оно может стоять как перед ними, так и после них.

Viele Leute waren glücklich über die Öffnung der Mauer.
Viele Leute waren über die Öffnung der Mauer glücklich.

Ich habe Angst vor einer Umweltkatastrophe.
Ich habe vor einer Umweltkatastrophe Angst.

1.6. Упражнение

Вставьте пропущенные предлоги и окончания.

a) Sie ist _____ ein_____ Ausländer verheiratet.
b) Viele Ausländer in Deutschland wären froh _____ ein_____ neu_____ Wahlrecht.
c) Fast alle Angestellten sind _____ d_____ Gehaltserhöhung von 3,5% zufrieden.
d) Pünktlichkeit ist typisch _____ d_____ Deutschen.
e) Sind Sie _____ d_____ neu_____ Gesetz einverstanden?
f) Ich bin Ihnen sehr dankbar _____ d_____ Hilfe.
g) Der junge Mann verdient nicht genug, er ist finanziell immer noch _____ sein_____ Eltern abhängig.
h) Mein Kollege ist _____ d_____ Plan leider nicht überzeugt.

1.7. Упражнение

Вставьте пропущенные предлоги и окончания.

a) Ich habe große Lust _____ ein_____ Ausflug in die Berge.
b) Meine Eltern hatten nie Zeit _____ mein_____ Probleme.
c) Am Bahnhof kannst du Informationen _____ d_____ Abfahrtszeiten der Züge nach München bekommen.
d) Was ist denn Ihre Meinung _____ d_____ Wahlrecht für Ausländer in Deutschland?
e) Viele englische Sänger haben auch in Deutschland Erfolg _____ ihr_____ Liedern.
f) Immer wieder habe ich _____ mein_____ Chef Probleme. Ich will kündigen.
g) Gestern habe ich ein langes Gespräch _____ mein_____ Chef geführt.
h) Im Fernsehen wurde am Abend eine Diskussion _____ d_____ neu_____ Gesetz geführt.

LEKTION 8

1.8. Упражнение
Вставьте пропущенные предлоги и окончания.

a) Das allgemeine Wahlrecht gilt leider nicht _____ d_____ Ausländer, die in Deutschland leben.
b) Meine Frau hat sich immer noch nicht _____ d_____ indisch_____ Küche gewöhnt.
c) Er hat sich lange _____ d_____ jung_____ Kollegen unterhalten.
d) Was denken Sie _____ d_____ Gehaltserhöhung für die Angestellten?
e) Der Mann mit der Maske drohte mir _____ ein_____ Pistole.
f) Bei den Wahlen konnten sich viele Wähler bis zur letzten Minute _____ kein_____ Partei entscheiden.
g) Das Wolga-Gebiet gehört _____ d_____ schönsten Regionen Russlands.
h) Kümmerst du dich heute Abend _____ d_____ Kinder?

2. *n*-склонение (§ 3 п. 131)

Вспомните, как склоняются существительные.

	мужской	женский	средний	мн. число
Nominativ	der Mann	die Frau	das Kind	die Leute
Akkusativ	den Mann	die Frau	das Kind	die Leute
Dativ	dem Mann	der Frau	dem Kind	den Leuten
Genitiv	des Mannes	der Frau	des Kindes	der Leute

Как видно из таблицы, сами существительные склоняются только в *Genitiv* мужского и среднего рода и в *Dativ* множественного числа.

Существует, однако, группа существительных, которая склоняется иначе. Это существительные мужского рода, у которых появляется окончание *-(e)n* во множественном числе. Во всех падежах, кроме именительного, они имеют окончание *-(e)n*.

	единств. число	множ. число	единств. число	множ. число
Nominativ	der Mensch	die Menschen	der Kollege	die Kollegen
Akkusativ	den Menschen	die Menschen	den Kollegen	den Kollegen
Dativ	dem Menschen	den Menschen	dem Kollegen	den Kollegen
Genitiv	des Menschen	der Menschen	des Kollegen	der Kollegen

Ниже даны признаки, по которым можно определить существительные, принадлежащие к этой группе. Мы уже сказали, что все они – мужского рода:
– с окончанием на **-e**: der Junge, der Schotte, der Affe ... (исключение: *der Käse*)
– с окончанием на **-ent, -ant**: der Student, der Demonstrant ...
– с окончанием на **-at, -af**: der Demokrat, der Fotograf ... (исключение: *der Salat*)
– с окончанием на **-ist**: der Tourist ...

Есть, однако, некоторые существительные, которые принадлежат к этой группе, но не имеют вышеперечисленных признаков: *der Mensch, der Bauer, der Nachbar, der Bär, der Papagei ...*

LEKTION 8

Запомните исключения: некоторые из этих существительных заканчиваются в *Genitiv* на *-s: der Name/des Namens, der Buchstabe/des Buchstabens, der Gedanke/des Gedankens, das Herz/des Herzens...*

Herr заканчивается на *-n* в единственном числе, но на *-en* во множественном: *der Herr/des Herrn / die Herren.*

2.1. Упражнение

Вставьте окончания, где это нужно.

a) Wie schreibt man denn Ihren Name____? Buchstabieren Sie bitte!
b) Die Minister werden vom Ministerpräsident____ ernannt.
c) In dieser Firma arbeiten viele Ausländer: Schotte____, Türke____ und Spanier____. Es gibt sogar einen Chinese____.
d) Der Name des Junge____, der € 10 000 gefunden hat, ist Robert Enzinger.
e) Sozialist____ und Sozialdemokrat____ haben lange über das neue Gesetz diskutiert.
f) Das Wahlrecht ist ein fundamentales Recht jedes Mensch____.

3. Предлоги *außer, wegen*

A. *Außer* употребляется с *Dativ* и переводится как *кроме, за исключением.*
<u>Außer</u> dem Fahrer wurde niemand verletzt.   Кроме водителя никто не пострадал.

B. *Wegen* употребляется с *Genitiv* или, в разговорном немецком, с *Dativ* и переводится как *через, из-за* (чего-то, кого-то).
<u>Wegen</u> einer Grippe konnte er nicht arbeiten.   Из-за гриппа он не смог работать.

4. Выражения времени

4.1. Выражение времени с помощью предлогов

4.1.1. Приведённые ниже предлоги указывают на определённый момент или период времени и употребляются в ответах на вопрос, начинающийся словом *wann?*

A. *bei* употребляется с *Dativ* и переводится как *во время* (см. также главу 5, 9.).
<u>bei</u> der Eröffnung der Messe   во время открытия ярмарки
<u>bei</u> seiner Ankunft   во время его прибытия
<u>bei</u> Regen   во время дождя

B. *nach* употребляется с *Dativ* и переводится как *после.*
<u>nach</u> dem Bau der Mauer...   после возведения стены

C. *vor* употребляется с *Dativ* и переводится как *перед.*
<u>vor</u> dem Bau der Mauer...   перед возведением стены

D. *während* употребляется с *Genitiv* и переводится как *во время.*
<u>während</u> meiner Schulzeit...   во время моей учёбы в школе

E. *zwischen* употребляется с *Dativ* и переводится как *между.*
<u>zwischen</u> 1961 und 1989...   между 1961 и 1989 годами.

4.1.2. Приведённые ниже предлоги указывают на определённый момент или период времени и употребляются в ответах на вопрос, начинающийся словом *wie lange?*

A. *bis* употребляется в выражениях без артикля и переводится как *до*.
   bis 1961, bis 5 Uhr ...   до 1961 года, до 5 часов

B. *bis zu* употребляется в выражениях с артиклем и переводится как *до*.
   bis zum Bau der Mauer ...   до возведения стены
   zum является сокращение от *zu dem*

C. *von ... bis ...* употребляется в выражениях без артикля и переводится как *с ... до ...*
   von 1961 bis 1989 ...   с 1961 до 1989 года

D. *von ... bis zu ...* употребляется в выражениях с артиклем и переводится как *с ... до ...*
   vom Bau bis zum Fall der Mauer ...   от начала строительства до падения
   vom сокращение от *von dem*, а *zum* – от *zu dem*   стены

E. *seit* употребляется с *Dativ* и переводится как *с, со времени* (с определённого момента) или *уже, на протяжении, в течение* (период с определённого момента до настоящего времени).
   seit der Wiedervereinigung ...   со времени объединения ...
   Seit zwei Jahren bauen wir unser Haus.   Уже два года строим мы наш дом.

4.2. Выражения времени без предлогов (§ 17 с. 137)

A. alle 5 Wochen, alle 5 Monate   каждые пять недель ...
B. die 60er Jahre ...   шестидесятые годы ...
C. ...1961 ...   в 1961 году

В немецких выражениях никогда не употребляется предлог *in* (в таком-то году) и слово *год*.

D. zwei Jahre lang ...   на протяжении двух лет, уже два года

5. Придаточные союзы *während, bis*

Вы изучили употребление этих слов в качестве предлогов (4.1). Но они могут употребляться и как союзы в сложноподчинённых предложениях и переводятся чаще всего словом *пока* или выражением *в то время как*.

Während ich das Essen kochte, räumte sie die Wohnung auf.
Пока я готовил поесть, она убирала в комнате.

Während ich am liebsten Weißwein trinke, trinkt sie lieber Rotwein.
В то время как я пью чаще всего белое вино, она предпочитает (пить) красное.

Запомните: союз *während* может выражать как противопоставление (*она любит одно, я другое*), так и одновременность (*в одно и то же время я готовлю, она убирает*).

Bis das Essen fertig ist, räume ich die Wohnung auf.
Пока еда будет готова, я убираю в квартире.

LEKTION 8

Nach Übung **5** im Kursbuch

1. Was ist hier passiert?

a) Stuttgart: _In Stuttgart ist ein Bus gegen einen Zug gefahren._

b) Deggendorf: _____

c) Linz: _____

d) Basel: _____

e) New York: _____

f) Duisburg: _____

Nach Übung **5** im Kursbuch

2. Was passt zusammen?

| Aufzug – Beamter – Briefumschlag – Bus – Gas – Kasse – Lebensmittel – Öl – Wohnung – Päckchen – Paket – Pass – Stock – Straßenbahn – Strom – U-Bahn – Verkäufer – Zoll |

a) Grenze b) Heizung c) Hochhaus d) Post e) Supermarkt f) Verkehr

Nach Übung **5** im Kursbuch

3. Sagen Sie es anders. Verwenden Sie die Präpositionen „ohne", „mit", „gegen", „außer", „für" und „wegen".

a) Das Auto fährt, aber es hat kein Licht.
   Das Auto fährt ohne Licht.

b) Ich habe ein Päckchen bekommen. In dem Päckchen war ein Geschenk.
   _____

LEKTION 8

c) Wir hatten gestern keinen Strom. Der Grund war ein Gewitter.

d) Diese Kamera funktioniert mit Sonnenenergie. Sie braucht keine Batterie.

e) Ich konnte gestern nicht zu dir kommen. Der Grund war das schlechte Wetter.

f) Jeder in meiner Familie treibt Sport. Nur ich nicht.

g) Der Arzt hat mein Bein operiert. Ich hatte eine Verletzung am Bein.

h) Ich bin mit dem Streik nicht einverstanden.

i) Die Industriearbeiter haben demonstriert. Sie wollen mehr Lohn.

j) Man kann nicht nach Australien fahren, wenn man kein Visum hat.

4. Ihre Grammatik. Ergänzen Sie.

Nach Übung **5** im Kursbuch

	ein Streik	eine Reise	ein Haus	Probleme
für	einen Streik			
gegen				
mit				
ohne				
wegen				
außer				

5. Was kann man nicht sagen?

Nach Übung **7** im Kursbuch

a) einen Besuch   *machen / anmelden / geben / versprechen*
b) eine Frage   *haben / verstehen / anrufen / erklären*
c) einen Krieg   *anfangen / abschließen / gewinnen / verlieren*
d) eine Lösung   *besuchen / finden / zeigen / suchen*
e) eine Nachricht   *bekommen / kennen lernen / schicken / verstehen*
f) ein Problem   *erklären / sehen / vorschlagen / verstehen*
g) einen Streik   *verlieren / vorschlagen / wollen / verlängern*
h) einen Unterschied   *machen / sehen / beantragen / kennen*
i) einen Vertrag   *unterschreiben / abschließen / unterstreichen / feiern*
j) eine Wahl   *gewinnen / feiern / verlieren / finden*
k) einen Weg   *bekommen / kennen / gehen / finden*

LEKTION 8

Nach Übung 7 im Kursbuch

6. Wie heißt das Nomen?

a) meinen _die Meinung_
b) ändern _____
c) antworten _____
d) ärgern _____
e) beschließen _____
f) demonstrieren _____
g) diskutieren _____
h) erinnern _____
i) fragen _____
j) besuchen _____
k) essen _____
l) fernsehen _____
m) operieren _____
n) reparieren _____
o) regnen _____
p) schneien _____
q) spazieren gehen _____
r) sprechen _____
s) streiken _____
t) untersuchen _____
u) verletzen _____
v) vorschlagen _____
w) wählen _____
x) waschen _____
y) wohnen _____
z) wünschen _____

Nach Übung 7 im Kursbuch

7. Ergänzen Sie „für", „gegen", „mit", „über", „von", „vor" oder „zwischen".

a) Im Fernsehen hat es eine Diskussion __über__ Umweltprobleme gegeben.
b) Deutschland hat einen Vertrag __mit__ Frankreich abgeschlossen.
c) Viele Menschen haben Angst __vor__ einem Krieg.
d) Der Präsident __von__ Kamerun hat die Schweiz besucht.
e) 30 000 Bürger waren auf der Demonstration __gegen__ die neuen Steuergesetze.
f) Der Wirtschaftsminister hat den Vertrag __über__ wirtschaftliche Kontakte __mit__ Algerien unterschrieben.
g) Die Ausländer sind froh __über__ das neue Gesetz.
h) Die Gewerkschaft ist __mit__ dem Vorschlag der Arbeitgeber zufrieden.
i) Der Unterschied __zwischen__ der CDU und der CSU ist nicht groß.
j) Dieses Problem ist typisch __für__ die deutsche Politik.

Nach Übung 11 im Kursbuch

8. Welche Wörter werden definiert?

> Schulden Partei Steuern Wähler Koalition
> Monarchie Minister Mehrheit Wahlrecht Abgeordneter

a) die meisten Stimmen = _____
b) das Recht ein Parlament zu wählen = _____
c) eine politische Gruppe = _____
d) eine Regierung aus mehreren politischen Gruppen = _____
e) ein Mitglied eines Parlaments = _____
f) das Geld, das die Bürger dem Staat geben müssen = _____
g) ein Mitglied einer Regierung = _____
h) das Geld, das man von jemand geliehen hat = _____
i) alle Bürger, die ein Parlament wählen können = _____
j) ein politisches System, in dem ein König der Staatschef ist = _____

9. Was passt?

| Minister | Ministerpräsident | Landtag | Bürger | Präsident | Finanzminister |

a) Bundesrepublik : Bundestag / Bundesland : _____
b) Partei : Mitglied / Volk : _____
c) Fabrik : Buchhalter / Staat : _____
d) Monarchie : König / Republik : _____
e) Bundesregierung : Bundeskanzler / Landesregierung : _____
f) Parlament : Abgeordneter / Regierung : _____

10. Ergänzen Sie.

| seit | zwischen | nach | in | von … bis | wegen | während | vor | für | gegen |

a) _____ 1969 gab es keine politischen Kontakte zwischen der Bundesrepublik und der DDR.
b) Die Bundesrepublik und die DDR gab es _____ 1949.
c) _____ 1949 _____ 1963 war Konrad Adenauer Bundeskanzler.
d) Erst _____ dem „Kalten Krieg" gab es politische Gespräche zwischen den beiden deutschen Staaten.
e) _____ 1949 und 1969 war die Zeit des „Kalten Krieges".
f) _____ Jahr 1956 bekamen die beiden deutschen Staaten wieder eigene Armeen.
g) _____ des Ost-West-Konflikts gab es 1949 zwei deutsche Staaten.
h) Die Sowjetunion war 1952 _____ einen neutralen deutschen Staat.
i) Die West-Alliierten und die Bundesregierung waren 1952 _____ einen neutralen deutschen Staat.
j) _____ des „Kalten Krieges" gab es keine politischen Gespräche zwischen der DDR und der Bundesrepublik.

11. „Wann?" oder „wie lange?": Welche Frage passt?

	wann?	wie lange?
a)	X	___
b)	___	___
c)	___	___
d)	___	___
e)	___	___
f)	___	___
g)	___	___
h)	___	___
i)	___	___
j)	___	___

a) Anna hat vor zwei Tagen ein Baby bekommen.
b) Es hat vier Tage geschneit.
c) Während des Krieges war er in Südamerika.
d) Es regnet immer gegen Mittag.
e) Nach zweiundzwanzig Jahren ist er nach Hause gekommen.
f) Bis zu seinem sechzigsten Geburtstag war er gesund.
g) Ich habe eine halbe Stunde im Regen gestanden.
h) Er ist zweiundzwanzig Jahre in Afrika gewesen.
i) In drei Tagen macht er sein Abitur.
j) Seit drei Tagen hat er nichts gegessen.

LEKTION 8

Nach Übung 12 im Kursbuch

12. Setzen Sie die Sätze ins Passiv.

a) In der DDR bestimmte die Sowjetunion die Politik.
   In der DDR wurde die Politik von der Sowjetunion bestimmt.
b) Konrad Adenauer unterschrieb das Grundgesetz der BRD.
c) 1952 schlug die Sowjetunion einen Friedensvertrag vor.
d) Die West-Alliierten nahmen diesen Plan nicht an.
e) 1956 gründeten die DDR und die BRD eigene Armeen.
f) Seit 1954 feierte man den „Tag der deutschen Einheit".
g) In Berlin baute man 1961 eine Mauer.
h) Man schloss die Grenze zur Bundesrepublik.
i) Politische Gespräche führte man seit 1969.
j) Im Herbst 1989 öffnete man die Grenze zwischen Ungarn und Österreich.

13. Schreiben Sie die Zahlen.

a) neunzehnhundertachtundsechzig _1968_
b) achtzehnhundertachtundvierzig _____
c) neunzehnhundertsiebzehn _____
d) siebzehnhundertneunundachtzig _____
e) achtzehnhundertdreißig _____
f) sechzehnhundertachtzehn _____
g) neunzehnhundertneununddreißig _____
h) tausendsechsundsechzig _____
i) vierzehnhundertzweiundneunzig _____

14. Welche Sätze sagen dasselbe, welche nicht dasselbe?

		dasselbe	nicht dasselbe
a)	Meine Mutter kritisiert immer meine Freunde. / Meine Mutter ist nie mit meinen Freunden zufrieden.		
b)	Wenn man das Abitur hat, hat man bessere Berufschancen. / Mit Abitur hat man bessere Berufschancen.		
c)	Man sollte mehr Krankenhäuser bauen. Das finde ich auch. / Man sollte mehr Krankenhäuser bauen. Ich bin auch dagegen.		
d)	Wenn es keine Kriege geben würde, wäre die Welt schöner. / Ohne Kriege wäre die Welt schöner.		
e)	Er erklärt, dass das Problem sehr schwierig ist. / Er erklärt das schwierige Problem.		
f)	Niemand hat einen guten Vorschlag. / Jemand hat einen schlechten Vorschlag.		
g)	Während des „Kalten Krieges" gab es nur Wirtschaftskontakte. / Im „Kalten Krieg" gab es nur Wirtschaftskontakte.		

LEKTION 8

15. Was können Sie auch sagen?

a) *Er ist vor zwei Tagen angekommen.*
- [A] Er ist seit zwei Tagen hier.
- [B] Er ist für zwei Tage hier.
- [C] Er kommt in zwei Tagen an.

b) *Gegen Abend kommt ein Gewitter.*
- [A] Es ist Abend. Deshalb kommt ein Gewitter.
- [B] Am Abend kommt ein Gewitter.
- [C] Ich bin gegen ein Gewitter am Abend.

c) *Mein Vater ist über 60.*
- [A] Mein Vater wiegt mehr als 60 kg.
- [B] Mein Vater fährt schneller als 60 km/h.
- [C] Mein Vater ist vor mehr als 60 Jahren geboren.

d) *Während meiner Reise war ich krank.*
- [A] Auf meiner Reise war ich krank.
- [B] Seit meiner Reise war ich krank.
- [C] Wegen meiner Reise war ich krank.

e) *Seit 1952 wurden die DDR und die BRD immer verschiedener.*
- [A] Vor 1952 waren die DDR und die BRD ein Staat.
- [B] Nach 1952 wurden die Unterschiede zwischen der DDR und der BRD immer größer.
- [C] Bis 1952 waren die BRD und die DDR zwei verschiedene Staaten.

f) *In zwei Monaten heiratet sie.*
- [A] Ihre Heirat dauert zwei Monate.
- [B] Sie heiratet für zwei Monate.
- [C] Es dauert noch zwei Monate. Dann heiratet sie.

g) *Mit 30 hatte er schon 5 Häuser.*
- [A] Er hatte schon 35 Häuser.
- [B] Als er 30 Jahre alt war, hatte er schon 5 Häuser.
- [C] Vor 30 Jahren hatte er 5 Häuser.

h) *Erst nach 1978 gab es Kontakte zwischen den beiden Staaten.*
- [A] Vor 1978 gab es keine Kontakte zwischen den beiden Staaten.
- [B] Seit 1978 gab es keine Kontakte zwischen den beiden Staaten mehr.
- [C] Schon vor 1978 gab es Kontakte zwischen den beiden Staaten.

i) *In Deutschland dürfen alle Personen über 18 Jahre wählen.*
- [A] Vor 18 Jahren durften in Deutschland alle Personen wählen.
- [B] Nur Personen, die wenigstens 18 Jahre alt sind, dürfen in Deutschland wählen.
- [C] In Deutschland dürfen alle Personen nach 18 Jahren wählen.

16. Sagen Sie es anders. Benutzen Sie „dass", „ob" oder „zu".

a) Die Studenten haben beschlossen: Wir demonstrieren.
Die Studenten haben beschlossen zu demonstrieren.

b) Die Abgeordneten haben kritisiert: Die Steuern sind zu hoch.
Die Abgeordneten haben kritisiert, dass die Steuern zu hoch sind.

c) Sandro möchte wissen: Ist Deutschland eine Republik?
Sandro möchte wissen, ob Deutschland eine Republik ist.

d) Der Minister hat erklärt: Die Krankenhäuser sind zu teuer.
Der Minister hat erklärt, dass die Krankenhäuser zu teuer sind.

e) Die Partei hat vorgeschlagen: Wir bilden eine Koalition.
Die Partei hat vorgeschlagen eine Koalition zu bilden.

f) Die Menschen hoffen: Die Situation wird besser.
Die Menschen hoffen, dass die Situation besser wird.

LEKTION 8

g) Herr Meyer überlegt: Soll ich nach Österreich fahren?
   Herr Meyer überlegt, ob er nach Österreich fahren soll?
h) Die Regierung hat entschieden: Wir öffnen die Grenzen.
   Die Regierung hat entschieden, dass wir die Grenzen zu öffnen
i) Die Arbeiter haben beschlossen: Wir streiken.
   Die Arbeiter haben beschlossen zu streiken
j) Der Minister glaubt: Der Vertrag wird unterschrieben.
   Der Minister glaubt, dass der Vertrag unterschrieben wird

17. Was passt zusammen?

a)	Ich erinnere mich gut	1.	an eine schöne Zukunft.
b)	1989 kam es in der DDR	2.	für den freundlichen Empfang.
c)	In unserer Familie sorgt der Vater	3.	in den Westen frei.
d)	Die meisten Leute waren dankbar	4.	mit dem Staat und seinen Behörden.
e)	Manche Leute hatten Probleme	5.	an meine Kindheit.
f)	Viele Leute glauben nicht	6.	über die neue Freiheit.
g)	Bei der Demonstration ging es	7.	zwischen der BRD und der DDR waren groß.
h)	Die meisten DDR-Bürger waren glücklich	8.	für die Kinder.
i)	1989 wurde der Weg	9.	um freie Wahlen.
j)	Die Unterschiede	10.	zu Massendemonstrationen.

a)	b)	c)	d)	e)	f)	g)	h)	i)	j)

18. Setzen Sie ein: „ein", „einen", „einem", „einer".

a) Maria ist vor _____ Woche angekommen.
b) Werner möchte in _____ neuen Beruf arbeiten.
c) Carlo ist wegen _____ Frau nach Deutschland gekommen.
d) In der Diskussion geht es um _____ politisches Problem.
e) Was ist der Unterschied zwischen _____ Diktatur und _____ demokratischen Staat?
f) Seit _____ Jahr sind alle Grenzen offen.
g) Wir haben die gute Nachricht durch _____ Freund bekommen.
h) Ohne _____ richtiges Parlament gibt es keine Demokratie.
i) Gerd und Lena haben sich während _____ Demonstration kennen gelernt.
j) In _____ Monat fahre ich nach Berlin.

LEKTION 8

19. Setzen Sie ein: „der", „die", „das", „den", „dem".

Nach Übung **16** im Kursbuch

a) Viele Leute sind mit _der_ Regierung nicht einverstanden.
b) Wir haben ein Gespräch über _die_ Probleme der Arbeiter geführt.
c) Viele Leute haben Angst vor _dem_ Krieg.
d) Außer _dem_ Finanzminister sind alle Regierungsmitglieder für _das_ neue Gesetz.
e) Während _der_ Zeit des „Kalten Krieges" gab es nur Wirtschaftskontakte zwischen _den_ beiden deutschen Staaten.
f) Hier kann jeder seine Meinung über _den_ Staat sagen.
g) Wegen _der_ Verletzung kann der Bundeskanzler nicht ins Ausland fahren.
h) Martina freut sich auf _die_ neue Arbeit.
i) Die Leute waren dankbar für _die_ neue Freiheit.
j) Die Leute denken oft an _die_ Zeit vor dem 9. November 1989.

20. Bilden Sie ganze Sätze.

Nach Übung **16** im Kursbuch

In Schlagzeilen fehlen meistens Artikel und Verben. Machen Sie aus den Schlagzeilen ganze Sätze. Benutzen Sie folgende Verben:

> werden – unterschreiben – gewählt werden – es gibt – feiern – führen – bekommen – finden – sein

(Es gibt mehrere mögliche Formulierungen. Vergleichen Sie Ihre Lösung mit dem Lösungsschlüssel.)

a) Wegen Armverletzung: Boris Becker zwei Wochen im Krankenhaus.
   Wegen seiner Armverletzung liegt Boris Becker zwei Wochen im Krankenhaus.
b) Ausländer: bald Wahlrecht?
   Bekommen die Ausländer bald das Wahlrecht?
c) Regierungen Chinas und Frankreichs: Politische Gespräche.
   Regierungen Chinas und Frankreichs führen Politische Gespräche
d) Bundeskanzler mit Vorschlägen des Finanzministers nicht einverstanden.
   Der Bundeskanzler ist mit Vorschlägen des Finanzministers nicht einverstanden
e) Neues Parlament in Sachsen.
   In Sachsen wurde ein neues Parlament gewählt
f) Nach Öffnung der Grenze: Tausende auf Straßen von Berlin.
   Nach Öffnung der Grenze feierten Tausende auf Straßen von Berlin
g) Regierung: Lösung der Steuerprobleme.
   Die Regierung hat eine Lösung der Steuerprobleme gefunden
h) Vertrag über Kultur zwischen Russland und Deutschland.
   Der Vertrag über Kultur hat zwischen Russ und Deuts. unterschrieben
i) Zu viel Müll in Deutschlands Städten.
   In Deutschlands Städten gibt es zu viel Müll
j) Wetter ab morgen wieder besser.
   Das Wetter wird ab morgen wieder besser.

LEKTION 9

Словарь

Verben

ausziehen	снимать (одежду), съезжать (с квартиры)	treffen	встречать
backen	печь	umziehen	переезжать (с квартиры на квартиру)
(sich) beeilen	торопиться	(sich) verabreden	договариваться о встрече
bieten	просить	verwenden	использовать
danken	благодарить	vorbeikommen	заходить в гости
einfallen	придумывать	wandern	путешествовать пешком
gehören	принадлежать	warten	ожидать
holen	доставать	wünschen	желать
regieren	управлять	ziehen zu	переезжать к (кому-то)
schicken	посылать		

Nomen

(das) Afrika	Африка	die Lage, -n	положение
der Anfang, Anfänge	начало	die Liebe	любовь
die/der Angehörige, -n	родственник	das Messer, -	нож
der Aufenthalt, -e	пребывание	der Moment, -e	момент
die Bäckerei, -en	пекарня	das Möbel, -	мебель
die Bedingung, -en	условие	das Museum, Museen	музей
das Bett, -en	кровать, постель	die Nachbarin, -nen	соседка
die Bevölkerung	население	das Paar, -e	пара
die Bibliothek, -en	библиотека	das Regal, -e	полка
die Bürste, -n	щётка	die Rente, -n	пенсия
die Erinnerung, -en	воспоминание	das Schwimmbad, -bäder	бассейн
das Fahrrad, -räder	велосипед	die Steckdose, -n	розетка
die Freiheit, -en	свобода	der Tanz, Tänze	танец
der Handwerker, -	ремесленник	der Tänzer, -	танцор
das Heim, -e	дом, общежитие	die Tätigkeit, -en	действие, занятие
die Hilfe, -n	помощь	der Tod, -e	смерть
der Hof, Höfe	двор	die Toilette, -n	туалет
das Holz, Hölzer	дрова	die Veranstaltung, -en	мероприятие
die Idee, -n	идея	der Verein, -e	общество, союз
die/der Jugendliche, -n, (ein Jugendlicher)	молодой человек, девушка	das WC, -s	туалет
der Junge, -n	парень, мальчик	das Werkzeug, -e	инструмент(ы)
die Kirche, -n	церковь	die Wohngemeinschaft, -en	несколько знакомых между собой людей, живущих в одной квартире
der Kuchen, -	пирог		
der Kugelschreiber, -	шариковая ручка	der Zettel, -	записка, клочок бумаги

LEKTION 9

Adjektive

besonder-	особый	nächst-	следующий, ближний
ernst	серьёзный		
evangelisch	евангельского вероисповедания	offenbar	очевидный
		privat	частный
hell	светлый	schnell	быстрый
lieb	милый	schrecklich	ужасный
modern	современный	ständig	постоянный

Adverbien

bald	скоро	natürlich	естественно
bitte	пожалуйста	nein	нет
da	там	selber	сам
doch	же	so	так
eigentlich	собственно	sogar	даже
(ein)mal	когда-нибудь, однажды	vorher	сначала
genug	достаточно	wirklich	действительно
heute	сегодня	wohl	здоровый, хорошо
inzwischen	между тем, тем временем		

Funktionswörter

ab	с, от	bevor	перед тем как
bei	около, во время	etwas	немного, что-то
beide	оба	neben	возле

Ausdrücke

allein bleiben	оставаться самому	Interesse haben	интересоваться
am Schluss	в конце	Liebe auf den ersten Blick	любовь с первого взгляда
Das soll mir erst einer nachmachen!	Пусть сначала кто-нибудь ещё такое же сделает!	nicht ganz	не совсем
		noch mal	ещё раз
eine Anzeige aufgeben	давать объявление	von Beruf sein	быть (кем-то) по профессии
gar nicht	совершенно ничего		
Gott sei Dank	слава богу	zu Fuß	пешком
in der Nähe	поблизости	zum Glück	к счастью

einhundertfünfundsechzig **165**

Lektion 9

Грамматика

1. Возвратные глаголы с возвратными местоимениями в *Dativ* (§ 10, с. 134)

В главе 3, 1. вы познакомились с возвратными глаголами. Эти глаголы сопровождаются возвратными местоимениями.

Запомните: Многие возвратные глаголы могут использоваться как в возвратной, так и в невозвратной формах.

Er hat <u>sich</u> schon <u>gewaschen</u>. помыл-ся, «помыл себя» – возвратная форма

○ Hat er den Pullover schon <u>gewaschen</u>?
□ Ja, er hat ihn schon <u>gewaschen</u>. постирал свитер – невозвратная форма

И возвратный глагол, и личное местоимение стоят в *Akkusativ*, потому что *waschen* является переходным (транзитивным) глаголом. Некоторые возвратные глаголы употребляются, однако, с дополнением в *Dativ* (1) или в *Dativ* и *Akkusativ* (2). Если в предложении два объекта, то одушевлённый предмет, выраженный возвратным местоимением, стоит в *Dativ*, а неодушевлённый – в *Akkusativ*.

(1) Du <u>widersprichst</u> <u>dir</u> schon wieder.   Ты снова себе противоречишь.
(2) Hast du <u>dir</u> schon <u>die Hände gewaschen</u>?   Ты уже помыл руки?

	возвратные глаголы в Akkusativ				Dativ		
ich	wasche	**mich**		ich	wasche	**mir**	die Hände
du	wäschst	**dich**		du	wäschst	**dir**	die Hände
er / sie / es	wäscht	sich		er / sie / es	wäscht	sich	die Hände
wir	waschen	uns		wir	waschen	uns	die Hände
ihr	wascht	euch		ihr	wascht	euch	die Hände
sie / Sie	waschen	sich		sie / Sie	waschen	sich	die Hände

Как видите, лишь первое и второе лицо единственного числа отличаются друг от друга.

Запомните: Все возвратные глаголы используют для образования *Perfekt* глагол *haben*.

1.1. Упражнение

Вставьте возвратные местоимения, напишите в скобках „*A*", там где оно стоит в *Akkusativ*, и „*D*" там, где в *Dativ*.

a) Viele alte Leute können _____ (___) nicht mehr allein helfen.
b) Ich habe _____ (___) gestern Tomatensuppe gekocht.
c) Wir haben _____ (___) einen alten Film angesehen.
d) Vor dem Essen sollen die Kinder _____ (___) die Hände waschen.
e) Vor dem Essen sollen die Kinder _____ (___) waschen.
f) Ich kann _____ (___) nicht mehr allein anziehen.
g) Worüber regt ihr _____ (___) denn so auf?
h) Zu Weihnachten wünsche ich _____ (___) eine Lederjacke.
i) Gestern habe ich _____ (___) schon um halb zehn ins Bett gelegt.

LEKTION 9

2. Взаимные глаголы (§ 11, с. 134)

В немецком языке есть глаголы, отсутствующие в русском языке, которые обозначают одно и то же действие или состояние сразу двух людей или групп.

Xaver liebt Ilona.
Ilona liebt Xaver. ⟶ Xaver und Ilona lieben sich. (Ксавер и Илона любят друг друга).

Sich lieben – типичный пример взаимного глагола. Взаимное местоимение *sich* склоняется как и возвратное, но употребляется, естественно, только во множественном числе:

ich и du / er / sie: = Wir lieben uns.
du и er / sie: = Ihr liebt euch.
er / sie / es и er / sie / es: = Sie lieben sich.
sie (множ. число) и sie (множ. число):   = Sie lieben sich.

2.1. Упражнение
Вставьте глаголы в правильной форме.

| sich besuchen | sich schreiben | sich treffen |
| sich verlieben | sich verloben | sich sehen |

a) ○ Mama, wie hast du Papa kennen gelernt?
b) □ Er war mein Brieffreund. Wir haben _____ drei Jahre lang _____(a)
c) ○ Und wann habt ihr _____ zum ersten Mal _____(b)?
d) □ 1971. Im Juni. Da haben wir _____ zum ersten Mal _____(c).
   Ich fand deinen Vater sehr attraktiv.
e) ○ Habt ihr _____ sofort _____(d)?
f) □ Ja, es war Liebe auf den ersten Blick.
g) ○ Und dann?
h) □ Dein Vater lebte in einer anderen Stadt. Aber wir haben _____ oft _____(e).
   Und im Dezember haben wir _____ dann _____(f).

3. Структура предложения с двумя объектами (дополнениями) (§ 33, с. 146)

В немецком языке, как известно, глагол играет центральную роль и занимает фиксированную позицию. Место других членов предложения достаточно подвижно. В *„Themen aktuell 1"*, в главе 9, 3., вы уже встречались с двумя дополнениями, из которых одно в *Dativ*, а другое в *Akkusativ*.

Порядок слов в таком случае может быть сведён к нескольким правилам. (Примеры в таблице ниже).

LEKTION 9

Правило 1. Если оба дополнения являются существительными, то дополнение в *Dativ* стоит всегда перед дополнением в *Akkusativ*. В этом порядке они могут
  a) оба стоять на месте первого дополнения (1),
  b) оба стоять на месте второго дополнения (2),
  c) раздельно стоять на месте первого и второго дополнения (3).

Правило 2. Иная структура предложения, если одно дополнение выражено местоимением, а второе – существительным. Местоимение всегда стоит первым, существительное – вторым. В этом порядке они могут
  a) оба стоять на месте первого дополнения (4) (5),
  b) местоимение стоять на месте первого, а существительное - второго дополнения (6) (7).

Правило 3. Если оба дополнения – личные местоимения, то они занимают позицию первого дополнения, но, в отличие от существительных, сначала идёт местоимение в *Akkusativ*, а лишь затем – в *Dativ* (8).

Правило 4. Если дополнение в *Akkusativ* выражено определённым местоимением *(den, die, das),* то они занимают место первого дополнения, при этом сначала идёт *Dativ*, а за ним – *Akkusativ* (9) (10).

	Vorfeld	Verb₁	Subjekt	Objekt		Bestimmung	Objekt	Verb₂
1		Kannst	du	deinem Vater	die Farbe	jetzt		bringen?
2		Kannst	du			jetzt	deinem Vater die Farbe	bringen?
3		Kannst	du	deinem Vater		jetzt	die Farbe	bringen?
4		Kannst	du	ihm	die Farbe	jetzt		bringen?
5		Kannst	du	sie	deinem Vater	jetzt		bringen?
6		Kannst	du	ihm		jetzt	die Farbe	bringen?
7		Kannst	du	sie		jetzt	deinem Vater	bringen?
8		Kannst	du	sie	ihm	jetzt		bringen?
9		Kannst	du	deinem Vater	die	jetzt		bringen?
10		Kannst	du	ihm	die	jetzt	bringen?	

LEKTION 9

3.1. Упражнение

Переведите предложения, а затем замените сначала дополнение в *Akkusativ*, потом в *Dativ* и наконец оба дополнения местоимениями. Под буквой „А" подан пример выполнения этого упражнения.

A. Ты уже купил подарок твоей сестре?
a) *Hast du deiner Schwester das Geschenk schon gekauft?*
b) *Hast du **es** deiner Schwester schon gekauft?*
c) *Hast du **ihr** das Geschenk schon gekauft?*
d) *Hast du **es ihr** schon gekauft?*

B. Ты можешь объяснить домашние задания твоему другу?
a) _____
b) _____
c) _____
d) _____

C. Вчера я послал деньги моему брату.
a) _____
b) _____
c) _____
d) _____

4. Относительное придаточное предложение с *was*

В главе 6, 1. вы уже познакомились с относительными предложениями. Эти придаточные предложения дают дополнительную информацию о существительном в главном предложении и присоединяются к нему относительным местоимением, стоящим сразу же после определяемого слова.

Mein Vater, der bei uns wohnt, ist schon 79 Jahre alt.
Моему отцу, который живёт у нас, уже 79 лет.

Существуют также относительные предложения, присоединяемые к главному относительным местоимением *was*.

A. Если придаточное предложение относится не к существительному, а к таким словам как *alles, nichts, etwas, vieles, weniges, folgendes*, то оно присоединяется относительным местоимением *was*, которое переводится на русский словом *что*.

Ich danke meinem Vater für alles, was er getan hat.
Я благодарен моему отцу за всё, что он сделал.

einhundertneunundsechzig **169**

LEKTION 9

B. Если оно относится к неопределённому местоимению *das*.

Ich habe meinem Vater (das) erzählt, was passiert ist.
Я рассказал моему отцу (о том), что произошло.

Das обычно опускается, но всегда подразумевается.

C. *Was* часто употребляется с субстантивированным прилагательным в превосходной степени.

Streit ist das Schlimmste, was es in einer Familie geben kann.
Ссора – это худшее, что может быть в семье.

D. Если *was* относится ко всему предложению.

Er hat sein Abitur gemacht, was gut für seine Zukunft ist.
Он получил аттестат зрелости, что очень хорошо для его будущего.

4.1. Упражнение
der, die, das или *was*? Вставьте нужное относительное местоимение.

a) Im Brief stand etwas, _____ ich nicht verstanden habe.
b) Diese Neuigkeit ist das Beste, _____ ich heute gehört habe.
c) Das Buch, _____ ich letzte Woche gelesen habe, war phantastisch.
d) Seine Frau regt sich über alles auf, _____ er macht.
e) Der Arzt, _____ mich gestern untersucht hat, ist Herzspezialist.
f) Er macht immer, _____ ihm gefällt.
g) Wir haben gestern die Freunde getroffen, _____ mit uns im Urlaub waren
h) Er hat meinen Brief nicht beantwortet, _____ mich sehr geärgert hat.

5. Придаточный союз *bevor* (§ 24, с. 141)

Bevor – союз временной. Он переводится на русский словосочетанием *перед тем как*.

Ich lebte ruhig, bevor mein Mann Rentner wurde.
Я жила спокойно перед тем, как мой муж ушёл на пенсию.

6. Письменная речь. Поздравления.

Ко многим праздникам и торжествам мы пишем поздравительные открытки. Ниже приведены некоторые устоявшиеся выражения, которые употребляются в немецких поздравлениях.

Geburtstag (день рождения): Herzlichen Glückwunsch zum Geburtstag!
Ich gratuliere dir / Ihnen herzlich zum Geburtstag!
Ich wünsche dir / Ihnen alles Gute zum Geburtstag!

Jubiläum (юбилей): Ich wünsche dir / euch / Ihnen alles Gute zur Goldenen Hochzeit! , … zum 25. Dienstjubiläum!

LEKTION 9

Weihnachten (рождество):	Frohe Weihnachten!
	Ich wünsche dir / euch / Ihnen ein frohes Weihnachtsfest!
Ostern (пасха):	Frohe Ostern!
Neujahr, Silvester (Новый год):	Ein gesundes neues Jahr!
	Ich wünsche dir / euch / Ihnen einen guten Rutsch ins neue Jahr!
По другим поводам:	Herzlichen Glückwunsch zum / zur …!
(напр. сдача экзамена, свадьба,	Ich gratuliere dir / euch / Ihnen zum / zur …!
рождение ребёнка)	Ich wünsche dir/ euch / Ihnen alles Gute zum / zur …!

6.1. Упражнение

Прочтите внимательно текст. Напишите по нему письмо.

Sie haben von Ihrem deutschen Brieffreund / Ihrer deutschen Brieffreundin ein Weihnachtspaket bekommen. Schreiben Sie jetzt einen Brief und beachten Sie dabei folgende Punkte:

– Bedanken Sie sich für das Paket.

– Erzählen Sie über Ihre Pläne für Weihnachten und fragen Sie Ihren Brieffreund / Ihre Brieffreundin nach seinen / ihren Plänen für die Feiertage.

– Beschreiben Sie, wie man in Ihrem Land Weihnachten feiert.

– Beenden Sie Ihren Brief mit Glückwünschen zu Weihnachten und zum Neuen Jahr.

LEKTION 9

1. Ergänzen Sie „auf", „für", „mit", „über", „von" oder „zu".

a) Die Großeltern können ____auf____ die Kinder aufpassen, wenn die Eltern abends weggehen.
b) Man muss den Eltern ____für____ alles danken, was sie getan haben.
c) Viele Leute erzählen immer nur ____von____ früher.
d) Viele Eltern sind ____über____ ihre Kinder enttäuscht, wenn sie im Alter allein sind.
e) Die Großeltern warten oft ____auf____ Besuch von ihren Kindern.
f) Ich unterhalte mich gern ____mit____ meinem Großvater ____über____ Politik.
g) Ich meine, die alten Leute gehören ____zu____ uns.
h) Die Kinder spielen gern ____mit____ den Großeltern.
i) Großmutter regt sich immer ____über____ Ingrids Kleider auf.
j) Ich finde es interessant, wenn meine Großeltern ____von____ ihrer Jugendzeit erzählen.

2. Stellen Sie Fragen.

a) Ich denke gerade *an meinen Urlaub*. — Woran denkst du gerade?
b) Im Urlaub fahre ich *nach Schweden*. — Wohin fährst du im Urlaub?
c) Ich freue mich schon *auf den Besuch der Großeltern*. — Worauf freust du dich?
d) Der Mann hat *nach der Adresse des Altersheims* gefragt. — Wonach hat der Mann gefragt?
e) Ich möchte mich *über das laute Hotelzimmer* beschweren. — Worüber möchtest du dich beschweren?
f) Ich denke oft *über mein Leben* nach. — Worüber denkst du oft nach?
g) Ich komme *aus der Schweiz*. — Woher kommst du?
h) Ich habe mein ganzes Geld *für Bücher* ausgegeben. — Wofür hast du dein ganzes Geld ausgegeben?
i) Karin hat uns lange *von ihrer Reise* erzählt. — Wovon hat Karin euch erzählt?
j) Viele Leute sind *über die Politik der Regierung* enttäuscht. — Worüber sind viele Leute enttäuscht?

3. Ergänzen Sie „mir" oder „mich".

a) Ich wasche __mich__ nur mit klarem Wasser.
b) Ich sehe __mir__ manchmal gern alte Fotos an.
c) Am Wochenende ruhe ich __mich__ meistens aus.
d) Ich rege __mich__ nicht über die jungen Leute auf.
e) Ich ziehe __mich__ gern modern an.
f) Ich möchte __mich__ über das Essen beschweren.
g) Ich bestelle __mir__ gern einen guten Wein.
h) Ich kann __mich__ einfach nicht entscheiden.
i) Entschuldigen Sie __mich__ bitte!
j) Ich kaufe __mir__ gern ein gutes Buch.
k) Um die anderen Leute kümmere ich __mich__ nicht.
l) Ich langweile __mich__ oft.
m) Einmal im Jahr leiste ich __mir__ einen Urlaub.
n) Ich wünsche __mir__, nicht sehr alt zu werden.
o) Ich setze __mich__ am liebsten auf mein altes Sofa.
p) Auf __mich__ kann man sich immer verlassen.
q) Das habe ich __mir__ gut überlegt.
r) Ich glaube, ich habe __mich__ nicht sehr verändert.
s) Hier fühle ich __mich__ wohl.
t) Ich koche __mir__ mein Essen fast immer selbst.

LEKTION 9

4. Ergänzen Sie „sie" oder „ihnen".

a) Was kann man für alte Menschen tun, die allein sind?
Man kann
- sie besuchen,
- ihnen Briefe schreiben,
- sie auf einen Spaziergang mitnehmen,
- ihnen Pakete schicken,
- ihnen zuhören, wenn sie ihre Sorgen erzählen,
- sie manchmal anrufen.

b) Was muss man für alte Menschen tun, die sich nicht allein helfen können?
Man muss
- sie morgens anziehen,
- sie abends ausziehen,
- ihnen die Wäsche waschen,
- ihnen das Essen bringen,
- sie waschen,
- ihnen im Haus helfen,
- sie ins Bett bringen.

5. Alt sein heißt oft allein sein. Ergänzen Sie „sie", „ihr" oder „sich".

Frau Möhring fühlt **sich** (a) oft allein.
Sie hat niemanden, der **ihr** (b) zuhört, wenn sie Sorgen hat oder wenn sie **sich** (c) unterhalten will.
Sie muss **sich** (d) selbst helfen, weil niemand **ihr** (e) hilft.
Niemand besucht **sie** (f), niemand schreibt **ihr** (g), niemand ruft **sie** (h) an.
Aber nächsten Monat bekommt sie einen Platz im Altersheim.
Sie freut **sich** (i) schon, dass sie dann endlich wieder unter Menschen ist.

6. Sagen Sie es anders.

a) Ist das Ihr Haus? — Gehört das Haus Ihnen?
b) Ist das der Schlüssel von Karin? — Gehört der Schlüssel Karin?
c) Ist das euer Paket? — Gehört das Paket euch?
d) Du kennst doch Rolf und Ingrid. Ist das ihr Wagen? — Gehört der Wagen ihnen?
e) Ist das sein Ausweis? — Gehört der Ausweis ihm?
f) Herr Baumann, ist das Ihre Tasche? — Gehört die Tasche Ihnen?
g) Das ist mein Geld! — Gehört das Geld mir?
h) Sind das eure Bücher? — Gehören die Bücher euch?
i) Sind das Ihre Pakete, Frau Simmet? — Gehören die Pakete Ihnen?
j) Gestern habe ich Linda und Bettina getroffen. Das sind ihre Fotos. — Die Fotos gehören ihnen.

7. Kursbuch S. 110: Lesen Sie noch einmal den Brief von Frau Simmet. Schreiben Sie:

Familie Simmet wohnt seit vier Jahren mit der Mutter von Frau Simmet zusammen, weil ihr Vater gestorben ist. Ihre Mutter kann ...

LEKTION 9

Nach Übung 6 im Kursbuch

8. Was passt zusammen?

| -abend | -versicherung | -heim | -amt | -jahr | -raum |
| -tag | -paar | -schein | -haus | -platz | |

a) Senioren- / Alten- / Pflege- / Studenten- _____
b) Renten- / Kranken- / Pflege- / Lebens- _____
c) All- / Arbeits- / Geburts- / Feier- _____
d) Feier- / Lebens- / Sonn- _____
e) Arbeits- / Park- / Sport- _____
f) Kranken- / Eltern- / Gast- / Kauf- / Rat- _____
g) Kranken- / Führer- _____
h) Arbeits- / Sozial- _____
i) Hobby- / Koffer- / Maschinen- _____
j) Ehe- / Liebes- _____
k) Früh- / Ehe- / Lebens- _____

Nach Übung 7 im Kursbuch

9. Lebensläufe.

a) Ergänzen Sie.

Mein Name ist Franz Kühler. Ich bin am 14. 3. 1927 in Essen geboren. Mein Vater war Beamter, meine Mutter Hausfrau. Die Volksschule habe ich in Bochum besucht, von 1933 bis 1941. Danach habe ich eine Lehre als Industriekaufmann gemacht. 1944 bin ich noch Soldat geworden. Nach dem Krieg habe ich meine spätere Frau kennen gelernt: Helene Wiegand. Am 16. 8. 1949 haben wir geheiratet. Unsere beiden Söhne Hans und Norbert sind 1951 und 1954 geboren. Bei der Firma Bolte & Co. in Gelsenkirchen bin ich 1956 Buchhalter geworden. In diesem Beruf habe ich später noch bei den Firmen Hansmann in Dortmund, Wölke in Kamen und zuletzt bei der Firma Jellinek in Essen gearbeitet. Meine Frau ist 1987 gestorben. 1992 bin ich in Rente gegangen. Ich wohne jetzt in einer Altenwohnung im „Seniorenpark Essen-Süd". Meine Söhne leben im Ausland. Ich bekomme 900 Euro Rente im Monat.

Name: _____
Geburtsdatum: _____
Geburtsort: _____
Familienstand: _____
Kinder: _____
Schulausbildung: _____
Berufsausbildung: _____
früherer Beruf: *Buchhalter*
letzte Stelle: _____
Alter bei Anfang der Rente: _____
Rente pro Monat: _____
jetziger Aufenthalt: _____

LEKTION 9

b) Schreiben Sie einen Text: Es gibt mehrere mögliche Formulierungen. Vergleichen Sie Ihre Lösung mit dem Schlüssel zu dieser Übung.

Name: *Gertrud Hufendiek*
Geburtsdatum: *21. 1. 1935*
Geburtsort: *Münster*
Familienstand: *ledig*
Kinder: *keine*
Schulausbildung: *Volksschule 1941–1945; Realschule 1945–1951*

Berufsausbildung: *Lehre als Kauffrau*
früherer Beruf: *Exportkauffrau*
letzte Stelle: *Fa. Piepenbrink, Bielefeld*
Alter bei Anfang der Rente: *58*
Rente pro Monat: *800 Euro*
jetziger Aufenthalt: *Seniorenheim „Auguste-Viktoria", Bielefeld*

Mein Name ist ...   Ich bin am ...   in ...

10. Wie heißt das Gegenteil?

Nach Übung 9 im Kursbuch

~~Minderheit~~	~~Ursache~~	~~Gesundheit~~	~~Nachteil~~	~~Friede~~	~~Jugend~~	~~Junge~~
~~Erwachsener~~	~~Freizeit~~			~~Tod~~		~~Stadtmitte~~

a) Alter – *Jugend*
b) Mehrheit – *Minderheit*
c) Arbeit – *Freizeit*
d) Stadtrand – *Stadtmitte*
e) Vorteil – *Nachteil*
f) Jugendlicher – *Erwachsener*
g) Leben – *Tod*
h) Krieg – *Friede*
i) Krankheit – *Gesundheit*
j) Konsequenz – *Ursache*
k) Mädchen – *Junge*

11. Was können Sie auch sagen?

Nach Übung 9 im Kursbuch

a) *Die Mehrheit der Bevölkerung ist über 30.*
  ✓ A Die meisten Einwohner des Landes sind älter als 30 Jahre.
  B Die meisten Einwohner des Landes sind Rentner.
  C Die meisten Einwohner des Landes sind ungefähr 30 Jahre alt.

b) *Die Kosten für die Rentenversicherung steigen.*
  A Die Rentenversicherung wird leichter.
  ✓ B Die Rentenversicherung wird teurer.
  C Die Rentenversicherung wird billiger.

c) *Herr Meyer hat eine Pflegeversicherung.*
  A Herr Meyer wird von einer Versicherung gepflegt.
  ✓ B Herr Meyer hat eine Versicherung, die später seine Pflege bezahlt.
  C Herr Meyer hat eine private Krankenversicherung.

d) *Alte Menschen brauchen Pflege.*
  A Alte Menschen müssen versorgt werden.
  B Alte Menschen müssen verlassen werden.
  ✓ C Alte Menschen brauchen eine gute Versicherung.

e) *Alte Leute haben oft den Wunsch nach Ruhe.*
  A Alte Leute brauchen selten Ruhe.
  B Alte Leute wollen immer nur Ruhe.
  ✓ C Alte Leute möchten oft Ruhe haben.

f) *Die Industrie muss mehr Artikel für alte Menschen herstellen.*
  A Die Industrie muss mehr Altenheime bauen.
  B Die Industrie soll keine Artikel für junge Menschen mehr herstellen.
  ✓ C Die Industrie muss mehr Waren für alte Menschen produzieren.

einhundertfünfundsiebzig **175**

LEKTION 9

12. Wie heißen die fehlenden Wörter?

Pflaster   Handwerker   Seife   Bürste
Farbe   Regal   Bleistift   Werkzeug   Zettel   Steckdose

Heute will Herr Baumann endlich das __Regal__ (a) für die Küche bauen. Das ist nicht schwer für ihn, weil er __Handwerker__ (b) ist. Zuerst macht er einen Plan. Dazu braucht er einen __Zettel__ (c) und einen __Bleistift__ (d). Dann holt er das Holz und das __Werkzeug__ (e). Um die Teile zu schneiden braucht er Strom. Wo ist denn bloß eine __Steckdose__ (f)? Au! Jetzt hat er sich in den Finger geschnitten und braucht ein __Pflaster__ (g). Er ist fast fertig, nur die ~~Seife~~ __Farbe__ (h) fehlt noch. Das Regal soll grün werden. Zum Schluss ist Herr Baumann ganz schmutzig. Er geht zum Waschbecken, nimmt die ~~Farbe~~ __Seife__ (i) und eine __Bürste__ (j) und wäscht sich die Hände.

13. Was passt zusammen?

a) Auf dem Tisch liegt mein Füller.
b) Heute habe ich Zeit, die Uhr zu reparieren.
c) Uli hat seinen Pullover bei uns vergessen.
d) Wir haben das Problem nicht verstanden.
e) Dein neues Haus ist sicher sehr schön.
f) Die Wörterbücher sind noch im Wohnzimmer
g) Ich habe mir eine Kamera gekauft.
h) Das Fotobuch hat Maria sehr gut gefallen.

1. Erklärst du uns das bitte.
2. Gibst du ihn mir mal?
3. Holst du sie mir?
4. Kannst du mir die mal holen?
5. Schenken wir es ihr?
6. Soll ich dir die mal zeigen?
7. Soll ich ihm den schicken?
8. Wann willst du es uns zeigen?

a)	b)	c)	d)	e)	f)	g)	h)
2	3	7	1	8	4	6	5

14. Wo steht das Pronomen?

a) Diese Suppe schmeckt toll. Kochst du __–__ mir __die__ auch mal? (die)
b) Das ist mein neuer Mantel. Meine Eltern haben _____ mir _____ geschenkt. (ihn)
c) Diese Frage ist sehr schwierig. Kannst du _____ Hans _____ vielleicht erklären? (sie)
d) Ich möchte heute Abend ins Kino gehen, aber meine Eltern haben _____ mir _____ verboten. (das)
e) Diese Lampe nehme ich. Können Sie _____ mir _____ bitte einpacken? (sie)
f) Ich brauche die Streichhölzer. Gibst du _____ mir _____ mal? (die)
g) Wie findest du die Uhr? Willst du _____ deiner Freundin _____ nicht zum Geburtstag schenken? (sie)
h) Wir haben hier einen Brief in dänischer Sprache. Können Sie _____ uns _____ bitte übersetzen? (den)
i) Die Kinder wissen nicht, wie man den Fernseher anmacht. Zeigst du _____ ihnen _____ mal? (es)
j) Das sind französische Zigaretten. Ich habe _____ meinem Lehrer _____ aus Frankreich mitgebracht. (sie)

LEKTION 9

Nach Übung **11** im Kursbuch

15. Ihre Grammatik. Ergänzen Sie.

a) Können Sie mir bitte die Grammatik erklären?
b) Können Sie mir die Grammatik bitte genauer erklären?
c) Können Sie mir die bitte erklären?
d) Können Sie sie mir bitte erklären?
e) Ich habe meinem Bruder gestern mein neues Auto gezeigt.
f) Holst du mir bitte die Seife?
g) Ich suche dir gern deine Brille.
h) Ich bringe dir dein Werkzeug sofort.
i) Zeig mir das doch mal!
j) Ich zeige es dir gleich.
k) Geben Sie mir die Lampe jetzt?
l) Holen Sie sie sich doch!
m) Dann können Sie mir das Geld ja vielleicht schicken.
n) Diesen Mantel habe ich ihr vorige Woche gekauft.

	Vorfeld	Verb₁	Subjekt	Ergänzung			Angabe	Ergänzung	Verb₂
				Akkusativ (Personal-pronomen)	Dativ (Nomen/ Pers.-Pron.)	Akkusativ (Nomen/ Definit-Pron.)			
a)		Können	Sie		mir		bitte	die Grammatik	erklären?
b)									
c)									
d)									
e)									
f)									
g)									
h)									
i)									
j)									
k)									
l)									
m)									
n)									

einhundertsiebenundsiebzig **177**

LEKTION 9

Nach Übung **12** im Kursbuch

16. Was hat Herr Schibilsky, Rentner, 66, gestern alles gemacht? Schreiben Sie.

a) *Um 8 Uhr hat er die Kinder in die Schule gebracht.*

b) _____

c) _____

d) _____

e) _____

f) _____

g) _____

h) _____

i) _____

j) _____

k) _____

l) _____

178 einhundertachtundsiebzig

LEKTION 9

17. Setzen Sie die Sätze ins Präteritum.

Nach Übung **14** im Kursbuch

a) Xaver hat immer nur Ilona geliebt.
   Xaver liebte immer nur Ilona.
b) Das hat er seiner Frau auf einer Postkarte geschrieben.
c) Viele Männer haben ihr die Liebe versprochen.
d) Sie haben in ihrer Dreizimmerwohnung gesessen.
e) Sie haben ihre alten Liebesbriefe gelesen.
f) Mit 18 haben sie sich kennen gelernt.
g) Xaver ist mit einem Freund vorbeigekommen.
h) Die Jungen haben zugehört, wie die Mädchen gesungen haben.
i) Dann haben sie sich zu ihnen gesetzt.
j) 1916 haben sie geheiratet.
k) Die Leute im Dorf haben über sie geredet.
l) Aber sie haben es verstanden.
m) Jeden Sonntag ist er in die Berge zum Wandern gegangen.
n) Sie hat gewusst, dass Mädchen dabei gewesen sind.
o) Darüber hat sie sich manchmal geärgert.
p) Sie hat ihn nie gefragt, ob er eine Freundin gehabt hat.

18. Ergänzen Sie „erzählen", „reden", „sagen", „sprechen", „sich unterhalten".

Nach Übung **14** im Kursbuch

a) Der Großvater _____ den Kindern oft Märchen.
b) _____ du auch Englisch?
c) Gestern haben Karl und Elisabeth uns von ihrer Reise nach Ägypten _____ .
d) Karin hat Probleme in der Schule. Hast du dich schon mal mit ihr darüber
   _____ ?
e) _____ mir, was du jetzt machen willst!
f) Du _____ immer so viel! Kannst du nicht mal einen Augenblick lang still sein?
g) Was haben Sie gerade zu Ihrem Nachbarn _____ ?
h) Die Situation ist sehr schlimm. Man kann von einer Katastrophe _____ .
i) Worüber wollen wir uns denn jetzt _____ ?
j) Heinz ist Punk. Es ist klar, dass die Kollegen über ihn _____ .

19. Ergänzen Sie „sich setzen", „sitzen", „stehen", „liegen".

Nach Übung **15** im Kursbuch

a) Mein Zimmer ist sehr niedrig. Man kann kaum darin _____ .
b) Bitte _____ Sie sich doch!
c) Anja _____ schon im Bett.
d) Ich _____ nicht so gern im Sessel, sondern lieber auf einem Stuhl.
e) Potsdam _____ bei Berlin.
f) Wo _____ die Weinflasche denn?
g) Es gab keine Sitzplätze mehr im Theater. Deshalb mussten wir _____ .
h) Im Deutschkurs hat Angela sich zu mir _____ .
i) Im Restaurant habe ich neben Carlo _____ .
j) Deine Brille _____ im Regal.

einhundertneunundsiebzig **179**

LEKTION 9

20. Sagen Sie es anders.

a) Sie hat ihn in der U-Bahn kennen gelernt, er hat sie in der U-Bahn kennen gelernt.
   Sie haben sich in der U-Bahn kennen gelernt.

b) Ich liebe dich, du liebst mich.
c) Er besucht sie, sie besucht ihn.
d) Ich helfe ihnen, sie helfen mir.
e) Ich höre Sie, Sie hören mich.
f) Du brauchst ihn, er braucht dich.
g) Er mag sie, sie mag ihn.
h) Er hat ihr geschrieben, sie hat ihm geschrieben.
i) Ich sehe Sie bald, Sie sehen mich bald.
j) Er wünscht sich ein Auto, sie wünscht sich ein Auto.

21. Sagen Sie es anders. Benutzen Sie „als", „bevor", „bis", „während", „weil", „wenn".

a) Bei Regen gehe ich nie aus dem Haus.   _Wenn es regnet, gehe ich nie aus dem Haus._
b) Vor seiner Heirat hat er viele Mädchen gekannt.
c) Wegen meiner Liebe zu dir schreibe ich dir jede Woche einen Brief.
d) Bei Schnee ist die Welt ganz weiß.
e) Es dauert noch ein bisschen bis zum Anfang des Films.
f) Bei seinem Tod haben alle geweint.
g) Während des Streiks der Kollegen habe ich gearbeitet.

22. Sagen Sie es anders. Verbinden Sie die Sätze mit dem Relativpronomen.

a) Frau Heidenreich ist eine alte Dame. Sie war früher Lehrerin.
   Frau Heidenreich ist eine alte Dame, die früher Lehrerin war.

b) Sie hat einen Verein gegründet. Dieser Verein vermittelt Leihgroßmütter.
c) Frau H. hat Freundinnen eingeladen. Den Freundinnen hat sie von ihrer Idee erzählt.
d) Die älteren Damen kommen in Familien. Diese Familien brauchen Hilfe.
e) Frau H. hat sich früher um ein kleines Mädchen gekümmert. Es lebte in der Nachbarschaft.
f) Eine Dame ist ganz zu einer Familie gezogen. Bei der Familie war sie vorher Leihgroßmutter.
g) Eine Dame kam in eine andere Familie. Diese Familie suchte nur jemanden für die Hausarbeit.
h) Es gibt viele alte Menschen. Ihnen fehlt eine richtige Familie.
i) Alle Leute brauchen einen Menschen. Für den Menschen können sie da sein.
j) Manchmal gibt es Probleme. Über die Probleme kann man aber in der Gruppe reden.

23. Ergänzen Sie die Sätze.

a) Manche Leute arbeiten, obwohl …
b) Frau Heidenreich hat einen Verein für Leihgroßmütter gegründet, um … zu …
c) Herr Schulz hat sich immer einsam gefühlt. Deshalb …
d) Frau Meyer ist schon zum zweiten Mal verwitwet. Trotzdem …
e) Wir können die alten Leute nicht ins Altersheim schicken, denn …
f) Herr Müller wohnt in einem Altersheim, aber …
g) Herr Bauer ist schon seit einem Jahr Rentner. Trotzdem …
h) Herr und Frau Dengler sind 65 Jahre verheiratet, und …

> sich immer noch lieben
> sich immer wieder Arbeit suchen
> Familien ohne Großmutter helfen
> noch einmal heiraten wollen
> sich dort wohl fühlen
> Rentner sein
> zu uns gehören
> eine Heiratsanzeige aufgeben

LEKTION 10

Словарь

Verben

atmen	дышать	mögen	хорошо относиться (к кому-либо)
aufmachen	открывать	nähen	шить
ausschütten	вытряхивать	nehmen	брать
bauen	строить	ordnen	приводить в порядок
beschreiben	описывать	schenken	дарить
bleiben	оставаться	sehen	видеть
einschlafen	засыпать	springen	прыгать
essen	есть, кушать	stehen	стоять
fallen	падать	(sich) stellen	становиться
fehlen	отсутствовать	tragen	носить
heben	поднимать	tun	делать
kommen	приходить	verändern	изменять
laufen	идти, бежать	wohnen	жить, квартировать
lesen	читать	zählen	считать
liegen	лежать		
merken	запоминать		

Nomen

der Abend, -e	вечер	die Hand, Hände	рука
das Alter	возраст	die Hausfrau, -en	домохозяйка
die Arbeiterin, -nen	рабочая	das Herz, -en	сердце
der August	август	der Hund, -e	собака
die Autorin, -nen	женщина-автор	der Hunger	голод
die Badewanne, -n	ванна	die Kartoffel, -n	картофель
die Bank, Bänke	банк, скамейка	die Katze, -n	кошка
die Bäuerin, -nen	крестьянка	das Lebensmittel, -	продукты питания
das Bier, -e	пиво	die Leute (Plural)	люди
die Blume, -n	цветок, пена на пиве	das Mehl	мука
das Blut	кровь	der Mensch, -en	человек
das Boot, -e	лодка	die Milch	молоко
der Brief, -e	письмо	das Militär	военный
das Brot, -e	хлеб	die Nacht, Nächte	ночь
die Brust, Brüste	грудь	der Name, -n	имя
das Buch, Bücher	книга	der Nationalsozialist, -en	национал-социалист
der Dezember	декабрь		
das Ding, -e	вещь	der Nazi, -s	нацист
die Erlaubnis	разрешение	das Obst	фрукты
das Essen	еда	der Raum, Räume	комната, помещение
der Fisch, -e	рыба	das Rezept, -e	рецепт
die Freude, -n	радость	der Roman, -e	роман
das Frühstück	завтрак	der Satz, Sätze	предложение *(грамм.)*
der Garten, Gärten	сад	das Schwein, -e	свинья
das Gedicht, -e	стихотворение	der Soldat, -en	солдат
das Gemüse	овощи	die Stadt, Städte	город
das Glas, Gläser	стакан	die Stunde, -n	час
das Gras, Gräser	трава	die Suppe, -n	суп

einhunderteinundachtzig **181**

LEKTION 10

der Tipp, -s	совет	der Vogel, Vögel	птица
der Titel, -	титул, название	die Wand, Wände	стена
die Tür, -en	дверь	die Wolke, -n	облако, туча
das Vieh	животное	der Zufall, Zufälle	случайность

Adjektive

amtlich	официальный, служебный	hart	твёрдый
		häufig	частый
breit	широкий	krank	больной
bunt	пёстрый	laut	громкий
einzig-	единственный	müde	уставший
frisch	свежий	offiziell	официальный
ganz	целый	sauer	кислый
geboren	рождённый	tief	глубокий
gerade	прямой	weiblich	женский

Adverbien

anders	по-другому	hier	здесь
außerdem	кроме того	morgens	по утрам
daher	оттуда, туда	nun	теперь, сейчас
diesmal	на этот раз	schon	уже
dort	там	wieder	снова
drinnen	внутри	zusammen	вместе
gestern	вчера		

Funktionswörter

als	как	nichts	ничего
an	возле	niemand	никто
ander-	другой	oder	или
aus	из	und	и
bis	до	unter	внизу
hinter	за	von	от
jemand	кто-то	wo … doch	хотя; несмотря на то, что
nach	после	zu	к

Ausdrücke

fertig sein	быть готовым	nicht genug	недостаточно
es tut mir Leid	мне очень жаль	nicht mehr	не больше

LEKTION 10

1. Wie heißen diese Dinge?

Zu Lektion

1

Wiederholung

a) _____ e) _____ i) _____ m) _____
b) _____ f) _____ j) _____ n) _____
c) _____ g) _____ k) _____ o) _____
d) _____ h) _____ l) _____ p) _____

LEKTION 10

2. Wie sind die Menschen?

Zu Lektion 1 Wiederholung

> traurig   vorsichtig   pünktlich   schmutzig   ehrlich   gefährlich
> langweilig   lustig   neugierig   dumm   freundlich
> dick   ruhig

a) Erich wiegt zu viel. Er ist zu _____ .
b) Viele Leute haben Angst vor Punks. Sie glauben, Punks sind _____ .
c) Meine kleine Tochter wäscht sich nicht gern. Sie ist meistens _____ .
d) Herr Berg kommt nie zu spät und nie zu früh. Er ist immer _____ .
e) Peter erzählt selbst sehr wenig, er hört lieber zu. Er ist ein sehr _____ Mensch.
f) Jörg lacht selten. Meistens sieht er sehr _____ aus.
g) Veronika fährt immer langsam und passt gut auf. Sie ist eine _____ Autofahrerin.
h) Erich lügt nicht. Er ist immer _____ .
i) Die Gespräche mit Eva sind uninteressant und _____ . Ich könnte dabei manchmal einschlafen.
j) Über Bert haben wir schon oft gelacht. Alle finden ihn sehr _____ .
k) Holger will immer alles wissen. Er ist ziemlich _____ .
l) Susanne ist eine gute Kellnerin. Sie ist immer nett und _____ .
m) Kurt ist nicht sehr intelligent. Er ist ziemlich _____ .

3. Ergänzen Sie.

Zu Lektion 1 Wiederholung

a) Das weiß_____ Hemd, die blau_____ Hose und der grau_____ Mantel passen gut zusammen.
b) Sie trägt eine rot_____ Hose mit einer blau_____ Bluse.
c) Ich mag keine schwarz_____ Schuhe. Braun_____ Schuhe gefallen mir besser.
d) Zieh einen warm_____ Pullover an, draußen ist es ziemlich kalt.
e) Für die Hochzeit hat sie sich extra ein neu_____ Kleid gekauft.
f) Bring bitte den schwarz_____ Rock, das rot_____ Kleid, die braun_____ Hose und die weiß_____ Blusen in die Reinigung.
g) Eine grün_____ Bluse und ein blau_____ Rock passen nicht zusammen.
h) In dem rot_____ Rock mit der weiß_____ Bluse sieht Irene sehr hübsch aus.
i) Mit diesem hässlich_____ Kleid und mit den komisch_____ Schuhen kannst du nicht zu der Feier gehen. Das ist unmöglich.
j) Ein rot_____ Kleid mit schwarz_____ Strümpfen sieht gut aus.
k) Gestern habe ich Sonja zum ersten Mal in einem hübsch_____ Kleid gesehen. Sonst trägt sie immer nur Hosen.
l) Mit schmutzig_____ Schuhen darfst du nicht in die Wohnung gehen.
m) Die schwarz_____ Schuhe sind kaputt.
n) Ihr Mann trug eine grau_____ Hose mit einem gelb_____ Pullover.

LEKTION 10

4. Was passt nicht?

a) Chefin – Arbeitgeber – Kantine – Handwerker – Arbeiter – Beamtin – Arbeitnehmer – Kaufmann – Verkäuferin – Kollege – Soldat
b) Schulklasse – Studentin – Schüler – Lehrling – Lehrer
c) Gehalt – Lohn – Rente – Steuern – Stelle
d) Diplomprüfung – Examen – Ausbildung – Prüfung – Test
e) Betrieb – Job – Firma – Geschäft – Büro – Fabrik – Werk
f) Sprachkurs – Lehre – Studium – Ausbildung – Unterricht – Beruf
g) Grundschule – Universität – Gymnasium – Wissenschaft – Kindergarten

5. Sagen Sie es anders. Verwenden Sie Nebensätze mit „weil", „wenn" oder „obwohl".

a) Gerda hat erst seit zwei Monaten ein Auto. Trotzdem ist sie schon eine gute Autofahrerin.
   Obwohl Gerda erst seit zwei Monaten ein Auto hat, ist sie schon eine gute Autofahrerin.
b) Das Auto fährt nicht gut. Es war letzte Woche in der Werkstatt.
c) Ich fahre einen Kleinwagen, denn der braucht weniger Benzin.
d) In zwei Jahren verdient Doris mehr Geld. Dann kauft sie sich ein Auto.
e) Jens ist zu schnell gefahren. Deshalb hat die Polizei ihn angehalten.
f) Nächstes Jahr wird Andrea 18 Jahre alt. Dann möchte sie den Führerschein machen.
g) Thomas hat noch keinen Führerschein. Trotzdem fährt er schon Auto.

6. Was passt?

| Sendung | Zuschauer | Orchester | Maler | Fernseher | Kino |
| Bild/Zeichnung | Schauspieler | singen | Eintritt | Künstler | |

a) hören : Radio / sehen : _____
b) fotografieren : Foto / zeichnen : _____
c) Theater : Veranstaltung / Fernsehen : _____
d) tanzen : Tänzer / malen : _____
e) Fußball spielen : Mannschaft / Musik spielen : _____
f) Musik : spielen / Lied : _____
g) Konzert : Musiker / Film : _____
h) Theaterstück spielen : Schauspieler / Theaterstück sehen : _____
i) Handwerk : Handwerker / Kunst : _____
j) Oper, Konzert, Theaterstücke : Theater / Filme : _____
k) Wohnung : Miete / Museum : _____

LEKTION 10

7. Sagen Sie es anders.

Erinnern Sie sich noch an Frau Bauer? Sie hat ihre Freundin Christa gefragt, was sie machen soll. Das sind Christas Antworten.

a) Er kann dir doch im Haushalt helfen.   *Er könnte dir* _____
b) Back ihm doch keinen Kuchen mehr.   *Ich würde ihm* _____

c) Kauf dir doch wieder ein Auto.
d) Er muss sich eine neue Stelle suchen.
e) Er soll sich neue Freunde suchen.
f) Ärgere dich doch nicht über ihn.
g) Er kann doch morgens spazieren gehen.
h) Sag ihm doch mal deine Meinung.
i) Er soll selbst einkaufen gehen.
j) Sprich doch mit ihm über euer Problem.

8. Was passt wo? (Einige Ergänzungen passen zu verschiedenen Verben.)

> von seiner Krankheit   für die schlechte Qualität   für eine Schiffsreise
> vom Urlaub   mit der Schule   für den Brief   über ihren Hund   auf den Sommer
> von seinem Bruder   mit der Untersuchung   um eine Zigarette   für meine Tochter
> auf das Wochenende   auf den Urlaub   auf eine bessere Regierung   um Auskunft
> mit dem Frühstück   um die Adresse   um eine Antwort   für die Verspätung
> auf besseres Wetter   mit der Arbeit   von ihrem Unfall   über die Regierung
> auf das Essen   für ein Haus   um Feuer   über den Sportverein   auf Sonne

a) sich _____ | ärgern
   _____ | aufregen
   ... | unterhalten

b) _____ ... aufhören

c) _____ ... bitten

d) sich _____ ... entschuldigen

e) _____ ... | sprechen
                       | erzählen

f) sich _____ ... freuen

g) _____ ... hoffen

h) _____ ... sparen

9. In welchen Sätzen kann oder muss man „sich" ergänzen, in welchen nicht?

a) Sie hat _____ den Mantel ausgezogen.
b) Sie hat _____ die Wohnung aufgeräumt.
c) Sie hat _____ ein Steak gegessen.
d) Sie hat _____ ein Steak bestellt.
e) Sie hat _____ ein Auto geliehen.
f) Sie hat _____ das Fahrrad bezahlt.
g) Sie hat _____ die Zähne geputzt.
h) Sie hat _____ die Hände gewaschen.
i) Sie hat _____ den Termin vergessen.
j) Sie hat _____ an den Termin nicht erinnert.
k) Sie hat _____ einen Platz reservieren lassen.
l) Sie hat _____ das Auto noch nicht angemeldet.
m) Sie hat _____ für den Sprachkurs angemeldet.
n) Sie hat _____ ein gutes Essen gekocht.
o) Sie hat _____ schnell Deutsch gelernt.
p) Sie hat _____ eine Halskette gewünscht.
q) Sie hat _____ eine Zeitung gelesen.
r) Sie hat _____ eine Wohnung gemietet.

LEKTION 10

10. Was passt nicht?

a) Die Arbeit ist   *anstrengend – angenehm – arm – gefährlich – interessant.*
b) Ludwig arbeitet   *selbständig – sozial – schnell – langsam – alleine.*
c) Die Fabrik produziert   *Exporte – Autos – Waschmaschinen – Lastwagen – Kleidung.*
d) In der Firma werden   *Lampen – Batterien – Glühbirnen – Spiegel – Jobs*   hergestellt.

Zu Lektion 4 Wiederholung

11. Wo passen die Wörter am besten?

| Wirtschaft | Handel | Besitzer | Geld | Energie | Arbeitnehmer | Auto | Industrie |

a) Diesel – Benzin – Öl – Gas: _____
b) Import – Export – Kaufmann – verkaufen: _____
c) Fabrik – Technik – Maschinen – Arbeiter – produzieren: _____
d) Lohn – Gehalt – Rente – Steuern: _____
e) Handel – Industrie – Export – Import – kapitalistisch – Konkurrenz: _____
f) Job – Lohn – arbeiten – kündigen – streiken – arbeitslos: _____
g) Benzin – Motor – Bremse – Tankstelle – Werkstatt – Panne: _____
h) Chef – Arbeitgeber – reich – Firma – Fabrik: _____

Zu Lektion 4 Wiederholung

12. Sagen Sie es anders.

Man hat vergessen,

a) das Auto zu waschen.   *Das Auto wurde nicht gewaschen.*
b) das Fahrlicht zu reparieren.   *Das Fahrlicht* _____
c) die Reifen zu wechseln.   _____
d) den neuen Spiegel zu montieren. _____
e) die Handbremse zu prüfen.   _____
f) die Sitze zu reinigen.   _____
g) das Blech am Wagenboden zu schweißen. _____

Zu Lektion 4 Wiederholung

13. Ergänzen Sie.

| sich unterhalten   kennen lernen   sich aufregen   sich streiten   heiraten |
| küssen   lügen   flirten   lieben |

a) Mann, Frau, Kirche, Ring: _____
b) Menschen, neu, sich vorstellen: _____
c) Problem, sich nicht verstehen, laut sprechen: _____
d) Menschen, Mund, Gesicht, sich mögen: _____
e) Menschen, sich sehr gern haben: _____
f) über etwas sprechen, Gespräch: _____
g) sich ärgern, laut sein, nervös sein, schimpfen: _____
h) nicht die Wahrheit sagen, nicht ehrlich sein: _____
i) Mann, Frau, sympathisch finden, anschauen, nett sein, sich unterhalten: _____

Zu Lektion 5 Wiederholung

einhundertsiebenundachtzig **187**

LEKTION 10

14. Ordnen Sie.

Tante Angestellte Ehemann Bekannte Tochter Bruder Vater
Chef Opa Mutter Sohn
Schwester Freundin Großmutter Kollegin Nachbar Eltern Onkel

verwandt	nicht verwandt
Mutter	

15. Sagen Sie es anders. Verwenden Sie einen Infinitivsatz oder einen „dass"-Satz. Manchmal sind auch beide möglich.

a) Skifahren kann man lernen. Versuch es doch mal! Es ist nicht schwierig.
   Versuch doch mal, Skifahren zu lernen. Es ist nicht schwierig.
b) Im nächsten Sommer fahre ich wieder mit dir in die Türkei. Das verspreche ich dir.
c) Bei diesem Wetter willst du das Auto waschen? Das hat doch keinen Zweck.
d) Ich suche meinen Regenschirm. Kannst du mir dabei helfen?
e) Johanna und Albert haben viel zu früh geheiratet. Das ist meine Meinung.
f) Es schneit nicht mehr. Es hat aufgehört.
g) Ich möchte gerne ein bisschen Fahrrad fahren. Hast du Lust?
h) Heute gehe ich nicht schwimmen. Ich habe keine Zeit.
i) Du solltest weniger rauchen, finde ich.

16. Ordnen Sie.

Katze Nebel Küste Rasen Park Wald Wolke Regen Schnee
Kalb Hund Wind Pferd Gebirge See Sonne Schwein Baum
Hügel Insel Tal Vieh Berg Eis Feld Blume Strand Klima
Gras Fluss Huhn Ufer Bach Vogel Meer Kuh schneien Fisch regnen Gewitter

Tiere	Pflanzen	Landschaft	Wetter

LEKTION 10

17. Ergänzen Sie.

Zu Lektion **6** Wiederholung

a) Das ist meine Schwester, _____ jetzt in Afrika lebt.
b) Das ist das Haus, _____ _____ ich lange gewohnt habe.
c) Das ist mein Bruder Bernd, _____ _____ ich dir gestern erzählt habe.
d) Hier siehst du den alten VW, _____ ich zwölf Jahre gefahren habe.
e) Das ist der Mann, _____ _____ ich den ersten Kuss bekommen habe.
f) Das sind Freunde, _____ _____ ich vor zwei Jahren im Urlaub war.
g) Das sind die Nachbarn, _____ _____ Kinder ich manchmal aufpasse.
h) Und hier ist die Kirche, _____ _____ ich geheiratet habe.
i) Hier siehst du einen Bekannten, _____ _____ Schwester ich studiert habe.
j) Das ist die Tante, _____ alten Schrank ich bekommen habe.
k) Hier siehst du meine Großeltern, _____ jetzt im Altersheim wohnen.

18. Was passt nicht?

Zu Lektion **7** Wiederholung

a) *ausziehen:* den Mantel, aus der Wohnung, aus der Stadt, die Jacke
b) *beantragen:* einen Pass, ein Visum, einen Ausweis, eine Frage, eine Erlaubnis
c) *bestehen:* die Untersuchung, den Test, das Examen, die Prüfung, das Diplom
d) *fliegen:* in den Urlaub, nach Paris, mit einem kleinen Flugzeug, über den Wolken, mit dem Auto
e) *verstehen:* die Sprache, kein Wort, den Text, den Fernseher, das Problem, die Frage, Frau Behrens, den Film
f) *vorschlagen:* einen Plan, eine Lösung des Problems, eine Reise nach Berlin, eine Schwierigkeit, ein neues Gesetz
g) *reservieren:* das Gepäck, ein Hotelzimmer, einen Platz im Flugzeug, eine Theaterkarte
h) *packen:* den Koffer, eine Reisetasche, das Hemd in den Koffer, das Auto in die Garage

19. Ergänzen Sie.

Zu Lektion **7** Wiederholung

a) Hand : Seife / Zähne : _____
b) Geschirr : spülen / Wäsche : _____
c) Seife, Waschmittel, Zahnpasta, ... : Drogerie / Medikamente : _____
d) Hände : waschen / Zähne : _____
e) Auto : Benzin / Waschmaschine : _____

LEKTION 10

f) Licht : Schalter / Feuer : _____
g) Fleisch braten : Pfanne / Suppe kochen : _____
h) einen Tag : Ausflug / mehrere Tage : _____
i) zwischen zwei Zimmern : Tür / zwischen zwei Staaten : _____
j) Montag bis Freitag : Arbeitstage / Samstag und Sonntag : _____
k) Hotel : Zimmer / Campingplatz : _____
l) Suppe : Löffel / Fleisch : _____ und Messer
m) Wörter : Lexikon / Telefonnummern : _____
n) klein : Dorf / groß : _____
o) sieben Tage : Woche / 365 Tage : _____
p) das eigene Land : Heimatland / das fremde Land : _____

Zu Lektion 7 Wiederholung

20. Ergänzen Sie die Fragesätze.

Birgits Freund Werner hatte einen Autounfall. Eine Freundin ruft sie an und möchte wissen, was passiert ist. Birgit weiß selbst noch nichts. Was sagt Birgit?

a) ● Wurde Werner schwer verletzt?
   ▪ Ich weiß auch noch nicht, *ob er* _____
b) ● Wie lange muss er im Krankenhaus bleiben?
   ▪ Der Arzt konnte mir nicht sagen, *wie lange* _____
c) ● Wo ist der Unfall passiert?
   ▪ Ich habe noch nicht gefragt, _____
d) ● War noch jemand im Auto?
   ▪ Ich kann dir nicht sagen, _____
e) ● Wohin wollte er denn fahren?
   ▪ Er hat mir nicht erzählt, _____
f) ● Ist der Wagen ganz kaputt?
   ▪ Ich weiß nicht, _____
g) ● Kann man ihn schon besuchen?
   ▪ Ich habe den Arzt noch nicht gefragt, _____
h) ● Bezahlt die Versicherung die Reparatur des Wagens?
   ▪ Ich habe die Versicherung noch nicht gefragt, _____

LEKTION 10

21. Welches Verb passt nicht?

a) verlieren – fordern – streiken – verlangen – demonstrieren
b) erklären – erinnern – beschreiben – zeigen
c) diskutieren – sprechen – erzählen – sagen – lachen
d) kontrollieren – prüfen – kritisieren – testen – untersuchen
e) passieren – geschehen – los sein – hören
f) trinken – schreiben – lesen – hören – sprechen
g) stehen – liegen – hängen – schaffen – stellen – legen
h) schaffen – feiern – Erfolg haben – klappen – gewinnen
i) hören – sehen – fühlen – erinnern – schmecken
j) fehlen – weg sein – nicht da sein – finden
k) bringen – treffen – holen – nehmen
l) lachen – weinen – sterben – Spaß haben – traurig sein

22. Schlagzeilen aus der Presse. Ergänzen Sie die Präpositionen.

zwischen   bei   durch   während   von ... bis   nach   auf
mit   unter   von ... nach   aus   über   seit   in   bis
gegen

a) Autobahn _____ das Rothaargebirge wird doch nicht gebaut
b) Ostern: Wieder viel Verkehr _____ unseren Straßen
c) 1000 Arbeiter _____ VW entlassen
d) U-Bahn _____ Bornum _____ List fertig: 40 000 fahren jetzt täglich _____ der Erde
e) _____ Bremen und Glasgow gibt es jetzt eine direkte Flugverbindung
f) Autobahn A 31 jetzt _____ Amsterdam fertig
g) Flüge _____ den Atlantik werden billiger
h) Lastwagen _____ Haus gefahren. Fahrer schwer verletzt _____ Krankenhaus
i) Theatergruppe _____ China zu Gast _____ Düsseldorf
j) Parken im Stadtzentrum _____ 9 _____ 18 Uhr jetzt ganz verboten
k) Halbe Preise bei der Bahn für Jugendliche _____ 25 und für Rentner _____ 60
l) Apotheker streiken: _____ der Feiertage kein Notdienst?
m) Stadt muss sparen: Weniger U-Bahnen _____ Mitternacht
n) Probleme in der Landwirtschaft: _____ fünf Wochen kein Regen
o) Der Sommer beginnt: _____ zwei Wochen öffnen die Schwimmbäder
p) Aktuelles Thema bei der Frauenärzte-Konferenz: _____ 40 Jahren noch ein Kind?
q) Stadtbibliothek noch _____ Montag geschlossen
r) Alkoholprobleme in den Betrieben: Viele trinken auch _____ der Arbeitszeit

LEKTION 10

Zu Lektion 8 Wiederholung

23. Ergänzen Sie.

> Katastrophe Demokratie Bürger Krieg Zukunft Soldaten
> Kabinett Präsident Partei Gesetze Nation

a) Volk, Bevölkerung : Bürger / Armee, Militär : _____
b) Firma : Chef / Staat : _____
c) Verein : Mitglieder / Staat : _____
d) Sport : Verein / Politik : _____
e) zwischen Menschen : Streit / zwischen Staaten : _____
f) Fußballspieler : Mannschaft / Minister : _____
g) wenige Menschen bestimmen : Diktatur / das Volk entscheidet : _____
h) Spiel : Regeln / Staat : _____
i) Verwandte : Familie / Bürger : _____
j) gestern : Geschichte / morgen : _____
k) schlimm : Problem / besonders schlimm : _____

Zu Lektion 9 Wiederholung

24. Was passt?

a) Kopf : denken / Herz : _____
b) Bett : liegen / Stuhl : _____
c) Brief : schreiben / Telefon : _____
d) Sache : wissen / Person : _____
e) Geschirr : spülen / Wäsche : _____
f) Mund : sprechen / Ohr : _____
g) Geschichte : erzählen / Lied : _____
h) wissen : antworten / wissen wollen : _____
i) traurig sein : weinen / sich freuen : _____
j) sauber machen : putzen / Ordnung machen : _____

Zu Lektion 9 Wiederholung

25. Ordnen Sie.

> sich verbrennen   sich gewöhnen   sich interessieren   sich bewerben
> sich unterhalten   sich begrüßen   sich erinnern   sich verstehen   sich beeilen
> sich beschweren   sich schlagen   sich besuchen   sich treffen   sich anrufen
> sich duschen   sich ärgern   sich anziehen   sich setzen
> sich streiten   sich ausruhen   sich verabreden   sich einigen

man macht es allein	man macht es zusammen mit einer anderen Person

LEKTION 10

26. Ergänzen Sie die Pronomen.

Zu Lektion **9** Wiederholung

a) ● Bernd, soll ich ___dir___ das Essen warm machen?
   ■ Nein, danke, ich mache _____ _____ selber warm.
b) ● Kinder, soll ich _____ die Hände waschen?
   ■ Nein, wir waschen _____ _____ selber.
c) ● Kann deine Tochter _____ die Schuhe selber anziehen?
   ■ Ja, sie kann _____ _____ selber anziehen, aber sie braucht dafür sehr viel Zeit. Deshalb ziehe ich _____ _____ meistens an. Das geht schneller.
d) ● Frau Herbart, soll ich _____ Ihre Jacke bringen?
   ■ Nein, danke, ich hole _____ _____ selber.
e) ● Mama, wir sind durstig. Kannst du _____ zwei Flaschen Saft geben?
   ■ Nein, ihr müsst _____ _____ selber aus dem Kühlschrank holen.
f) ● Haben Ines und Georg _____ dieses tolle Auto wirklich gekauft?
   ■ Nein, es gehört nicht ihnen, sie haben _____ _____ geliehen.

27. Ergänzen Sie.

Zu Lektion **10** Wiederholung

weiblich   Gemüse   drinnen   springen   Badewanne   Hunger   Autor   Monate
Titel   Gras   zählen   Boot   Vieh
Wolke   nähen   Geburt   atmen   schütten   Soldat   Rezept

a) Mensch : Name / Buch : _____
b) Straße : Auto / Fluss : _____
c) 6 + 5 = 11 : rechnen / 1, 2, 3, 4, 5, … : _____
d) trinken : Durst / essen : _____
e) Ende : Tod / Anfang : _____
f) Haus : bauen / Kleider : _____
g) Saft, Wasser, Wein : gießen / Zucker, Mehl, Salz : _____
h) im Garten : draußen / im Haus : _____
i) Mann : männlich / Frau : _____
j) schwimmen und baden : Schwimmbad / sich baden und waschen : _____
k) 2 Kilometer, 2 Stunden : gehen / 6 Meter weit, 2 Meter hoch : _____
l) Straße : Stein / Wiese : _____
m) Wasser : trinken / Luft : _____
n) Haus bauen : Bauplan / kochen : _____
o) im Haus, in der Wohnung : Haustiere / im Stall auf dem Bauernhof : _____
p) Bild, Zeichnung : Maler / Roman, Gedicht : _____
q) Feuer : Rauch / Regen : _____
r) Apfel : Obst / Gurke : _____
s) Dienstag, Donnerstag : Tage / August, Dezember : _____
t) Polizei : Polizist / Militär : _____

LEKTION 10

28. Ordnen Sie.

a) Ort und Raum

> auf der Brücke   über unserer Wohnung   aus Berlin   oben   neben der Schule
> nach Italien   dort   draußen   drinnen   gegen den Stein   vom Einkaufen
> hinter der Tür   nach links   bei Dresden   aus der Schule   bei Frau Etzard
> rechts im Schrank   im Restaurant   unten   ins Hotel   aus dem Kino   hier
> zwischen der Kirche und der Schule   aus dem Haus   zu Herrn Berger   vor dem Haus
> am Anfang der Straße   vom Arzt   bis zur Kreuzung   von der Freundin

wo?	woher?	wohin?

b) Zeit

> bald   damals   danach   dann   dauernd   am folgenden Tag   in der Nacht
> schon drei Wochen   früher   gestern   gleich   um halb acht   heute
> immer   häufig   irgendwann   oft   am letzten Montag   manchmal
> eine Woche lang   im nächsten Jahr   meistens   morgens   jetzt   regelmäßig
> seit gestern   selten   sofort   später   ständig   täglich   jeden Abend
> letzte Woche   vorher   während der Arbeit   zuerst   zuletzt   dienstags
> den ganzen Tag   sechs Stunden   vor dem Mittagessen   bis morgen

wann?	wie lange (schon/noch)?	wie häufig?

29. Was passt am besten?

> Glas   Tipp   hart   laufen   frisch   tief   krank
> breit   Milch   einschlafen   oder   müde
> Wand   schenken   selbst   Brot   geboren   Satz

a) schmal – _____
b) hoch – _____
c) und – _____
d) Mauer – _____
e) allein – _____
f) Wort – _____
g) Flasche – _____
h) alt – _____
i) Rat – _____
j) gestorben – _____
k) gesund – _____
l) weich – _____
m) Käse – _____
n) Mehl – _____
o) aufwachen – _____
p) stehen – _____
q) schlafen – _____
r) Geburtstag – _____

30. Schreiben Sie eine Zusammenfassung für den Text von Anna Wimschneider.

Zu Lektion
10
Wiederholung

Lesen Sie vorher noch einmal den Text von Anna Wimschneider auf den Seiten 126 und 127 im Kursbuch. Sie können die folgenden Hilfen verwenden.

- mit ihren Eltern und Großeltern auf einem Bauernhof in Bayern (Anna)
- acht Geschwister
- im Sommer 1927 bei der Geburt des achten Kindes sterben (Mutter)
- keine Mutter mehr (Familie)
- im Haus und bei der Ernte helfen (Nachbarn)
- viel Arbeit, bald keine Lust mehr (Nachbarn)
- arbeiten müssen (Kinder)
- die Hausarbeit machen (Anna)
- zeigen, wie man kocht (Nachbarin)
- morgens Schule, nachmittags und abends arbeiten (Anna)
- mit neun Jahren kochen können (Anna)
- vor allem Milch, Kartoffeln und Brot essen (Familie)
- sehr arm sein, sehr einfach leben (Familie)
- oft Hunger haben, Kartoffeln für die Schweine essen (Kinder)
- schlafen (Vater, Großeltern, Kinder)
- kaputte Kleider nähen und flicken, bis abends um 10 Uhr (Anna)
- schwere Arbeit, traurig, oft weinen (Anna)
- älter sein, einen Mann (Albert) kennen lernen (Anna)
- den Hof seiner Eltern bekommen (Albert)
- 1939 heiraten (Albert und Anna)
- nicht feiern, am Hochzeitstag arbeiten (Albert und Anna)
- für die Familie und die Eltern von Albert sorgen (Anna)
- sehr arm sein, sehr viel arbeiten
- zur Armee gehen müssen (Albert)
- Feldarbeit und Hausarbeit machen (Anna)
- helfen (niemand)
- nichts tun (Schwiegermutter)
- sehr unglücklich (Anna)

SCHLÜSSEL

Lektion 1

1. positiv: nett, lustig, sympathisch, intelligent, freundlich, attraktiv, ruhig, hübsch, schön, schlank, gemütlich
   negativ: dumm, langweilig, unsympathisch, hässlich, dick, komisch, nervös, unfreundlich

2. a) hübsch b) intelligent c) alt d) attraktiv e) hässlich f) jung g) nett

3. a) finde · – b) ist · – / sieht · aus c) ist · – d) finde · – e) ist · – / sieht · aus f) ist · –
   g) ist · – h) ist · – / sieht · aus i) finde · –

4. a) ein bisschen/etwas b) über (etwa/ungefähr) c) nur/bloß (genau) d) viel e) mehr f) über g) fast
   h) genau

5. a) die starken Arme · die breiten Schultern · die schmalen Augen · die attraktive Figur
   b) der dicke Bauch · das runde Gesicht · die kleinen Hände · die braune Haut
   c) die langen Beine · die braune Haut · der große Mund · die schlanke Figur
   d) die runde Brille · der große Hut · die schwarzen Haare · der kluge Kopf

6. a) stark b) schlank c) rund d) groß e) kurz

7. a) Den billigen Fotoapparat hat Bernd ihm geschenkt. b) Die komische Uhr hat Petra ihm geschenkt.
   c) Das langweilige Buch hat Udo ihm geschenkt. d) Den hässlichen Pullover hat Inge ihm geschenkt.
   e) Den alten Kuchen hat Carla ihm geschenkt. f) Den sauren Wein hat Dagmar ihm geschenkt.
   g) Die unmoderne Jacke hat Horst ihm geschenkt. h) Den kaputten Kugelschreiber hat Holger ihm
   geschenkt. i) Das billige Radio hat Rolf ihm geschenkt.

8. a) gelb b) rot (gelb) c) weiß d) blau (grün) e) schwarz f) grün g) braun

9. a) Welches Kleid findest du besser, das lange oder das kurze? b) Welchen Mantel findest du besser, den
   gelben oder den braunen? c) Welche Jacke findest du besser, die grüne oder die weiße? d) Welchen
   Pullover findest du besser, den dicken oder den dünnen? e) Welche Mütze findest du besser, die kleine
   oder die große? f) Welche Hose findest du besser, die blaue oder die rote? g) Welche Handschuhe findest
   du besser, die weißen oder die schwarzen?

10. nie → fast nie / sehr selten → selten → manchmal → oft → sehr oft → meistens / fast immer → immer

11. a) Wie hässlich! So ein dicker Hals gefällt mir nicht. b) … So eine lange Nase gefällt mir nicht.
    c) … So ein trauriges Gesicht gefällt mir nicht. d) … So ein dicker Bauch gefällt mir nicht. e) … So
    kurze Beine gefallen mir nicht. f) … So dünne Arme gefallen mir nicht. g) … So ein großer Mund
    gefällt mir nicht. h) … So eine schmale Brust gefällt mir nicht.

12. a) die Jacke b) das Kleid c) die Schuhe d) die Bluse e) der Rock f) die Strümpfe g) die Mütze
    h) der Mantel i) der Pullover j) die Handschuhe k) die Hose

13. a) Haare b) Kleidung c) Mensch/Charakter d) Aussehen

14. a) … einen dicken Bauch. … kurze Beine. … große Füße. … kurze Haare. … eine runde Brille. … ein
    schmales Gesicht. … eine lange (große) Nase. … einen kleinen Mund. b) Sein Bauch ist dick. … kurz. …
    groß. … kurz. … rund. … schmal. … lang (groß). … klein. c) Sie hat große Ohren. … lange Haare. … eine
    kleine Nase. … einen schmalen Mund. … lange Beine. … ein rundes Gesicht. … kleine Füße. … einen
    dicken Hals. d) Ihre Ohren sind groß. … lang. … klein. … schmal. … lang. … rund. … klein. … dick.

15. a) schwarzen · weißen b) blauen · gelben c) schwere · dicken d) dunklen · roten e) weißes · blauen
    f) braune · braunen

16. ein roter Mantel   einen roten Mantel   einem roten Mantel
    eine braune Hose   eine braune Hose   einer braunen Hose
    ein blaues Kleid   ein blaues Kleid   einem blauen Kleid
    neue Schuhe   neue Schuhe   neuen Schuhen

17. a) schwarzen · weißen b) blaue · roten c) braunen · grünen d) helle · gelben e) rote · schwarzen

SCHLÜSSEL

18. | der rote Mantel | den roten Mantel | dem roten Mantel |
die braune Hose	die braune Hose	der braunen Hose
das blaue Kleid	das blaue Kleid	dem blauen Kleid
die neuen Schuhe	die neuen Schuhe	den neuen Schuhen

19. a) ◦ Du suchst doch eine Bluse. Wie findest du die hier?
    ▪ Welche meinst du?
    ◦ Die weiße.
    ▪ Die gefällt mir nicht.
    ◦ Was für eine möchtest du denn?
    ▪ Eine blaue.

    d) ◦ Du suchst doch einen Rock. Wie findest du den hier?
    ▪ Welchen meinst du?
    ◦ Den roten.
    ▪ Der gefällt mir nicht.
    ◦ Was für einen möchtest du denn?
    ▪ Einen gelben.

    b) ◦ Du suchst doch eine Hose. Wie findest du die hier?
    ▪ Welche meinst du?
    ◦ Die braune.
    ▪ Die gefällt mir nicht.
    ◦ Was für eine möchtest du denn?
    ▪ Eine schwarze.

    e) ◦ Du suchst doch Schuhe. Wie findest du die hier?
    ▪ Welche meinst du?
    ◦ Die blauen.
    ▪ Die gefallen mir nicht.
    ◦ Was für welche möchtest du denn?
    ▪ Weiße.

    c) ◦ Du suchst doch ein Kleid. Wie findest du das hier?
    ▪ Welches meinst du?
    ◦ Das kurze.
    ▪ Das gefällt mir nicht.
    ◦ Was für eins möchtest du denn?
    ▪ Ein langes.

20. | Was für ein Mantel? | Was für einen Mantel? | Mit was für einem Mantel? |
Welcher Mantel?	Welchen Mantel?	Mit welchem Mantel?
Was für eine Hose?	Was für eine Hose?	Mit was für einer Hose?
Welche Hose?	Welche Hose?	Mit welcher Hose?
Was für ein Kleid?	Was für ein Kleid?	Mit was für einem Kleid?
Welches Kleid?	Welches Kleid?	Mit welchem Kleid?
Was für Schuhe?	Was für Schuhe?	Mit was für Schuhen?
Welche Schuhe?	Welche Schuhe?	Mit welchen Schuhen?

21. a) Musiker b) Onkel c) Tochter d) Meter (m) e) Ehemann f) Kollege g) Hemd h) Hochzeitsfeier i) Brille j) voll k) keine Probleme

22. a) Welcher Dieser / Welche Diese / Welches Dieses / Welche Diese
    b) Welchen Diesen / Welche Diese / Welches Dieses / Welche Diese
    e) welchem diesem / welcher dieser / welchem diesem / welchen diesen

23. a) Arbeitgeberin · Angestellte b) Arbeitsamt c) pünktlich d) verrückt e) angenehme f) Prozess g) Stelle h) Ergebnis i) kritisieren j) Typ k) Wagen l) Test

24. a) Alle · manche b) jeden · manche c) allen · jedem d) alle · manche

25. | jeder | jede | jedes | alle | manche |
| jeden | jede | jedes | alle | manche |
| jedem | jeder | jedem | allen | manchen |

26. pro: Du hast Recht. Das stimmt. Das ist richtig. Das ist auch meine Meinung. Das finde ich auch. Ich glaube das auch. Einverstanden! Das ist wahr.
    contra: Ich bin anderer Meinung. Das finde ich nicht. Das ist falsch. Das ist Unsinn. So ein Quatsch! Das stimmt nicht. Das ist nicht wahr.

27. a) lügen b) verlangen c) zahlen d) tragen e) kritisieren f) kündigen

SCHLÜSSEL

Lektion 2

1. **a)** Peter möchte Zoodirektor werden, weil er Tiere mag. · Weil Peter Tiere mag, möchte er Zoodirektor werden. **b)** Gabi will Sportlerin werden, weil sie eine Goldmedaille gewinnen möchte. · Weil Gabi eine Goldmedaille gewinnen möchte, will sie Sportlerin werden. **c)** Sabine will Fotomodell werden, weil sie schöne Kleider mag. · Weil Sabine schöne Kleider mag, will sie Fotomodell werden. **d)** Paul möchte Nachtwächter werden, weil er abends nicht früh ins Bett gehen mag. · Weil Paul abends nicht früh ins Bett gehen mag, möchte er Nachtwächter werden. **e)** Sabine will Fotomodell werden, weil sie viel Geld verdienen möchte. · Weil Sabine viel Geld verdienen möchte, will sie Fotomodell werden. **f)** Paul will Nachtwächter werden, weil er nachts arbeiten möchte. · Weil Paul nachts arbeiten möchte, will er Nachtwächter werden. **g)** Julia will Dolmetscherin werden, weil sie dann oft ins Ausland fahren kann. · Weil Julia dann oft ins Ausland fahren kann, will sie Dolmetscherin werden. **h)** Julia möchte Dolmetscherin werden, weil sie gern viele Sprachen verstehen möchte. · Weil Julia gern viele Sprachen verstehen möchte, möchte sie Dolmetscherin werden. **i)** Gabi will Sportlerin werden, weil sie die Schnellste in ihrer Klasse ist. · Weil Gabi die Schnellste in ihrer Klasse ist, will sie Sportlerin werden.

	Junktor	Vorfeld	Verb$_1$	Subj.	Erg.	Ang.	Ergänzung	Verb$_2$	Verb$_1$ im Nebensatz
a)		Peter	möchte				Zoodirektor	werden,	
	denn	er	mag				Tiere.		
		Peter	möchte				Zoodirektor	werden,	
	weil			er			Tiere		mag.
b)		Gabi	will				Sportlerin	werden,	
	denn	sie	möchte				eine Goldmedaille	gewinnen.	
		Gabi	will				Sportlerin	werden,	
	weil			sie			eine Goldmedaille	gewinnen	möchte.
c)		Sabine	will				Fotomodell	werden,	
	denn	sie	mag				schöne Kleider.		
		Sabine	will				Fotomodell	werden,	
	weil			sie			schöne Kleider		mag.

2. **a)** wollte **b)** will **c)** wollten **d)** wolltest **e)** wollt **f)** wollten **g)** willst **h)** wolltet **i)** wollte **j)** wollen

3. will   willst   will   wollen   wollt   wollen   wollen
   wollte   wolltest   wollte   wollten   wolltet   wollten   wollten

4. **a)** Verkäufer **b)** Ausbildung **c)** verdienen **d)** Schauspielerin **e)** Zahnarzt **f)** Zukunft **g)** Maurer **h)** kennen lernen **i)** Klasse

5. **a)** klein · jung **b)** bekannt · schlank **c)** frisch · einfach **d)** zufrieden · freundlich

SCHLÜSSEL

6. | konnte | durfte | sollte | musste |
    |----------|----------|----------|----------|
    | konntest | durftest | solltest | musstest |
    | konnte | durfte | sollte | musste |
    | konnten | durften | sollten | mussten |
    | konntet | durftet | solltet | musstet |
    | konnten | durften | sollten | mussten |
    | konnten | durften | sollten | mussten |

7. **a)** weil **b)** obwohl **c)** obwohl **d)** weil **e)** weil **f)** obwohl **g)** obwohl

	Junktor	Vorfeld	Verb₁	Subj.	Erg.	Ang.	Ergänzung	Verb₂	Verb₁ im Nebensatz
d)		Herr Schmidt	konnte			nicht mehr	als Maurer	arbeiten,	
	weil			er			einen Unfall		hatte.
e)		Frau Voller	sucht				eine neue Stelle,		
	weil			sie			nicht genug		verdient.
f)		Frau Mars	liebt				ihren Beruf,		
	obwohl			die Arbeit		manchmal	sehr anstrengend		ist.
g)		Herr Gansel	musste				Landwirt	werden,	
	obwohl			er	es	gar nicht	wollte.		

8. **a)** Wenn du Bankkaufmann werden willst, dann musst du jetzt eine Lehrstelle suchen. · …, dann such jetzt schnell eine Lehrstelle. **b)** Wenn du studieren willst, dann musst du aufs Gymnasium gehen. · …, dann geh aufs Gymnasium. **c)** Wenn du sofort Geld verdienen willst, dann musst du die Stellenanzeigen in der Zeitung lesen. · …, dann lies die Stellenanzeigen in der Zeitung. **d)** Wenn du nicht mehr zur Schule gehen willst, dann musst du einen Beruf lernen. · …, dann lern einen Beruf. **e)** Wenn du noch nicht arbeiten willst, dann musst du weiter zur Schule gehen. · …, dann geh weiter zur Schule. **f)** Wenn du später zur Fachhochschule gehen willst, dann musst du jetzt zur Fachoberschule gehen. · …, dann geh jetzt zur Fachoberschule. **g)** Wenn du einen Beruf lernen willst, dann musst du die Leute beim Arbeitsamt fragen. · …, dann frag die Leute beim Arbeitsamt.

9. **a)** Kurt sucht eine andere Stelle, weil er mehr Geld verdienen will. · Weil Kurt mehr Geld verdienen will, sucht er eine andere Stelle. **b)** Herr Bauer ist unzufrieden, weil er eine anstrengende Arbeit hat. · Weil Herr Bauer eine anstrengende Arbeit hat, ist er unzufrieden. **c)** Eva ist zufrieden, obwohl sie wenig Freizeit hat. · Obwohl Eva wenig Freizeit hat, ist sie zufrieden. **d)** Hans kann nicht studieren, wenn er ein schlechtes Zeugnis bekommt. · Wenn Hans ein schlechtes Zeugnis bekommt, (dann) kann er nicht studieren. **e)** Herbert ist arbeitslos, weil er einen Unfall hatte. · Weil Herbert einen Unfall hatte, ist er arbeitslos. **f)** Ich nehme die Stelle, wenn ich nicht nachts arbeiten muss. · Wenn ich nicht nachts arbeiten muss, (dann) nehme ich die Stelle.

10. **a)** Lehre **b)** Semester **c)** mindestens **d)** Gymnasium **e)** Nachteil **f)** Zeugnis **g)** Bewerbung **h)** beginnen **i)** Grundschule

11. **a)** B **b)** A **c)** A **d)** B

12. **a)** Deshalb **b)** und **c)** dann **d)** Sonst **e)** Trotzdem **f)** Aber **g)** denn **h)** sonst **i)** dann **j)** aber **k)** Trotzdem

SCHLÜSSEL

	Junktor	Vorfeld	Verb₁	Subj.	Erg.	Ang.	Ergänzung	Verb₂
a)		Für Akademiker	gibt	es			wenig Stellen.	
		Deshalb	haben	viele Studenten			Zukunftsangst.	
b)		Die Studenten	wissen		das	natürlich,		
	und	die meisten	sind			nicht	optimistisch.	
c)		Man	muss			einfach	besser	sein,
		dann	findet	man		bestimmt	eine Stelle.	
d)		Du	musst			zuerst	das Abitur	machen.
		Sonst	kannst	du		nicht		studieren.
e)		Ihr	macht	das Studium			keinen Spaß.	
		Trotzdem	studiert	sie				weiter.
f)		Sie	hat				viele Bewerbungen	geschrieben,
	Aber	sie	hat				keine Stelle	gefunden.
g)		Sie	lebt			noch	bei ihren Eltern,	
	denn	eine Wohnung	kann	sie		nicht		bezahlen.

13. a) Die Studenten studieren weiter, obwohl sie ihre schlechten Berufschancen kennen. **b)** Vera ist schon 27 Jahre alt. Trotzdem wohnt sie immer noch bei den Eltern. **c)** Obwohl Manfred nicht mehr zur Schule gehen will, soll er den Realschulabschluss machen. **d)** Jens kann schon zwei Fremdsprachen. Trotzdem will er Englisch lernen. **e)** Obwohl Eva Lehrerin werden sollte, ist sie Krankenschwester geworden. **f)** Obwohl ein Doktortitel bei der Stellensuche wenig hilft, schreibt Vera eine Doktorarbeit. **g)** Es gibt zu wenig Stellen für Akademiker. Trotzdem hat Konrad Dehler keine Zukunftsangst. **h)** Obwohl Bernhard das Abitur gemacht hat, möchte er lieber einen Beruf lernen. **i)** Doris hat sehr schlechte Arbeitszeiten. Trotzdem möchte sie keinen anderen Beruf.

14. a) Thomas möchte nicht mehr zur Schule gehen, weil er lieber einen Beruf lernen möchte. · Thomas möchte lieber einen Beruf lernen. Deshalb möchte er nicht mehr zur Schule gehen. **b)** Jens findet seine Stelle nicht gut, denn er hat zu wenig Freizeit. · Jens hat zu wenig Freizeit. Deshalb findet er seine Stelle nicht gut. **c)** Herr Köster kann nicht arbeiten, weil er gestern einen Unfall hatte. · Herr Köster hatte gestern einen Unfall. Deshalb kann er nicht arbeiten. **d)** Manfred soll noch ein Jahr zur Schule gehen, weil er keine Stelle gefunden hat. · Manfred hat keine Stelle gefunden. Deshalb soll er noch ein Jahr zur Schule gehen. **e)** Vera wohnt noch bei ihren Eltern, denn sie verdient nur wenig Geld. · Vera verdient nur wenig Geld. Deshalb wohnt sie noch bei ihren Eltern. **f)** Kerstin kann nicht studieren, weil sie nur die Hauptschule besucht hat. · Kerstin hat nur die Hauptschule besucht. Deshalb kann sie nicht studieren. **g)** Conny macht das Studium wenig Spaß, denn an der Uni gibt es eine harte Konkurrenz. · An der Uni gibt es eine harte Konkurrenz. Deshalb macht das Studium Conny wenig Spaß. **h)** Simon mag seinen Beruf nicht, denn er wollte eigentlich Automechaniker werden. · Simon wollte eigentlich Automechaniker werden. Deshalb mag er seinen Beruf nicht. **i)** Herr Bender möchte weniger arbeiten, weil er zu wenig Zeit für seine Familie hat. · Herr Bender hat zu wenig Zeit für seine Familie. Deshalb möchte er weniger arbeiten.

15. a) – · er **b)** sie · – **c)** – · er **d)** sie · – **e)** – · sie **f)** – · er **g)** – · sie **h)** er · – **i)** sie · – **j)** – · sie **k)** – · er

16. großes · deutschen · attraktive · junge · eigenen · neues
neue · neuen
großes · jungen · interessanten · gutes · sichere berufliche · modernen

17. a) Heute ist der zwölfte Mai. · ... der achtundzwanzigste Februar. · ... der erste April. · ... der dritte August
b) Am siebten April. · Am siebzehnten Oktober · Am elften Januar · Am einunddreißigsten März **c)** Nein, wir haben heute den dritten. · Nein, wir haben heute den vierten. · Nein, wir haben heute den siebten. · Nein, wir haben heute den achten. **d)** Vom vierten April bis zum achten März. · Vom dreiundzwanzigsten Januar bis zum zehnten September. · Vom vierzehnten Februar bis zum ersten Juli. · Vom siebten April bis zum zweiten Mai.

SCHLÜSSEL

18. ○ Maurer.
    ○ Hallo, Petra, hier ist Anke.
    ○ Hallo, Anke!
    ○ Na, wie geht's? Hast du schon eine neue Stelle?
    ○ Ja, drei Angebote. Am interessantesten finde ich eine Firma in Offenbach.
    ○ Und? Erzähl mal!
    ○ Da kann ich Chefsekretärin werden. Die Kollegen sind nett, und das Gehalt ist auch ganz gut.
    ○ Und was machst du? Nimmst du die Stelle?
    ○ Ich weiß noch nicht. Nach Offenbach sind es 35 Kilometer. Das ist ziemlich weit.
    ○ Das ist doch nicht schlimm. Dann musst du nur ein bisschen früher aufstehen.
    ○ Aber du weißt doch, ich schlafe morgens gern lange.
    ○ Ja, ja, ich weiß. Aber findest du das wichtiger als eine gute Stelle? …

19. a) Student b) Betrieb c) Kantine d) Inland e) ausgezeichnet f) lösen g) arbeitslos h) Rente
    i) Import j) Hauptsache k) auf jeden Fall l) dringend m) anfangen n) Monate

20. a) Gehalt b) Kunde c) Termin d) bewerben e) Religion f) Zeugnis

21. a) macht b) bestimmen c) gehen d) besuchen e) aussuchen f) geschafft g) versprechen

22. a) verdienen b) sprechen c) schreiben d) studieren e) korrigieren f) kennen g) hören h) anbieten
    i) werden j) dauern k) lesen

Lektion 3

1. a) Kultur b) Unterhaltung c) Werbung d) Medizin e) Gewinn f) Gott g) Orchester h) Information
   i) Pilot j) spielen

2. Unterhaltungsmusik, Unterhaltungssendung, …
   Spielfilm, Kinderfilm, …
   Nachmittagsprogramm, Kulturprogramm, …

3. a) Uhrzeit b) Telefon c) Nachmittagsprogramm d) Tier e) Tierarzt f) zu spät g) Auto h) tot
   i) vergleichen

4. nach Paris fliegen. Zu spät merken die Eltern im Flugzeug, dass sie ihren kleinen Sohn zu Hause vergessen haben. Aber Kevin ist ein sehr cleverer Junge, obwohl er erst acht Jahre alt ist. Eigentlich findet er die Situation auch gar nicht so schlimm, weil er jetzt jede Freiheit hat. Er kann den ganzen Tag fernsehen und muss abends nicht ins Bett gehen. Aber leider hat er wenig Freizeit, weil zwei Diebe in sein Haus einsteigen wollen. Kevin macht ein Spiel aus der gefährlichen Situation. Am Ende haben die Diebe Harry und Marv gelernt, dass ein Kind sehr viel Ärger machen kann. *(Andere Lösungen sind möglich.)*

5. a) Wir · uns b) ihr · euch c) dich · ich · mich d) sie · sich e) Sie · sich f) Er · sich g) sich

6. a) Du · dich · anziehen b) ich · mich · duschen c) wir · uns · entscheiden d) Sie · sich · gelegt e) Setzen Sie sich f) stellt euch g) Sie · sich · vorgestellt h) Ihr · euch · waschen i) sich · beworben

7.
ich	du	er	sie	es	man	wir	ihr	sie	Sie
mich	dich	sich	sich	sich	sich	uns	euch	sich	sich

8. a) über die b) über ihn c) auf die d) in der e) mit dem f) über den g) mit dem h) über den
   i) Über das j) mit der k) für ihren l) mit der

9. den Film · die Musik · das Programm · die Sendungen
   den Film · die Musik · das Programm · die Sendungen
   den Film · die Musik · das Programm · die Sendungen
   den Film · die Musik · das Programm · die Sendungen

   dem Plan · der Meinung · dem Geschenk · den Antworten
   dem Plan · der Meinung · dem Geschenk · den Antworten

zweihunderteins **201**

SCHLÜSSEL

10. **a)** Worüber · über · Darüber **b)** Worüber · Über · darüber **c)** Wofür · Für · Dafür **d)** Womit · Mit · Damit **e)** Worauf · Auf · Darauf **f)** Worauf · Auf · Darauf

11. **a)** Mit wem · Mit · mit ihr **b)** Für wen · Für · für sie **c)** Mit wem · Mit · Mit der / Mit ihr **d)** Über wen · Über · Über mich **e)** Auf wen · Auf · auf den / auf ihn

12. worüber? / über wen?   darüber / über sie
    worauf? / auf wen?   darauf / auf sie
    wofür? für wen?   dafür / für ihn
    wonach? / nach wem?   danach / nach ihm
    womit? / mit wem?   damit / mit ihm

13.

	Vorfeld	Verb$_1$	Subjekt	Erg.	Angabe	Ergänzung	Verb$_2$
a)	Wofür	interessiert	Bettina	sich	am meisten?		
b)	Bettina	interessiert		sich	am meisten	für Sport.	
c)	Für Sport	interessiert	Bettina	sich	am meisten.		
d)	Am meisten	interessiert	Bettina	sich		für Sport.	
e)	Für Sport	hat	Bettina	sich	am meisten		interessiert.

14. **a)** sie würde gern noch mehr Urlaub machen. **b)** sie hätte gern noch mehr Autos. **c)** sie wäre gern noch schlanker. **d)** sie würde gern noch länger fernsehen. **e)** sie würde gern noch mehr verdienen. **f)** sie hätte gern noch mehr Hunde. **g)** sie würde gern noch länger schlafen. **h)** sie wäre gern noch attraktiver. **i)** sie würde gern noch besser aussehen. **j)** sie würde gern noch mehr Sprachen sprechen. **k)** sie hätte gern noch mehr Kleider. **l)** sie wäre gern noch reicher. **m)** sie würde gern noch mehr Leute kennen. **n)** sie würde gern noch öfter Ski fahren. **o)** sie würde gern noch öfter einkaufen gehen. **p)** sie würde gern noch mehr über Musik wissen.

15. **a)** Es wäre gut, wenn er weniger arbeiten würde. **b)** Es wäre gut, wenn ich weniger essen würde. **c)** Es wäre gut, wenn sie wärmere Kleidung tragen würde. **d)** Es wäre gut, wenn Sie früher aufstehen würden. **e)** Es wäre gut, wenn ich (mir) ein neues Auto kaufen würde. **f)** Es wäre gut, wenn ich (mir) eine andere Wohnung suchen würde. **g)** Es wäre gut, wenn ich jeden Tag 30 Minuten laufen würde. **h)** Es wäre gut, wenn er (sich) eine andere Stelle suchen würde. **i)** Es wäre gut, wenn wir netter wären.

16.

gehe	gehst	geht	gehen	geht	gehen	gehen
würde	würdest	würde	würden	würdet	würden	würden
gehen	gehen	gehen	gehen	gehen	gehen	gehen
bin	bist	ist	sind	seid	sind	sind
wäre	wärest	wäre	wären	wäret	wären	wären
habe	hast	hat	haben	habt	haben	haben
hätte	hättest	hätte	hätten	hättet	hätten	hätten

17. **a)** wichtig **b)** sauber sein **c)** Firma **d)** Schule **e)** leicht

18. **a)** Literatur **b)** Kunst **c)** sich ärgern **d)** Schatten **e)** Hut **f)** Himmel **g)** Glückwunsch **h)** Kompromiss **i)** raten **j)** singen **k)** Radio

19. Gabriela, 20, ist Straßenpantomimin. Sie zieht von Stadt zu Stadt und spielt auf Plätzen und Straßen. Die Leute mögen ihr Spiel, nur wenige regen sich darüber auf. Gabriela sammelt Geld bei den Leuten. Sie verdient ganz gut, aber sie muss regelmäßig spielen. Früher hat sie mit Helmut zusammen gespielt. Er war auch Straßenkünstler. Ihr hat das freie Leben gefallen. Zuerst hat sie nur für Helmut Geld gesammelt, aber dann hat sie auch selbst getanzt. Nach einem Krach mit Helmut hat sie einen Schnellkurs für Pantomimen gemacht. Sie findet ihr Leben unruhig, aber sie möchte keinen anderen Beruf. *(Andere Lösungen sind möglich.)*

20. **a)** ist **b)** hat **c)** hätte **d)** wäre **e)** hat **f)** war **g)** war **h)** hatten **i)** wäre **j)** wäre **k)** hat **l)** ist **m)** würde **n)** hätten **o)** hat **p)** hat **q)** wären **r)** würde **s)** wären **t)** hätte **u)** wäre **v)** würde **w)** hätte **x)** hatte

SCHLÜSSEL

21. a) Bart b) Cent c) auspacken d) Vorstellung e) Zuschauer f) ausruhen g) Finger h) Minuten
    i) Krach j) weinen k) malen l) Baum

22. a) möglich b) Qualität c) Kaufhaus d) Spezialität e) Eingang/Ausgang f) Lautsprecher g) öffentlich
    h) regelmäßig i) feucht j) nützen k) kaum l) Ordnung

23. a) laut sein b) gern haben c) sich beschweren d) legen e) leihen f) verbieten g) lachen
    h) sich ausruhen

24. a) dürfte b) könnte c) müsste d) solltest e) könnte f) könnte · müsste g) müsste h) dürfte

25. | | | | | | | |
    |---|---|---|---|---|---|---|
    | müsste | müsstest | müsste | müssten | müsstet | müssten | müssten |
    | dürfte | dürftest | dürfte | dürften | dürftet | dürften | dürften |
    | könnte | könntest | könnte | könnten | könntet | könnten | könnten |
    | sollte | solltest | sollte | sollten | solltet | sollten | sollten |

Lektion 4

1. a) Leistung b) Kosten c) Alter d) Gewicht e) Länge f) Geschwindigkeit g) Benzinverbrauch

2. a) schnell b) klein c) leise d) lang e) niedrig/tief f) preiswert/billig g) viel h) stark i) schwer

3. neue · stärkerer · höhere · größerer · breiteren · bequemeren · stärkeren · saubereren · neuen · besseren ·
   niedrigere · niedrigere · neue · größere · modernere · bessere

4. höchste, höchste, höchste, höchsten   niedriger, niedrige, niedriges, niedrige
   höchsten, höchste, höchste, höchsten   niedrigen, niedrige, niedriges, niedrige
   höchsten, höchsten, höchsten, höchsten   niedrigen, niedrigen, niedrigen, niedrigen

5. a) als b) wie c) wie d) als e) wie f) als g) als h) wie

6. a) Das neue Auto verbraucht mehr Benzin, als man mir gesagt hat. b) Das neue Auto verbraucht genauso wenig Benzin, wie man mir gesagt hat. c) Die Kosten für einen Renault sind genauso hoch, wie du gesagt hast. d) Der Motor ist viel älter, als der Autoverkäufer uns gesagt hat. e) Der Wagen fährt schneller, als im Prospekt steht. f) Der Wagen fährt so schnell, wie Renault in der Anzeige schreibt. g) Es gibt den Wagen auch mit einem schwächeren Motor, als der Autoverkäufer mir erzählt hat. h) Kleinwagen sind nicht so unbequem, wie ich früher gemeint habe. / … bequemer, als ich früher gemeint habe.

7. a) gehen b) fließen c) fahren d) fahren e) gehen

8. a) Benzin b) Lampe c) Werkzeug d) Spiegel e) Bremsen f) Panne g) Reifen h) Batterie i) Werkstatt
   j) Unfall

9. a) baden b) schwierig c) zu schwierig d) blond e) nimmt f) gut laufen

10. 1. D 2. G 3. B 4. F 5. B 6. A 7. G 8. E 9. F 10. A 11. D 12. C 13. E 14. C

11. ● Mein Name ist Becker. Ich möchte meinen Wagen bringen.
    ▪ Ach ja, Frau Becker. Sie haben gestern angerufen. Was ist denn kaputt?
    ● Die Bremsen ziehen immer nach rechts, und der Motor braucht zu viel Benzin.
    ▪ Noch etwas?
    ● Nein, das ist alles. Wann kann ich das Auto abholen?
    ▪ Morgen Nachmittag.
    ● Morgen Nachmittag erst? Aber gestern am Telefon haben Sie mir doch gesagt, Sie können es heute noch reparieren.
    ▪ Es tut mir Leid, Frau Becker, aber wir haben so viel zu tun. Das habe ich gestern nicht gewusst.
    ● Das interessiert mich nicht. Sie haben es versprochen!
    ▪ Ja, da haben Sie Recht, Frau Becker. Na gut, wir versuchen es, vielleicht geht es ja heute doch noch.

SCHLÜSSEL

12. verlieren   Öl, Benzin, Brief, Brille, Führerschein, Geld, Haare, Hemd, Pullover
    schneiden   Blech, Kuchen, Haare, Bart, Brot, Gemüse, Wurst, Papier, Fleisch
    waschen   Wagen, Pullover, Haare, Hände, Kind, Auto, Hals, Fleisch, Gemüse, Hemd

13. a) Hier wird ein Auto abgeholt. b) Hier wird ein Motor repariert. c) Hier wird ein Rad gewechselt.
    d) Hier wird getankt. e) Hier werden die Bremsen geprüft. f) Hier wird geschweißt. g) Hier wird ein Auto gewaschen. h) Hier wird die Werkstatt sauber gemacht. i) Hier wird Öl geprüft. j) Hier wird eine Rechnung bezahlt. k) Hier wird ein Radio montiert. l) Hier wird nicht gearbeitet.

14. ich: werde abgeholt   du: wirst abgeholt   Sie: werden abgeholt   er/sie/es/man: wird abgeholt
    wir: werden abgeholt   ihr: werdet abgeholt   sie/Sie: werden abgeholt

15. a) Die Kinder werden vom Vater geweckt. b) Die Kinder werden von der Mutter angezogen. c) Das Frühstück wird vom Vater gemacht. d) Die Kinder werden vom Vater zur Schule gebracht. e) Das Geschirr wird vom Geschirrspüler gespült. f) Die Wäsche wird von der Waschmaschine gewaschen. g) Das Kinderzimmer wird von den Kindern aufgeräumt. h) Der Hund wird von den Kindern gebadet. i) Die Kinder werden vom Vater und von der Mutter ins Bett gebracht. j) Die Wohnung wird vom Vater geputzt. k) Das Essen wird vom Vater gekocht. l) Das Geld wird von der Mutter verdient.

16.

	Vorfeld	Verb₁	Subjekt	Erg.	Angabe	Ergänzung	Verb₂
a)	Die Karosserien	werden			von Robotern		geschweißt.
b)	Roboter	schweißen				die Karosserien.	
c)	Morgens	wird	das Material		mit Zügen		gebracht.
d)	Züge	bringen			morgens	das Material.	
e)	Der Vater	bringt		die Kinder		ins Bett.	
f)	Die Kinder	werden			vom Vater	ins Bett	gebracht.

17. a) C b) A c) C d) B e) C f) C

18. a) A. 1, 6, 8, 11   B. 4, 5, 9, 12   C. 2, 3, 7, 10
    b) A. Wenn ich Autoverkäufer wäre, würde ich Provisionen bekommen. Ich könnte Kredite und Versicherungen besorgen. Ich müsste auch Büroarbeit machen, und natürlich würde ich Autos verkaufen. B. Wenn ich Tankwart wäre, hätte ich oft unregelmäßige Arbeitszeiten. Ich wäre meistens an der Kasse. Ich müsste auch technische Arbeiten machen und würde Benzin, Autozubehörteile und andere Artikel verkaufen. C. Wenn ich Berufskraftfahrerin wäre, hätte ich keine leichte Arbeit. Ich hätte oft unregelmäßige Arbeitszeiten und wäre oft von der Familie getrennt. Ich müsste immer pünktlich ankommen. *(Andere Lösungen sind möglich.)*

19. a) angerufen · angerufen b) repariert · repariert c) aufgemacht · aufgemacht d) versorgt · versorgt e) bedient · bedient f) verkauft · verkauft g) gewechselt · gewechselt h) beraten · beraten i) angemeldet · angemeldet j) besorgt · besorgt k) gepflegt · gepflegt l) montiert · montiert m) kontrolliert · kontrolliert n) vorbereitet · vorbereitet o) zurückgegeben · zurückgegeben p) eingeschaltet · eingeschaltet q) bezahlt · bezahlt r) gekündigt · gekündigt s) geschrieben · geschrieben t) geliefert · geliefert

20. a) Fahrlehrer(in), Taxifahrer(in), Berufskraftfahrer(in) b) Autoverkäufer(in), Sekretär(in), Buchhalter(in) c) Mechaniker(in), Tankwart(in), Meister(in) d) Facharbeiter(in), Schichtarbeiter(in), Roboter

21. a) mit b) in c) für d) für e) mit f) Für g) vor h) für i) über j) von k) bei l) auf m) Als

22. a) Hobby b) Feierabend c) Industrie d) Arbeitszeit e) Haushalt f) Kredit

23. Herr Behrens, was sind Sie von Beruf? · Sind Sie selbständig? · Wie alt sind Sie? · Von wann bis wann arbeiten Sie? · Und wann schlafen Sie? · Ist das nicht schlecht für das Familienleben? · Warum können Sie denn nicht schlafen? · Was ist Ihre Frau von Beruf? · Und Sie haben Kinder, nicht wahr? · Wann arbeitet Ihre Frau? · Was machen Sie nachmittags? · Warum machen Sie überhaupt Schichtarbeit?

24. a) ruhig b) zusammen c) sauber d) selten e) wach f) leer g) mehr h) allein i) gleich

SCHLÜSSEL

25. a) Überstunden **b)** Krankenversicherung **c)** Schichtarbeit **d)** Lohn **e)** Gehalt **f)** Arbeitslosenversicherung **g)** Haushaltsgeld **h)** Kredit **i)** Rentenversicherung **j)** Steuern

26. a) 5 **b)** 2 **c)** 3 **d)** 6 **e)** 8 **f)** 7 **g)** 1 **h)** 4

Lektion 5

1. Morgen fange ich an mehr Obst zu essen. … früher schlafen zu gehen. … öfter Sport zu treiben. … weniger fernzusehen. … weniger Bier zu trinken. … weniger Geld auszugeben. … die Wohnung regelmäßig aufzuräumen. … meine Eltern öfter zu besuchen. … die Rechnungen schneller zu bezahlen. … mich täglich zu duschen. … immer die Schuhe zu putzen. … öfter zum Zahnarzt zu gehen. … nicht mehr zu lügen. … früher aufzustehen. … mehr spazieren zu gehen. … immer eine Krawatte anzuziehen. … besser zu arbeiten. … ein Gartenhaus zu bauen. … billiger einzukaufen. … regelmäßig Fahrrad zu fahren. … besser zu frühstücken. … regelmäßig die Blumen zu gießen. … besser zu kochen. … eine Fremdsprache zu lernen. … öfter Zeitung zu lesen. … Maria öfter Blumen mitzubringen. … mehr Briefe zu schreiben. … weniger zu telefonieren. *(Andere Lösungen sind möglich.)*

2. *trennbare Verben (rechte Seite):* anzufangen, anzurufen, aufzuhören, aufzupassen, aufzuräumen, aufzustehen, auszupacken, auszuruhen, auszusteigen, auszuziehen, einzukaufen, einzupacken, einzuschlafen, einzusteigen, fernzusehen, nachzudenken, vorbeizukommen, wegzufahren, zuzuhören, zurückzugeben
Alle anderen sind untrennbar (linke Seite).

3. a) attraktiv · unattraktiv **b)** treu · untreu **c)** ehrlich · unehrlich **d)** sauber · schmutzig **e)** interessant · langweilig **f)** höflich · unhöflich **g)** ruhig (leise) · laut **h)** sportlich · unsportlich **i)** sympathisch · unsympathisch **j)** freundlich · unfreundlich **k)** hübsch (schön) · hässlich **l)** fröhlich · traurig **m)** pünktlich · unpünktlich **n)** intelligent · dumm **o)** ruhig · nervös **p)** normal · verrückt **q)** zufrieden · unzufrieden

4. a) dicke **b)** neue **c)** neugierigen **d)** jüngstes **e)** verrückten **f)** klugen **g)** lustigen **h)** hübschen **i)** neuen **j)** neue · alte **k)** älteste **l)** sympathischen **m)** roten **n)** langen **o)** kurzen **p)** sportlichen

5. *Berufe:* Pilot, Verkäufer, Zahnärztin, Musikerin, Kaufmann, Kellnerin, Künstler, Lehrerin, Ministerin, Politiker, Polizist, Schauspielerin, Schriftsteller, Soldat, Fotografin, Friseurin, Journalistin, Bäcker
Familie / Menschen …: Nachbar, Tante, Schwester, Bruder, Ehemann, Eltern, Kollege, Tochter, Bekannte, Sohn, Ehefrau, Kind, Freund, Vater, Mutter

6. a) Leider hatte ich keine Zeit, Dich anzurufen. **b)** Nie hilfst du mir, die Wohnung aufzuräumen. **c)** Hast du nicht gelernt, pünktlich zu sein? **d)** Hast du vergessen, Gaby einzuladen? **e)** Morgen fange ich an, Französisch zu lernen. **f)** Jochen hatte letzte Woche keine Lust, (mit mir) ins Kino zu gehen. **g)** Meine Kollegin hatte gestern keine Zeit, mir zu helfen. **h)** Mein Bruder hat versucht, mein Auto zu reparieren. (Aber es hat nicht geklappt.) **i)** Der Tankwart hat vergessen, den Wagen zu waschen.

7. a) nie **b)** fast nie **c)** sehr selten **d)** selten / nicht oft **e)** manchmal **f)** oft / häufig **g)** sehr oft **h)** meistens **i)** fast immer **j)** immer

8. A. a) Ich habe Zeit, mein Buch zu lesen. **b)** Ich versuche, mein Fahrrad, selbst zu reparieren. **c)** Es macht mir Spaß, mit kleinen Kindern zu spielen. **d)** Ich helfe dir, deinen Koffer zu tragen. **e)** Ich habe vor, im August nach Spanien zu fahren. **f)** Ich habe die Erlaubnis, heute eine Stunde früher Feierabend zu machen. **g)** Ich habe Probleme, abends einzuschlafen **h)** Ich habe Angst, nachts durch den Park zu gehen. **i)** Ich höre (ab morgen) auf, Zigaretten zu rauchen. **j)** Ich verbiete dir, in die Stadt zu gehen. **k)** Ich habe (gestern) vergessen, dir den Brief zu bringen. **l)** Ich habe nie gelernt, Auto zu fahren. **m)** Ich habe Lust, spazieren zu gehen.

B. a) Es ist wichtig, das Auto zu reparieren. **b)** Es ist langweilig, allein zu sein. **c)** Es ist gefährlich, im Meer zu baden. **d)** Es ist interessant, andere Leute zu treffen. **e)** Es ist lustig, mit Kindern zu spielen. **f)** Es ist falsch, zu viel Fisch zu essen. **g)** Es ist richtig, regelmäßig Sport zu treiben. **h)** Es ist furchtbar, einen Freund zu verlieren. **i)** Es ist unmöglich, alles zu wissen. **j)** Es ist leicht, neue Freunde zu finden. **k)** Es ist schwer, wirklich gute Freunde zu finden. … *(Andere Lösungen sind möglich.)*

SCHLÜSSEL

9. **a)** duschen **b)** hängt **c)** ausmachen **d)** Mach · an **e)** wecken **f)** Ruf · an **g)** entschuldigen · vergessen **h)** telefoniert **i)** reden **j)** erzählt

10. **a)** anrufen **b)** entschuldigen **c)** telefonieren **d)** ausmachen **e)** kritisieren **f)** unterhalten **g)** reden

11. **a)** den Fernseher, das Licht, das Radio **b)** Frau Keller, Ludwig, meinen Chef **c)** mit meinem Kind, mit dem Ehepaar Klausen, mit seiner Schwester **d)** die Küche, das Haus, das Büro **e)** auf eine bessere Zukunft, auf ein besseres Leben, auf besseres Wetter

12. **a)** Meine Freundin glaubt, dass alle Männer schlecht sind. **b)** Ich habe gehört, dass Inge einen neuen Freund hat. **c)** Peter hofft, dass seine Freundin ihn bald heiraten will. **d)** Wir wissen, dass Peters Eltern oft Streit haben. **e)** Helga hat erzählt, dass sie eine neue Wohnung gefunden hat. **f)** Ich bin überzeugt, dass es besser ist, wenn man jung heiratet. **g)** Frank hat gesagt, dass er heute Abend eine Kollegin besuchen will. **h)** Ich meine, dass man viel mit seinen Kindern spielen soll. **i)** Ich habe mich gefreut, dass du mich zu deinem Geburtstag eingeladen hast.

13. **a)** B **b)** A **c)** C **d)** B **e)** C **f)** A

14. (Kein Schlüssel.)

15. **a)** Ich bin auch / Ich bin nicht überzeugt, dass Geld nicht glücklich macht. **b)** Ich glaube auch / Ich glaube nicht, dass es sehr viele schlechte Ehen gibt. **c)** Ich finde auch / Ich finde nicht, dass man ohne Kinder freier ist. **d)** Ich bin auch / Ich bin nicht der Meinung, dass die meisten Männer nicht gern heiraten. **e)** Es stimmt / Es stimmt nicht, dass die Liebe das Wichtigste im Leben ist. **f)** Es ist wahr / Es ist falsch, das reiche Männer immer interessant sind. **g)** Ich meine auch / Ich meine nicht, dass schöne Frauen meistens dumm sind. **h)** Ich denke auch / Ich denke nicht, dass Frauen harte Männer mögen. **i)** Ich bin dafür / Ich bin dagegen, dass man heiraten muss, wenn man Kinder will.

16. Starke und unregelmäßige Verben

anfangen	angefangen	heißen	geheißen	singen	gesungen
beginnen	begonnen	kennen	gekannt	sitzen	gesessen
bekommen	bekommen	kommen	gekommen	sprechen	gesprochen
bringen	gebracht	laufen	gelaufen	stehen	gestanden
denken	gedacht	lesen	gelesen	tragen	getragen
einladen	eingeladen	liegen	gelegen	treffen	getroffen
essen	gegessen	nehmen	genommen	tun	getan
fahren	gefahren	rufen	gerufen	vergessen	vergessen
finden	gefunden	schlafen	geschlafen	verlieren	verloren
fliegen	geflogen	schneiden	geschnitten	waschen	gewaschen
geben	gegeben	schreiben	geschrieben	wissen	gewusst
gehen	gegangen	schwimmen	geschwommen		
halten	gehalten	sehen	gesehen		

Schwache Verben

abholen	abgeholt	einkaufen	eingekauft	lieben	geliebt
abstellen	abgestellt	erzählen	erzählt	machen	gemacht
antworten	geantwortet	feiern	gefeiert	parken	geparkt
arbeiten	gearbeitet	glauben	geglaubt	putzen	geputzt
aufhören	aufgehört	heiraten	geheiratet	rechnen	gerechnet
baden	gebadet	holen	geholt	reisen	gereist
bauen	gebaut	hören	gehört	sagen	gesagt
besichtigen	besichtigt	kaufen	gekauft	schenken	geschenkt
bestellen	bestellt	kochen	gekocht	spielen	gespielt
besuchen	besucht	lachen	gelacht	suchen	gesucht
bezahlen	bezahlt	leben	gelebt	tanzen	getanzt
brauchen	gebraucht	lernen	gelernt	zeigen	gezeigt

17. **a)** Im **b)** Nach dem **c)** vor dem **d)** Nach der **e)** Am **f)** Im **g)** Bei den / Während der **h)** vor der **i)** Am **j)** In den **k)** Am **l)** Während der **m)** Beim **n)** Am Anfang

SCHLÜSSEL

18. vor dem Besuch   vor der Arbeit   vor dem Abendessen   vor den Sportsendungen
    nach dem Besuch   nach der Arbeit   nach dem Abendessen   nach den Sportsendungen
    bei dem (beim) Besuch bei der Arbeit   bei dem (beim) Abendessen bei den Sportsendungen
    während dem Besuch   während der Arbeit   während dem Abendessen   während den Sportsendungen
    während des Besuchs   während der Arbeit   während des Abendessens   während der Sportsendungen
    am Abend   am Wochenende   an den Sonntagen
    im letzten Sommer   in der letzten Woche   im letzten Jahr   in den letzten Jahren

19. a) Marias Jugendzeit war sehr hart. Eigentlich hatte sie nie richtige Eltern. Als sie zwei Jahre alt war, ist ihr Vater gestorben. Ihre Mutter hat ihren Mann nie vergessen und hat mehr an ihn als an ihre Tochter gedacht. Maria war deshalb sehr oft allein, aber das konnte sie mit zwei Jahren natürlich noch nicht verstehen. Ihre Mutter ist gestorben, als sie vierzehn Jahre alt war. Maria hat dann bei ihrem Großvater gelebt. Mit 17 Jahren hat sie geheiratet, das war damals normal. Ihr erstes Kind, Adele, hat sie bekommen, als sie 19 war. Mit 30 hatte sie schließlich sechs Kinder.

    b) Adele hat als Kind in einem gutbürgerlichen Elternhaus gelebt. Wirtschaftliche Sorgen hat die Familie nicht gekannt. Nicht die Eltern, sondern ein Kindermädchen hat die Kinder erzogen. Sie hatte auch einen Privatlehrer. Mit ihren Eltern konnte sich Adele nie richtig unterhalten, sie waren ihr immer etwas fremd. Was sie gesagt haben, mussten die Kinder unbedingt tun. Wenn z. B. die Mutter nachmittags geschlafen hat, durften die Kinder nicht laut sein und spielen. Manchmal hat es auch Ohrfeigen gegeben. Als sie 15 Jahre alt war, ist Adele in eine Mädchenschule gekommen. Dort ist sie bis zur Mittleren Reife geblieben. Dann hat sie Kinderschwester gelernt. Aber eigentlich hat sie es nicht so wichtig gefunden, einen Beruf zu lernen, denn sie wollte auf jeden Fall lieber heiraten und eine Familie haben. Auf Kinder hat sie sich besonders gefreut. Die wollte sie dann aber freier erziehen, als sie selbst erzogen worden war, denn an ihre eigene Kindheit hat sie schon damals nicht so gern zurückgedacht.

    c) Ingeborg hatte ein wärmeres und freundlicheres Elternhaus als ihre Mutter Adele. Auch in den Kriegsjahren hat sich Ingeborg bei ihren Eltern sehr sicher gefühlt. Aber trotzdem, auch für sie war das Wort der Eltern Gesetz. Wenn z. B. Besuch im Haus war, dann mussten die Kinder gewöhnlich in ihrem Zimmer bleiben und ganz ruhig sein. Am Tisch durften sie nur dann sprechen, wenn man sie gefragt hat. Die Eltern haben Ingeborg immer den Weg gezeigt. Selbst hat sie nie Wünsche gehabt. Auch in ihrer Ehe war das so. Heute kritisiert sie das.

    d) Ulrike wollte schon früh anders leben als ihre Eltern. Für sie war es nicht mehr normal, immer nur das zu tun, was die Eltern gesagt haben. Noch während der Schulzeit ist sie deshalb zu Hause ausgezogen. Ihre Eltern konnten das am Anfang nur schwer verstehen. Mit 17 Jahren hat sie ein Kind bekommen. Das haben alle viel zu früh gefunden. Den Mann wollte sie nicht heiraten. Trotzdem ist sie mit dem Kind nicht allein geblieben. Ihre Mutter, aber auch ihre Großmutter haben ihr geholfen. *(Andere Lösungen sind möglich.)*

20. a) hieß b) nannte c) besuchte d) erzählte e) heiratete f) war g) ging h) sah i) wohnte j) schlief k) gab l) wollte m) liebte n) fand o) half p) arbeitete q) verdiente r) hatte s) trug t) las

21. a) Als meine Eltern in Paris geheiratet haben, waren sie noch sehr jung. b) Als ich sieben Jahre alt war, hat mir mein Vater einen Hund geschenkt. c) Als meine Schwester vor fünf Jahren ein Kind bekam, war sie 30 Jahre alt. d) Als Sandra die Erwachsenen störte, durfte sie trotzdem im Zimmer bleiben. e) Als er noch ein Kind war, hatten seine Eltern oft Streit. f) Als meine Großeltern noch lebten, war es zu Hause nicht so langweilig. g) Als wir im Sommer in Spanien waren, war das Wetter sehr schön.

22. Als er ein Jahr alt war, hat er laufen gelernt.
    Als er drei Jahre alt war, hat er immer nur Unsinn gemacht.
    Als er vier Jahre alt war, hat er sich ein Fahrrad gewünscht.
    Als er fünf Jahre alt war, hat er schwimmen gelernt.
    Als er sieben Jahre alt war, ist er vom Fahrrad gefallen.
    Als er acht Jahre alt war, hat er sich nicht gerne gewaschen.
    Als er zehn Jahre alt war, hat er viel gelesen.
    Als er vierzehn Jahre alt war, hat er jeden Tag drei Stunden telefoniert.
    Als er fünfzehn Jahre alt war, hat er Briefmarken gesammelt.
    Als er achtzehn Jahre alt war, hat er sich sehr für Politik interessiert.
    Als er vierundzwanzig Jahre alt war, hat er geheiratet.

23. a) Wenn b) Als c) Wenn d) Als e) Als f) wenn g) Als h) Wenn i) Wenn j) Als

SCHLÜSSEL

24. a) über die b) über die c) mit meinen d) mit meinen e) für das f) um die g) auf h) an ihren · an ihre

25. a) verschieden b) Sorgen c) Wunsch d) deutlich e) Damals f) aufpassen g) anziehen · ausziehen h) Besuch · allein i) früh · schließlich · hart j) unbedingt

26. a) Das neue Auto meines ältesten Bruders ist schon kaputt. b) Die Mutter meines zweiten Mannes ist sehr nett. c) Die Schwester meiner neuen Freundin hat geheiratet. d) Der Freund meines jüngsten Kindes ist leider sehr laut. e) Die beiden / Die zwei Kinder meiner neuen Freunde gehen schon zur Schule. f) Der Verkauf des alten Wagens war sehr schwierig. g) Die Mutter des kleinen Kindes ist vor zwei Jahren gestorben. h) Der Chef der neuen Autowerkstatt in der Hauptstraße ist mein Freund. i) Die Reparatur der schwarzen Schuhe hat sehr lange gedauert.

   die Mutter meines zweiten Mannes   der Verkauf des alten Wagens
   die Schwester meiner neuen Freundin   die Mutter des kleinen Kindes
   der Freund meines jüngsten Kindes   der Chef der neuen Werkstatt
   die Kinder meiner neuen Freunde   die Reparatur der schwarzen Schuhe

27. a) sich langweilen b) Besuch c) schlagen d) Gesetz e) leben f) fühlen g) schwimmen

28. a) Vater b) Sohn c) Tochter d) Eltern e) Urenkelin f) Großmutter g) Nichte h) Neffe i) Enkelin j) Onkel k) Großvater l) Mutter m) Urgroßmutter n) Urgroßvater o) Enkelin

Lektion 6

1. a) nass und kühl b) heiß und trocken c) kalt d) feucht und kühl e) warm und trocken

2. angenehm, freundlich, schön, gut, schlecht, mild, unfreundlich, unangenehm

3. *Landschaft/Natur:* Tier, Pflanze, Meer, Berg, Blume, Insel, See, Strand, Fluss, Wald, Boden, Wiese, Park, Baum

   Wetter: Gewitter, Grad, Regen, Klima, Wind, Wolke, Schnee, Eis, Sonne, Nebel

4. a) viel, zu viel, ein paar b) ein bisschen, sehr, besonders c) sehr, besonders, ganz d) ganz, einige, zu viele

5. a) schneit es b) Es regnet c) gibt es d) geht es e) klappt es f) Es ist so kalt g) gibt es

6. a) Sie b) Es c) es d) Er e) Sie f) Es g) Es h) Sie i) es j) Er k) Er l) Es m) Es n) Er
   In welchen Sätzen …? b), c), f), g), i), l), m)

7. *wie?*   plötzlich, langsam, allmählich
   wie oft?   jeden Tag, täglich, jedes Jahr, manchmal, selten
   wann?   gegen Mittag, im Herbst, nachts, am Tage, zwischen Sommer und Winter
   wie lange? für wenige Wochen, fünf Jahre, ein paar Monate, wenige Tage

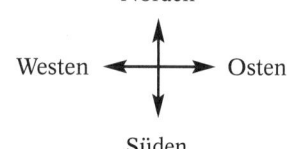

8.
   ```
           Norden
             ↑
   Westen ←——→ Osten
             ↓
           Süden
   ```

9. a) Sommer b) Herbst c) Winter d) Frühling

10. a) vor zwei Tagen b) spät am Abend c) am Mittag d) in zwei Tagen e) früh am Morgen f) am Nachmittag

11. a) am Mittag b) früh abends c) spätabends d) am frühen Nachmittag e) am späten Nachmittag f) frühmorgens g) am frühen Vormittag h) am Abend

12. a) Samstagmittag b) Freitagmittag c) Dienstagabend d) Montagvormittag e) Montagnachmittag f) Samstagmorgen

SCHLÜSSEL

3. *Wann?* im Winter, bald, nachts, vorige Woche, damals, vorgestern, jetzt, früher, letzten Monat, am Abend, nächstes Jahr, heute Abend, frühmorgens, heute, sofort, gegen Mittag, gleich, um 8 Uhr, am Nachmittag, diesen Monat, am frühen Nachmittag, am Tage, mittags, morgen
Wie oft? selten, nie, oft, immer, jeden Tag, meistens, manchmal
Wie lange? ein paar Minuten, kurze Zeit, den ganzen Tag, einige Jahre, 7 Tage, für eine Woche, wenige Wochen, fünf Stunden

4. a) nächsten Monat **b)** voriges/letztes Jahr **c)** nächste Woche **d)** nächstes Jahr **e)** vorigen/letzten Monat **f)** diesen Monat **g)** dieses Jahr **h)** letzte Woche

5.
der Monat	die Woche	das Jahr
den ganzen Monat	die ganze Woche	das ganze Jahr
letzten Monat	letzte Woche	letztes Jahr
vorigen Monat	vorige Woche	voriges Jahr
nächsten Monat	nächste Woche	nächstes Jahr
diesen Monat	diese Woche	dieses Jahr
jeden Monat	jede Woche	jedes Jahr

16. b) Liebe Mutter,
ich bin jetzt seit acht Wochen in Bielefeld. Hier ist das Wetter so kalt und feucht, dass ich oft stark erkältet bin. Dann muss ich viele Medikamente nehmen. Deshalb freue ich mich, dass ich in den Semesterferien zwei Monate nach Spanien fahren kann.
Viele Grüße,
Deine Herminda

c) Lieber Karl,
ich bin jetzt Lehrer an einer Technikerschule in Bombay. Hier ist das Klima so feucht und heiß, dass ich oft Fieber bekomme. Dann kann ich nichts essen und nicht arbeiten. Deshalb möchte ich wieder zu Hause arbeiten.
Viele Grüße,
Dein Benno

17. a) Strand **b)** Tal **c)** Insel **d)** Ufer

18. a) Aber **b)** Da **c)** Trotzdem **d)** denn **e)** dann **f)** und **g)** also **h)** Übrigens **i)** Zum Schluss **j)** Deshalb

19. a) (1) der, (2) den, (3) auf dem, (4) in dem, (5) dessen, (6) in dem, (7) an dem, (8) an dem (wo)
b) die · die · auf der · auf der (wo) · zu der · deren · für die · auf der (wo)
c) das · in dem (wo) · dessen · in dem (wo) · in dem (wo) · in dem (wo) · das · in dem (wo)
d) die · deren · die · durch die · die · in denen (wo) · für die · in denen (wo)

	Vorfeld	Verb$_1$	Subjekt	Angabe	Ergänzung	Verb$_2$	Verb$_1$ im Nebensatz
	Ich	möchte			an einem See	wohnen,	
(1)	der				nicht sehr tief		ist.
(2)	den		nur wenige Leute				kennen.
(3)	auf dem		man			segeln	kann.
(4)	in dem		man	gut		schwimmen	kann.
(5)	dessen Wasser				warm		ist.
(6)	in dem		es		viele Fische		gibt.
(7)	an dem		es		keine Hotels		gibt.
(8)	an dem (wo)		es	mittags immer	Wind		gibt.

SCHLÜSSEL

20. a) Gerät b) Abfall c) Benzin d) Pflanze e) Regen f) Strom g) Medikament h) Tonne i) Gift j) Plastik k) Temperatur l) Strecke m) Schallplatte n) Limonade o) Bäcker p) Schnupfen q) Fleisch r) Käse

21. a) Er benutzt kein Geschirr aus Kunststoff, das man nach dem Essen wegwerfen muss. b) Er kauft nur Putzmittel, die nicht giftig sind. c) Er schreibt nur auf Papier, das aus Altpapier gemacht ist. d) Er kauft kein Obst in Dosen, das er auch frisch bekommen kann. e) Er trinkt nur Saft, den es in Pfandflaschen gibt. f) Er schenkt seiner Tochter nur Spielzeug, das sie nicht so leicht kaputtmachen kann. g) Er kauft nur Brot, das nicht in Plastiktüten verpackt ist. h) Er isst nur Eis, das keine Verpackung hat. i) Er kauft keine Produkte, die er nicht unbedingt braucht.

22. a) eine Dose aus Blech b) eine Dose für Tee c) ein Spielzeug aus Holz d) eine Dose aus Plastik e) ein Löffel für Suppe f) eine Tasse aus Kunststoff g) ein Eimer für Wasser h) eine Gabel für Kuchen i) ein Glas für Wein j) ein Taschentuch aus Papier k) eine Flasche aus Glas l) ein Messer für Brot m) ein Topf für Suppe n) ein Spielzeug für Kinder o) eine Tasse für Kaffee p) eine Flasche für Milch q) eine Tüte aus Papier r) ein Schrank für Kleider s) ein Container für Papier t) ein Haus aus Stein u) eine Wand aus Stein v) Schmuck aus Gold

23. a) Die leeren Flaschen werden gewaschen und dann wieder gefüllt. b) Jedes Jahr werden in Deutschland 30 Millionen Tonnen Abfall auf den Müll geworfen. c) In vielen Städten wird der Müll im Haushalt sortiert. d) Durch gefährlichen Müll werden der Boden und das Grundwasser vergiftet. e) Ein Drittel des Mülls wird in Müllverbrennungsanlagen verbrannt. f) Altglas, Altpapier und Altkleider werden in öffentlichen Containern gesammelt. g) Nur der Restmüll wird noch in die normale Mülltonne geworfen. h) In vielen Regionen wird der Inhalt der Mülltonnen kontrolliert. i) Auf öffentlichen Feiern sollte man kein Plastikgeschirr benutzen. j) Vielleicht werden bald alle Getränke in Dosen und Plastikflaschen verboten.

24. a) Wenn man weniger Müll produzieren würde, dann müsste man weniger Müll verbrennen. b) Wenn man einen Zug mit unserem Müll füllen würde, dann wäre der 12 500 Kilometer lang. c) Wenn man weniger Verpackungsmaterial produzieren würde, dann könnte man viel Energie sparen. d) Wenn man alte Glasflaschen sammeln würde, dann könnte man daraus neue Flaschen herstellen. e) Wenn man weniger chemische Produkte produzieren würde, dann hätte man weniger Gift im Grundwasser und im Boden. f) Wenn man Küchen- und Gartenabfälle sammeln würde, dann könnte man daraus Pflanzenerde machen. g) Wenn man weniger Müll verbrennen würde, dann würden weniger Giftstoffe in die Luft kommen.

25. a) machen b) spielen c) verbrennen d) produzieren e) überraschen f) mitmachen

26. a) scheinen b) wegwerfen c) baden gehen d) übrig bleiben e) fließen f) feiern g) herstellen h) zeigen

Lektion 7

1. a) Handtuch b) Pflaster c) Zahnpasta d) Hemd e) geschlossen f) wiegen g) zumachen h) Schweizer i) Regenschirm j) Fahrplan k) untersuchen l) ausmachen m) Batterie n) Ausland o) fliegen p) Flugzeug q) Reise r) Kleidung reinigen

2. *zu Hause:* Heizung ausmachen, Fenster zumachen, Koffer packen, Wäsche waschen
im Reisebüro: Hotelzimmer reservieren, Fahrkarten holen, Fahrplan besorgen
für das Auto: Motor prüfen lassen, Benzin tanken, Wagen waschen lassen
Gesundheit: sich impfen lassen, Krankenschein holen, Medikamente kaufen
Bank: Geld wechseln, Reiseschecks besorgen

3. *ausmachen/anmachen:* Heizung, Ofen, Radio, Motor, Licht, Fernseher, Herd
zumachen/aufmachen: Schirm, Koffer, Hemd, Flasche, Tasche, Buch, Tür, Auge, Ofen
abschließen/aufschließen: Hotelzimmer, Auto, Koffer, Haus, Tür

4. a) weg b) ein c) mit d) zurück e) weg f) mit g) weiter h) mit i) zurück j) weg k) mit l) mit m) weiter n) weg o) mit p) zurück q) mit r) aus s) mit t) aus u) ein v) ein w) aus · weiter

5. a) A b) B c) B d) A e) B f) A g) A h) B i) A

SCHLÜSSEL

6. **a)** Ihr Chef lässt sie im Büro nicht telefonieren. **b)** Meine Eltern lassen mich nicht allein Urlaub machen. **c)** Sie lässt ihren Mann nicht kochen. **d)** Seine Mutter lässt ihn morgens lange schlafen. **e)** Er lässt seine Katze impfen. **f)** Ich muss meinen Pass verlängern lassen. **g)** Den Motor muss ich reparieren lassen. **h)** Ich lasse sie mit ihm spielen. **i)** Sie lässt die Wäsche reinigen. / Sie lässt die Wäsche waschen. **j)** Er lässt immer seine Frau fahren.

7. Zuerst lässt Herr Schulz im Rathaus die Pässe und die Kinderausweise verlängern. Dann geht er zum Tierarzt; dort lässt er seine Katze untersuchen. Danach fährt er in die Autowerkstatt und lässt die Bremsen kontrollieren, weil sie nach links ziehen. Im Fotogeschäft lässt er schnell den Fotoapparat reparieren. Später lässt er sich beim Friseur noch die Haare schneiden. Schließlich lässt er an der Tankstelle das Öl und die Reifen prüfen und das Auto volltanken. Dann fährt er nach Hause. Seine Frau lässt er den Koffer nicht packen, er tut es selbst. Dann ist er endlich fertig. *(Auch andere Lösungen sind möglich.)*

8. **a)** Ofen **b)** Schlüssel **c)** Krankenschein **d)** Blatt **e)** Salz **f)** Papier **g)** Uhr **h)** Seife **i)** Pflaster **j)** Fahrrad **k)** Liste **l)** Waschmaschine **m)** Liste **n)** Telefonbuch **o)** normalerweise **p)** üben **q)** Saft

9. **a)** reservieren **b)** geplant **c)** buche **d)** beantragen **e)** bestellen **f)** geeinigt **g)** überzeugt **h)** gerettet **i)** erledigen

10. **a)** keinen · nicht **b)** kein · nicht · keine · nicht · nichts · keine **c)** nicht · keinen · nichts

11. *etwas vorschlagen:* Ich schlage vor, Benzin mitzunehmen. Wir sollten Benzin mitnehmen. Ich meine, dass wir … Ich finde es wichtig, … Wir müssen unbedingt … Ich würde Benzin mitnehmen.
    die gleiche Meinung haben: Ich finde auch, dass wir … Stimmt! Benzin ist wichtig. Ich bin auch der Meinung, … Ich bin einverstanden, dass …
    eine andere Meinung haben: Ich bin dagegen, … Benzin? Das ist nicht notwendig. Es ist Unsinn, … Benzin ist nicht wichtig, … Ich bin nicht der Meinung, dass …

12. **a)** Zum Waschen braucht man Wasser. **b)** Zum Kochen braucht man einen Herd. **c)** Zum Skifahren braucht man Schnee. **d)** Zum Schreiben braucht man Papier und einen Kugelschreiber. **e)** Zum Fotografieren braucht man einen Fotoapparat und einen Film. **f)** Zum Telefonieren braucht man oft ein Telefonbuch. **g)** Zum Lesen sollte man gutes Licht haben. **h)** Zum Schlafen braucht man Ruhe. **i)** Zum Wandern sollte man gute Schuhe haben. **j)** Zum Lesen brauche ich eine Brille.

13. **a)** Wo **b)** Womit **c)** Warum **d)** Wer **e)** Wie **f)** Wie viel **g)** Wo **h)** Wohin **i)** Woher **j)** Woran **k)** Was

14. **a)** Ute überlegt, ob sie in Spanien oder in Italien arbeiten soll. **b)** Stefan und Bernd fragen sich, ob sie beide eine Arbeitserlaubnis bekommen. **c)** Herr Braun möchte wissen, wo er ein Visum beantragen kann. **d)** Ich frage mich, wie schnell ich im Ausland eine Stelle finden kann. **e)** Herr Klar weiß nicht, wie lange man in den USA bleiben darf. **f)** Frau Seger weiß nicht, ob ihre Englischkenntnisse gut genug sind. **g)** Frau Möller fragt sich, wie viel Geld sie in Portugal braucht. **h)** Herr Wend weiß nicht, wie teuer die Fahrkarte nach Spanien ist. **i)** Es interessiert mich, ob man in London leicht eine Wohnung finden kann.

	Junkt.	Vorfeld	Verb₁	Subj.	Erg.	Ang.	Ergänzung	Verb₂	Verb₁ im Nebensatz
a)		Ute	überlegt,						
	ob			sie			in Sp. oder in It.	arbeiten	soll.
b)		S. und B.	fragen		sich,				
	ob			sie beide			eine Arb.		bekommen.
c)		Herr B.	möchte					wissen,	
	wo			er			ein Visum	beantragen	kann.
d)		Ich	frage		mich,				
	wie schnell			ich		im Ausland	eine Stelle	finden	kann.

SCHLÜSSEL

15. **a)** Ausland **b)** Fremdsprache **c)** Jugendherberge **d)** Freundschaft **e)** Heimat **f)** Angst **g)** Prüfung **h)** Erfahrung **i)** Bedienung **j)** Buchhandlung **k)** Gast

16. **a)** B **b)** C **c)** A **d)** B

17. **a)** Ich gehe ins Ausland um dort zu arbeiten. / Ich gehe ins Ausland, weil ich dort arbeiten will. **b)** Ich arbeite als Bedienung, um Leute kennen zu lernen. / Ich arbeite als Bedienung, weil ich Leute kennen lernen möchte. **c)** Ich mache einen Sprachkurs, um Englisch zu lernen. / Ich mache einen Sprachkurs, weil ich Englisch lernen möchte. **d)** Ich wohne in einer Jugendherberge, um Geld zu sparen. / Ich wohne in einer Jugendherberge, weil ich Geld sparen muss. **e)** Ich gehe zum Rathaus, um ein Visum zu beantragen. / Ich gehe zum Rathaus, weil ich ein Visum beantragen will. **f)** Ich fahre zum Bahnhof, um meinen Koffer abzuholen. / Ich fahre zum Bahnhof, weil ich meinen Koffer abholen will. **g)** Ich fliege nach Ägypten, um die Pyramiden zu sehen. / Ich fliege nach Ägypten, weil ich die Pyramiden sehen möchte.

18. **a)** tolerante Männer **b)** ernstes Problem **c)** egoistischen Ehemann **d)** herzliche Freundschaft **e)** nette Leute **f)** komisches Gefühl **g)** selbständiger Junge **h)** dicken Hund **i)** alten Mutter

19. **a)** dieselbe **b)** verschieden · gleichen (anders · gleiche) **c)** andere · ähnliche

derselbe	dieselbe	dasselbe	dieselben
der gleiche	die gleiche	das gleiche	die gleichen
ein anderer	eine andere	ein anderes	andere
denselben	dieselbe	dasselbe	dieselben
den gleichen	die gleiche	das gleiche	die gleichen
einen anderen	eine andere	ein anderes	andere
demselben	derselben	demselben	denselben
dem gleichen	der gleichen	dem gleichen	den gleichen
einem anderen	einer anderen	einem anderen	anderen

20. **a)** Bedeutungen **b)** Einkommen **c)** Erfahrung **d)** Kontakt **e)** Pech **f)** Schwierigkeiten **g)** Angst **h)** Gefühl **i)** Zweck

21. A 5, B 8, C 6, D 2, E 7, F 3, G 1, H 4

22. **a)** Er ist nach Deutschland gekommen, um hier zu arbeiten. **b)** Er ist nach Deutschland gekommen, damit seine Kinder bessere Berufschancen haben. **c)** …, um mehr Geld zu verdienen. **d)** …, um später in Italien eine Autowerkstatt zu kaufen. / … eine Autowerkstatt kaufen zu können. **e)** …, damit seine Kinder Deutsch lernen. **f)** …, damit seine Frau nicht mehr arbeiten muss. **g)** …, um in seinem Beruf später mehr Chancen zu haben. **h)** …, damit seine Familie besser lebt. **i)** …, um eine eigene Wohnung zu haben.

23. **a)** Mode **b)** Schwierigkeit **c)** Regel **d)** Lohn/Einkommen **e)** Diskussion **f)** Presse **g)** Bauer **h)** Verwandte **i)** Gefühl **j)** Besitzer(in) **k)** Ausländer(in) **l)** Änderung **m)** Bedeutung

24. **a)** weil **b)** – **c)** zu **d)** damit **e)** – **f)** zu **g)** dass **h)** Um **i)** zu **j)** – **k)** zu **l)** damit **m)** – **n)** zu **o)** um **p)** zu **q)** – **r)** zu **s)** um **t)** zu **u)** dass

25. **a)** schon **b)** noch nicht **c)** noch **d)** nicht mehr **e)** schon etwas **f)** noch nichts **g)** noch etwas **h)** nichts mehr **i)** immer noch nicht **j)** schon wieder **k)** noch immer **l)** nicht immer

26. **a)** durstig **b)** aufhören **c)** Lehrling **d)** Kellnerin **e)** angestellt **f)** höchstens **g)** rausgehen **h)** Apotheke **i)** letzte Woche **j)** steigen

27. **a)** für · interessiert **b)** gilt · in · für **c)** arbeitet · bei **d)** mit · über · gesprochen **e)** hatte · Angst vor (bei) **f)** Kontakt zu · gefunden **g)** hat · Schwierigkeiten mit **h)** über · denken **i)** bei · helfen **j)** beschweren · über **k)** an · ans · denken **l)** an · gewöhnt **m)** auf · hoffen **n)** über · klagen **o)** über · gesagt **p)** bin für

SCHLÜSSEL

Lektion 8

1. **a)** In Stuttgart ist ein Bus gegen einen Zug gefahren. **b)** In Deggendorf ist ein Hund mit zwei Köpfen geboren. **c)** In Linz hat eine Hausfrau vor ihrer Tür ein Baby (*oder* eine Tasche mit einem Baby) gefunden. **d)** In Basel hat es wegen Schnee Verkehrsprobleme gegeben. **e)** New York war ohne Strom (*oder* ohne Licht). **f)** In Duisburg haben Arbeiter für 5 Prozent Lohnerhöhung demonstriert.

2. **a)** Beamter, Pass, Zoll **b)** Gas, Öl, Strom **c)** Aufzug, Wohnung, Stock **d)** Briefumschlag, Päckchen, Paket **e)** Kasse, Lebensmittel, Verkäufer **f)** Bus, Straßenbahn, U-Bahn

3. **a)** Das Auto fährt ohne Licht. **b)** Ich habe ein Päckchen mit einem Geschenk bekommen. **c)** Wir hatten gestern wegen eines Gewitters keinen Strom. / Wegen eines Gewitters hatten wir gestern ... **d)** Diese Kamera funktioniert ohne Batterie. **e)** Ich konnte gestern wegen des schlechten Wetters nicht zu dir kommen. / Wegen des schlechten Wetters konnte ich gestern ... **f)** Jeder in meiner Familie außer mir treibt Sport. **g)** Der Arzt hat wegen einer Verletzung mein Bein operiert. / Wegen einer Verletzung hat der Arzt ... **h)** Ich bin gegen den Streik. **i)** Die Industriearbeiter haben für mehr Lohn demonstriert. **j)** Man kann ohne Visum nicht nach Australien fahren. / Ohne Visum kann man ...

4.
	ein Streik	eine Reise	ein Haus	Probleme
	ein Streik	eine Reise	ein Haus	Probleme
für	einen Streik	eine Reise	ein Haus	Probleme
gegen	einen Streik	eine Reise	ein Haus	Probleme
mit	einem Streik	einer Reise	einem Haus	Problemen
ohne	einen Streik	eine Reise	ein Haus	Probleme
wegen	eines Streiks (einem Streik)	einer Reise	eines Hauses (einem Haus)	Problemen
außer	einem Streik	einer Reise	einem Haus	Problemen

5. **a)** geben **b)** anrufen **c)** abschließen **d)** besuchen **e)** kennen lernen **f)** vorschlagen **g)** verlieren **h)** beantragen **i)** unterstreichen **j)** finden **k)** bekommen

6. **a)** die Meinung **b)** die Änderung **c)** die Antwort **d)** der Ärger **e)** der Beschluss **f)** die Demonstration **g)** die Diskussion **h)** die Erinnerung **i)** die Frage **j)** der Besuch **k)** das Essen **l)** das Fernsehen / der Fernseher **m)** die Operation **n)** die Reparatur **o)** der Regen **p)** der Schnee **q)** der Spaziergang **r)** die Sprache / das Gespräch **s)** der Streik **t)** die Untersuchung **u)** die Verletzung **v)** der Vorschlag **w)** die Wahl **x)** die Wäsche **y)** die Wohnung **z)** der Wunsch

7. **a)** über **b)** mit **c)** vor **d)** von **e)** gegen **f)** über · mit **g)** über **h)** mit **i)** zwischen **j)** für

8. **a)** Mehrheit **b)** Wahlrecht **c)** Partei **d)** Koalition **e)** Abgeordneter **f)** Steuern **g)** Minister **h)** Schulden **i)** Wähler **j)** Monarchie

9. **a)** Landtag **b)** Bürger **c)** Finanzminister **d)** Präsident **e)** Ministerpräsident **f)** Minister

10. **a)** Vor **b)** seit **c)** Von · bis **d)** nach **e)** Zwischen **f)** Im **g)** Wegen **h)** für **i)** gegen **j)** Während

11. *wann?* a), c), d), e), i)   *wie lange?* b), f), g), h), j)

12. **a)** In der DDR wurde die Politik von der Sowjetunion bestimmt. **b)** Das Grundgesetz der BRD wurde von Konrad Adenauer unterschrieben. **c)** 1952 wurde von der Sowjetunion ein Friedensvertrag vorgeschlagen. **d)** Dieser Plan wurde von den West-Alliierten nicht angenommen. **e)** 1956 wurden in der (von der...) DDR und in der (von der...) BRD eigene Armeen gegründet. **f)** Seit 1954 wurde der „Tag der deutschen Einheit" gefeiert. **g)** In Berlin wurde 1961 eine Mauer gebaut. **h)** Die Grenze zur Bundesrepublik wurde geschlossen. **i)** Seit 1969 wurden politische Gespräche geführt. **j)** Im Herbst 1989 wurde die Grenze zwischen Ungarn und Österreich geöffnet.

13. **a)** 1968 **b)** 1848 **c)** 1917 **d)** 1789 **e)** 1830 **f)** 1618 **g)** 1939 **h)** 1066 **i)** 1492

14. *dasselbe:* a), b), d), g)   *nicht dasselbe:* c), e), f)

15. **a)** A **b)** B **c)** C **d)** A **e)** B **f)** C **g)** B **h)** A **i)** B

SCHLÜSSEL

16. **a)** Die Studenten haben beschlossen zu demonstrieren. **b)** Die Abgeordneten haben kritisiert, dass die Steuern zu hoch sind. **c)** Sandro möchte wissen, ob Deutschland eine Republik ist. **d)** Der Minister hat erklärt, dass die Krankenhäuser zu teuer sind. **e)** Die Partei hat vorgeschlagen, eine Koalition zu bilden. **f)** Die Menschen hoffen, dass die Situation besser wird. **g)** Herr Meyer überlegt, ob er nach Österreich fahren soll. **h)** Die Regierung hat entschieden, die Grenzen zu öffnen. **i)** Die Arbeiter haben beschlossen zu streiken. **j)** Der Minister glaubt, dass der Vertrag unterschrieben wird.

17. **a)** 5 **b)** 10 **c)** 8 **d)** 2 **e)** 4 **f)** 1 **g)** 9 **h)** 6 **i)** 3 **j)** 7

18. **a)** einer **b)** einem **c)** einer **d)** ein **e)** einer · einem **f)** einem **g)** einen **h)** ein **i)** einer **j)** einem

19. **a)** der **b)** die **c)** dem **d)** dem · das **e)** der · den **f)** den **g)** der **h)** die **i)** die **j)** die

20. **a)** Wegen seiner Armverletzung liegt Boris Becker zwei Wochen im Krankenhaus. **b)** Bekommen die Ausländer bald das Wahlrecht? **c)** Die Regierungen Chinas und Frankreichs führen politische Gespräche. **d)** Der Bundeskanzler ist mit den Vorschlägen des Finanzministers nicht einverstanden. **e)** In Sachsen wurde ein neues Parlament gewählt. **f)** Nach der Öffnung der Grenze feierten Tausende auf den Straßen von Berlin. **g)** Die Regierung hat eine (hat noch keine) Lösung der Steuerprobleme gefunden. **h)** Der Vertrag über Kultur zwischen Russland und Deutschland wurde (gestern) unterschrieben. **i)** In Deutschlands Städten gibt es zu viel Müll. **j)** Das Wetter wird ab morgen wieder besser.

Lektion 9

1. **a)** auf **b)** für **c)** von **d)** über **e)** auf **f)** mit · über **g)** zu **h)** mit **i)** über **j)** von

2. **a)** Woran denkst du gerade? **b)** Wohin fährst du im Urlaub? **c)** Worauf freust du dich? **d)** Wonach hat der Mann gefragt? **e)** Worüber möchtest du dich beschweren? **f)** Worüber denkst du oft nach? **g)** Woher kommst du? **h)** Wofür hast du dein ganzes Geld ausgegeben? **i)** Wovon hat Karin euch lange erzählt? **j)** Worüber sind viele Leute enttäuscht?

3. **a)** mich **b)** mir **c)** mich **d)** mich **e)** mich **f)** mich **g)** mir **h)** mich **i)** mich **j)** mir **k)** mich **l)** mich **m)** mir **n)** mir **o)** mich **p)** mich **q)** mir **r)** mich **s)** mich **t)** mir

4. **a)** Man kann sie besuchen, ihnen Briefe schreiben, sie auf einen Spaziergang mitnehmen, ihnen Pakete schicken, ihnen zuhören, sie manchmal anrufen.

    b) Man muss sie morgens anziehen, sie abends ausziehen, ihnen die Wäsche waschen, ihnen das Essen bringen, sie waschen, ihnen im Haus helfen, sie ins Bett bringen.

5. **a)** sich **b)** ihr **c)** sich **d)** sich **e)** ihr **f)** sie **g)** ihr **h)** sie **i)** sich

6. **a)** Gehört das Haus Ihnen? **b)** Gehört der Schlüssel Karin? **c)** Gehört das Paket euch? **d)** Gehört der Wagen ihnen? **e)** Gehört der Ausweis ihm? **f)** Gehört die Tasche Ihnen? **g)** Das Geld gehört mir! **h)** Gehören die Bücher euch? **i)** Gehören die Pakete Ihnen? **j)** Die Fotos gehören ihnen.

7. Familie Simmet wohnt seit vier Jahren mit der Mutter von Frau Simmet zusammen, weil ihr Vater gestorben ist. Ihre Mutter kann sich überhaupt nicht mehr helfen: Sie kann sich nicht mehr anziehen und ausziehen, Frau Simmet muss sie waschen und ihr das Essen bringen. Deshalb musste sie vor zwei Jahren aufhören zu arbeiten. Sie hat oft Streit mit ihrem Mann, weil er sich jeden Tag über ihre Mutter ärgert. Herr und Frau Simmet möchten sie schon lange in ein Altersheim bringen, aber sie finden keinen Platz für sie. Frau Simmet glaubt, dass ihre Ehe bald kaputt ist. *(Andere Lösungen sind möglich.)*

8. **a)** heim **b)** versicherung **c)** tag **d)** abend **e)** platz **f)** haus **g)** schein **h)** amt **i)** raum **j)** paar **k)** jahr

9. **a)** Ergänzen Sie:

    Name: Franz Kühler
    Geburtsdatum: 14. 3. 1927
    Geburtsort: Essen
    Familienstand: Witwer

SCHLÜSSEL

Kinder:	zwei Söhne
Schulausbildung:	Volksschule in Bochum, 1933 bis 1941
Berufsausbildung:	Industriekaufmann
früherer Beruf:	Buchhalter
letzte Stelle:	Firma Jellinek in Essen
Alter bei Anfang der Rente:	65 Jahre
Rente pro Monat:	€ 900,–
jetziger Aufenthalt:	„Seniorenpark Essen-Süd"

b) Schreiben Sie einen Text:

Mein Name ist Gertrud Hufendiek. Ich bin am 21. 1. 1935 in Münster geboren. Ich bin ledig und habe keine Kinder. Von 1941 bis 1945 habe ich die Volksschule besucht, von 1945 bis 1951 die Realschule. Dann habe ich eine Lehre als Kauffrau gemacht. Bei der Firma Piepenbrink in Bielefeld habe ich als Exportkauffrau gearbeitet. Mit 58 Jahren bin ich in Rente gegangen. Ich bekomme 800 Euro Rente im Monat und wohne jetzt im Seniorenheim „Auguste-Viktoria" in Bielefeld. *(Andere Lösungen sind möglich.)*

10. **a)** Jugend **b)** Minderheit **c)** Freizeit **d)** Stadtmitte **e)** Nachteil **f)** Erwachsener **g)** Tod **h)** Friede **i)** Gesundheit **j)** Ursache **k)** Junge

11. **a)** A **b)** B **c)** D **d)** A **e)** C **f)** C

12. **a)** Regal **b)** Handwerker **c)** Zettel **d)** Bleistift **e)** Werkzeug **f)** Steckdose **g)** Pflaster **h)** Farbe **i)** Seife **j)** Bürste

13. **a)** 2 **b)** 3 **c)** 7 **d)** 1 **e)** 8 **f)** 4 **g)** 6 **h)** 5

14. **a)** – mir die **b)** ihn mir – **c)** sie Hans – **d)** – mir das **e)** sie mir – **f)** – mir die **g)** sie deiner Freundin – **h)** – uns den **i)** es ihnen – **j)** sie meinem Lehrer –

15.

	Vorf.	Verb$_1$	Subj.	Ergänzung Akk.	Ergänzung Dativ	Ergänzung Akk.	Angabe	Ergänz.	Verb$_2$
a)		Können	Sie		mir		bitte	die G.	erklären?
b)		Können	Sie		mir	die G.	bitte genauer		erklären?
c)		Können	Sie		mir	die	bitte		erklären?
d)		Können	Sie	sie	mir		bitte		erklären?
e)	Ich	habe			meiner S.	gestern	mein A.		gezeigt.
f)		Holst	du		mir		bitte	die S.?	
g)	Ich	suche			dir		gern	deine B.	
h)	Ich	bringe			dir	dein W.	sofort.		
i)		Zeig			mir	das	doch mal!		
j)	Ich	zeige		es	dir		gleich.		
k)		Geben	Sie		mir	die L.		jetzt?	
l)		Holen	Sie	sie	sich		doch!		
m)	Dann	können	Sie		mir	das G.	ja vielleicht		schicken.
n)	Den M.	habe	ich		ihr		vorige W.		gekauft.

16. **a)** Um acht Uhr hat er die Kinder in die Schule gebracht. **b)** Um zehn Uhr ist er einkaufen gegangen. **c)** Um elf Uhr hat er für höhere Renten demonstriert. **d)** Um zwölf Uhr hat er seiner Frau in der Küche geholfen. **e)** Um ein Uhr hat er geschlafen. **f)** Um drei Uhr hat er im Garten gearbeitet. **g)** Um fünf Uhr hat er den Kindern bei den Hausaufgaben geholfen. **h)** Um halb sechs hat er mit den Kindern Karten gespielt. **i)** Um sechs Uhr hat er eine Steckdose repariert. **j)** Um sieben Uhr hat er sich mit Freunden getroffen. **k)** Um neun Uhr hat er die Kinder ins Bett gebracht. **l)** Um elf Uhr hat er einen Brief geschrieben. *(Andere Lösungen sind möglich.)*

SCHLÜSSEL

17. **a)** Xaver liebte immer nur Ilona. **b)** Das schrieb er seiner Frau auf einer Postkarte. **c)** Viele Männer versprachen ihr die Liebe. **d)** Sie saßen in ihrer Dreizimmerwohnung. **e)** Sie lasen ihre alten Liebesbriefe. **f)** Mit 18 lernten sie sich kennen. **g)** Xaver kam mit einem Freund vorbei. **h)** Die Jungen hörten zu, wie die Mädchen sangen. **i)** Dann setzten sie sich zu ihnen. **j)** 1916 heirateten sie. **k)** Die Leute im Dorf redeten über sie. **l)** Aber sie verstanden es. **m)** Jeden Sonntag ging er in die Berge zum Wandern. **n)** Sie wusste, dass Mädchen dabei waren. **o)** Darüber ärgerte sie sich manchmal. **p)** Sie fragte ihn nie, ob er eine Freundin hatte.

18. **a)** erzählt **b)** Sprichst **c)** erzählt **d)** unterhalten **e)** Sag **f)** redest **g)** gesagt **h)** sprechen **i)** unterhalten **j)** reden

19. **a)** stehen **b)** setzen **c)** liegt **d)** sitze **e)** liegt **f)** steht **g)** stehen **h)** gesetzt **i)** gesessen **j)** liegt

20. **a)** Sie haben sich in der U-Bahn kennen gelernt. **b)** Wir lieben uns. **c)** Sie besuchen sich. **d)** Wir helfen uns. **e)** Wir hören uns. **f)** Ihr braucht euch. **g)** Sie mögen sich. **h)** Sie haben sich geschrieben. **i)** Wir sehen uns bald. **j)** Sie wünschen sich ein Auto.

21. **a)** Wenn es regnet, gehe ich nie aus dem Haus. **b)** Bevor er geheiratet hat, hat er viele Mädchen gekannt. **c)** Weil ich dich liebe, schreibe ich dir jede Woche einen Brief. **d)** Wenn es schneit, ist die Welt ganz weiß. **e)** Es dauert noch ein bisschen, bis der Film anfängt. **f)** Als er gestorben ist, haben alle geweint. **g)** Während die Kollegen gestreikt haben, habe ich gearbeitet.

22. **a)** Frau Heidenreich ist eine alte Dame, die früher Lehrerin war. **b)** Sie hat einen Verein gegründet, der Leihgroßmütter vermittelt. **c)** Frau Heidenreich hat Freundinnen eingeladen, denen sie von ihrer Idee erzählt hat. **d)** Die älteren Damen kommen in Familien, die Hilfe brauchen. **e)** Frau Heidenreich hat sich früher um ein kleines Mädchen gekümmert, das in der Nachbarschaft lebte. **f)** Eine Dame ist ganz zu einer Familie gezogen, bei der sie vorher Leihgroßmutter war. **g)** Eine Dame kam in eine andere Familie, die nur jemanden für die Hausarbeit suchte. **h)** Es gibt viele alte Menschen, denen eine richtige Familie fehlt. **i)** Alle Leute brauchen einen Menschen, für den sie da sein können. **j)** Manchmal gibt es Probleme, über die man aber in der Gruppe reden kann.

23. **a)** … sie Rentner sind. **b)** … Familien ohne Großmutter zu helfen. **c)** … gibt er eine Heiratsanzeige auf. **d)** … will sie noch einmal heiraten. **e)** … sie gehören zu uns. **f)** … er fühlt sich dort nicht wohl. **g)** … sucht er sich immer wieder Arbeit. **h)** … sie lieben sich immer noch.

Lektion 10

1. **a)** der Anzug **b)** die Hose **c)** das Hemd **d)** die Handschuhe **e)** der Hut **f)** der Schirm **g)** die Schuhe **h)** die Socken **i)** die Jacke **j)** der Pullover **k)** die Mütze **l)** das Kleid **m)** der Rock **n)** die Bluse **o)** der Mantel **p)** die Brille

2. **a)** dick **b)** gefährlich **c)** schmutzig **d)** pünktlich **e)** ruhiger **f)** traurig **g)** vorsichtige **h)** ehrlich **i)** langweilig **j)** lustig **k)** neugierig **l)** freundlich **m)** dumm

3. **a)** weiße · blaue · graue **b)** rote · blauen **c)** schwarzen · Braune **d)** warmen **e)** neues **f)** schwarzen · rote · braune · weißen **g)** grüne · blauer **h)** roten · weißen **i)** hässlichen · komischen **j)** rotes · schwarzen **k)** hübschen **l)** schmutzigen **m)** schwarzen **n)** graue · gelben

4. **a)** Kantine **b)** Schulklasse **c)** Stelle **d)** Ausbildung **e)** Job **f)** Beruf **g)** Wissenschaft

5. **a)** Obwohl Gerda erst seit zwei Monaten ein Auto hat, ist sie schon eine gute Autofahrerin. **b)** Obwohl das Auto letzte Woche in der Werkstatt war, fährt es nicht gut. **c)** Ich fahre einen Kleinwagen, weil der weniger Benzin braucht. **d)** Wenn Doris in zwei Jahren mehr Geld verdient, kauft sie sich ein Auto. **e)** Die Polizei hat Jens angehalten, weil er zu schnell gefahren ist. **f)** Wenn Andrea 18 Jahre alt wird, möchte sie den Führerschein machen. **g)** Obwohl Thomas noch keinen Führerschein hat, fährt er schon Auto.

6. **a)** Fernseher **b)** Bild/Zeichnung **c)** Sendung **d)** Maler **e)** Orchester **f)** singen **g)** Schauspieler **h)** Zuschauer **i)** Künstler **j)** Kino **k)** Eintritt

SCHLÜSSEL

7. **a)** Er könnte dir doch im Haushalt helfen. **b)** Ich würde ihm keinen Kuchen mehr backen. **c)** Ich würde mir wieder ein Auto kaufen. **d)** Er müsste sich eine neue Stelle suchen. **e)** Er sollte sich neue Freunde suchen. **f)** Ich würde mich nicht über ihn ärgern. **g)** Er könnte doch morgens spazieren gehen. **h)** Ich würde ihm mal meine Meinung sagen. **i)** Er sollte selbst einkaufen gehen. **j)** Ich würde mal mit ihm über euer Problem sprechen.

8. **a)** über ihren Hund, über die Regierung, über den Sportverein **b)** mit der Schule, mit der Untersuchung, mit dem Frühstück, mit der Arbeit **c)** um eine Zigarette, um Auskunft, um die Adresse, um eine Antwort, um Feuer **d)** für die schlechte Qualität, für den Brief, für meine Tochter, für die Verspätung **e)** von seiner Krankheit, vom Urlaub, über ihren Hund, von seinem Bruder, von ihrem Unfall, über den Sportverein **f)** über ihren Hund, auf den Sommer, auf das Wochenende, auf den Urlaub, über die Regierung, auf das Essen, über den Sportverein **g)** auf eine bessere Regierung, auf besseres Wetter, auf Sonne **h)** für eine Schiffsreise, für meine Tochter, für ein Haus

9. Man muss die Sätze **j)**, **m)**, **p)** mit „sich" ergänzen.
   Man kann die Sätze **a)**, **d)**, **e)**, **g)**, **h)**, **k)**, **n)**, **r)** mit „sich" ergänzen.

10. **a)** arm **b)** sozial **c)** Exporte **d)** Jobs

11. **a)** Energie **b)** Handel **c)** Industrie **d)** Geld **e)** Wirtschaft **f)** Arbeitnehmer **g)** Auto **h)** Besitzer

12. **a)** Das Auto wurde nicht gewaschen. **b)** Das Fahrlicht wurde nicht repariert. **c)** Die Reifen wurden nicht gewechselt. **d)** Der neue Spiegel wurde nicht montiert. **e)** Die Handbremse wurde nicht geprüft. **f)** Die Sitze wurden nicht gereinigt. **g)** Das Blech am Wagenboden wurde nicht geschweißt.

13. **a)** heiraten **b)** kennen lernen **c)** sich streiten **d)** küssen **e)** lieben **f)** sich unterhalten **g)** sich aufregen **h)** lügen **i)** flirten

14. *verwandt:* Tante, Ehemann, Tochter, Bruder, Vater, Opa, Mutter, Sohn, Schwester, Großmutter, Eltern, Onkel
    nicht verwandt: Angestellte, Bekannte, Chef, Freundin, Kollegin, Nachbar

15. **a)** Versuch doch mal, Skifahren zu lernen. Es ist nicht schwierig. **b)** Ich verspreche dir, im nächsten Sommer wieder mit dir in die Türkei zu fahren. / Ich verspreche dir, dass ich im nächsten Sommer wieder mit dir in die Türkei fahre. **c)** Es hat doch keinen Zweck, bei diesem Wetter das Auto zu waschen. / Es hat doch keinen Zweck, dass du bei diesem Wetter das Auto wäschst. **d)** Kannst du mir helfen, meinen Regenschirm zu suchen? **e)** Meine Meinung ist, dass Johanna und Albert viel zu früh geheiratet haben. **f)** Es hat aufgehört zu schneien. **g)** Hast du Lust, ein bisschen Fahrrad zu fahren? **h)** Heute habe ich keine Zeit, schwimmen zu gehen. **i)** Ich finde, dass du weniger rauchen solltest.

16. *Tiere:* Katze, Kalb, Hund, Pferd, Schwein, Vieh, Fisch, Huhn, Vogel, Kuh
    Pflanzen: Rasen, Baum, Blume, Gras
    Landschaft: Küste, Park, Wald, Gebirge, See, Hügel, Tal, Insel, Berg, Feld, Strand, Fluss, Ufer, Bach, Meer
    Wetter: Nebel, Wolke, Regen, Schnee, Wind, Sonne, Eis, Klima, schneien, regnen, Gewitter

17. **a)** die **b)** in dem **c)** von dem **d)** den **e)** von dem **f)** mit denen **g)** auf deren **h)** in der **i)** mit dessen **j)** deren **k)** die

18. **a)** aus der Stadt **b)** eine Frage **c)** die Untersuchung **d)** mit dem Auto **e)** den Fernseher **f)** eine Schwierigkeit **g)** das Gepäck **h)** das Auto in die Garage

19. **a)** Zahnpasta **b)** waschen **c)** Apotheke **d)** putzen **e)** Strom **f)** Streichholz **g)** Topf **h)** Reise **i)** Grenze **j)** Wochenende **k)** Zelt **l)** Gabel **m)** Telefonbuch **n)** Stadt **o)** Jahr **p)** Ausland

20. **a)** ob er schwer verletzt wurde. **b)** wie lange er im Krankenhaus bleiben muss. **c)** wo der Unfall passiert ist. **d)** ob noch jemand im Auto war. **e)** wohin er fahren wollte. **f)** ob der Wagen ganz kaputt ist. **g)** ob man ihn schon besuchen kann. **h)** ob sie die Reparatur des Wagens bezahlt.

21. **a)** verlieren **b)** erinnern **c)** lachen **d)** kritisieren **e)** hören **f)** trinken **g)** schaffen **h)** feiern **i)** erinnern **j)** finden **k)** treffen **l)** sterben

22. **a)** durch **b)** auf **c)** bei **d)** von · nach · unter **e)** Zwischen **f)** bis **g)** über **h)** gegen · im **i)** aus · in **j)** von · bis **k)** bis · über **l)** Während **m)** nach **n)** Seit **o)** In **p)** Mit **q)** bis **r)** während

SCHLÜSSEL

23. a) Soldaten **b)** Präsident **c)** Bürger **d)** Partei **e)** Krieg **f)** Kabinett **g)** Demokratie **h)** Gesetze **i)** Nation **j)** Zukunft **k)** Katastrophe

24. a) fühlen **b)** sitzen **c)** sprechen **d)** kennen **e)** waschen **f)** hören **g)** singen **h)** fragen **i)** lachen **i)** aufräumen

25. *allein:* sich verbrennen, sich gewöhnen, sich interessieren, sich bewerben, sich erinnern, sich beeilen, sich duschen, sich ärgern, sich anziehen, sich setzen, sich ausruhen
mit anderen: sich unterhalten, sich begrüßen, sich verstehen, sich beschweren, sich schlagen, sich besuchen, sich treffen, sich anrufen, sich streiten, sich verabreden, sich einigen

26. a) dir · es mir **b)** euch · sie uns **c)** sich · sie sich · sie ihr **d)** Ihnen · sie mir **e)** uns · sie euch **f)** sich · es sich

27. a) Titel **b)** Boot **c)** zählen **d)** Hunger **e)** Geburt **f)** nähen **g)** schütten **h)** drinnen **i)** weiblich **j)** Badewanne **k)** springen **l)** Gras **m)** atmen **n)** Rezept **o)** Vieh **p)** Autor **q)** Wolke **r)** Gemüse **s)** Monate **t)** Soldat

28. a) Ort und Raum
wo? auf der Brücke, am Anfang der Straße, oben, neben der Schule, bei Dresden, dort, draußen, drinnen, hinter der Tür, bei Frau Etzard, rechts im Schrank, im Restaurant, unten, hier, zwischen der Kirche und der Schule, vor dem Haus, über unserer Wohnung
woher? aus Berlin, aus dem Haus, aus der Schule, aus dem Kino, vom Einkaufen, vom Arzt, von der Freundin
wohin? gegen den Stein, nach links, nach Italien, ins Hotel, zu Herrn Berger, zur Kreuzung

b) Zeit
wann? bald, damals, danach, dann, am folgenden Tag, in der Nacht, früher, gestern, gleich, um halb acht, heute, irgendwann, am letzten Montag, im nächsten Jahr, morgens, jetzt, sofort, später, letzte Woche, vorher, während der Arbeit, zuerst, zuletzt, dienstags, vor dem Mittagessen
wie lange? schon drei Wochen, eine Woche lang, seit gestern, den ganzen Tag, sechs Stunden, bis morgen
wie häufig? dauernd, immer, häufig, manchmal, meistens, oft, regelmäßig, selten, ständig, täglich, jeden Abend

29. a) breit **b)** tief **c)** oder **d)** Wand **e)** selbst **f)** Satz **g)** Glas **h)** frisch **i)** Tipp **j)** geboren **k)** krank **l)** hart **m)** Milch **n)** Brot **o)** einschlafen **p)** laufen **q)** müde **r)** schenken

30. *Freie Übung; verschiedene Lösungen sind möglich.*

LÖSUNGEN

Lösungen der kontrastiven Übungen / Решения контрастивных упражнений

Lektion 1

1.1. **a)** nett **b)** schöne **c)** langweilig **d)** blaue **e)** nervös **f)** unfreundlichen **g)** neue – attraktiv **h)** schöner – treu

1.7. **a)** er **b)** en **c)** e **d)** es **e)** en **f)** e **g)** en **h)** en **i)** e **j)** es

1.8. **a)** Der Journalist unterhielt sich mit dem arbeitslosen Punker. **b)** Ich trinke nur deutsches Bier. **c)** Mein Mann ist Deutscher. **d)** Der Arzt besuchte die kranken Schwestern. **e)** Der Arzt besuchte seine Patienten. **f)** Der Arzt besuchte die Patienten.

1.9. **a)** neuen **b)** Deutscher **c)** schwarze – dunkle **d)** schmales – interessant **e)** netter **f)** englischen **g)** amerikanische **h)** Interessantes

2.1. **a)** als **b)** wie **c)** wie **d)** als **e)** wie **f)** als

3.1. **a)** Diese Frisur **b)** Einige Kollegen **c)** Rock / Schuhe **d)** Allen **e)** Jeder **f)** Jede Frau

4.1. **a)** Was für eine **b)** welchen **c)** Was für **d)** Die blauen. **e)** Einen schwarzen. **f)** Zu Dr. Berg. **g)** was für einem

4.2. **a)** Friederike Meier. – Die rothaarige. – Meine Sekretärin. – Die dicke dort. **b)** Eine hübsche. – Eine freundliche und ruhige. – Eine mit Charakter. – Eine intelligente Frau.

6.1. **a)** C **b)** B **c)** A **d)** A **e)** B

7.1. Разные варианты решений.

Lektion 2

1.4. **a)** sollte **b)** konnte **c)** musste – durfte (konnte) **d)** sollte **e)** konnte – wollten

3.4. **a)** denn – Г + Г **b)** weil – Г + П **c)** Obwohl – П + Г **d)** Wenn – П + Г **e)** trotzdem – Г + Г **f)** deshalb – Г + Г

4.1. **a)** en **b)** en **c)** en – en **d)** en **e)** e

5.1. **a)** П **b)** Ч **c)** П **d)** П **e)** Ч

7.1. Разные варианты решений.

Lektion 3

1.1. **a)** Interessieren Sie sich **b)** Sind Sie / vorbereitet **c)** Meine Tochter hat sich / beworben **d)** weil ich mich immer aufrege **e)** Sie duscht

1.2. **a)** Stellen Sie / Stellt die Vase auf den Tisch. **b)** Stell dich neben Maria. **c)** Ich muss mich gleich anziehen. **d)** Ich muss die Kinder anziehen. **e)** Ärgern Sie mich / Ärgert mich bitte nicht. **f)** Ärgern Sie sich / Ärgert euch bitte nicht. **g)** Leg das Buch auf den Tisch. **h)** Leg dich ins Bett.

2.3. **a)** nach **b)** über **c)** auf sie **d)** dafür **e)** Worüber **f)** um **g)** über die

2.4. **a)** Worüber – Über – darüber **b)** Über wen – Über – über die (über sie) **c)** Auf wen – Auf – auf den (auf ihn) **d)** Worauf – Auf – darauf **e)** Worüber – Über – darüber **f)** Über wen – Über – über die (über sie) **g)** Worauf – Auf – darauf

4.1. Разные варианты решений.

zweihundertneunzehn

LÖSUNGEN

Lektion 4

1.1. **a)** es **b)** e **c)** en **d)** er **e)** e **f)** e **g)** en **h)** en **i)** en **j)** er **k)** en **l)** en **m)** en **n)** en

2.1. **a)** als im Prospekt steht. **b)** wie – schnell, wie er gesagt hat. **c)** wie – als im Prospekt steht. **d)** so bequem – als ich gedacht habe.

7.1. Heute früh hatte ich einen Unfall. Leider war das Auto kaputt. Zuerst rief ich die Polizei an. Zwanzig Minuten später kam ein Unfallwagen und ein Polizeiwagen. Dann wurde das Auto zur Werkstatt gebracht. (Dann brachten wir das Auto zur Werkstatt.) Danach fuhr ich ins Büro und kam (natürlich) zu spät. Dort wartete (schon) mein Chef auf mich. Natürlich regte er sich auf. Am Nachmittag fuhr ich wieder zur Werkstatt. Da erklärte der Kfz-Mechaniker: „Die Reparatur kostet 1900 Euro." Zum Schluss ging ich müde nach Hause und trank ein Bier.

Lektion 5

1.3. **a)** Michael geht mit seiner Frau tanzen. **b)** Michael würde gerne mit seiner Frau tanzen gehen. **c)** Michael hat keine Lust mit seiner Frau tanzen zu gehen. **d)** Ich habe vergessen dich anzurufen. **e)** Ich habe den ganzen Nachmittag versucht dich anzurufen. **f)** Ich wollte dich anrufen. **g)** Mein Mann kann unser Auto nicht reparieren. **h)** Mein Mann versucht unser Auto zu reparieren. **i)** Mein Mann gab unser Auto zur Reparatur. **j)** Ich helfe meinem Mann das Auto zu reparieren. **k)** Karl lernt Tennis spielen. **l)** Karl hat heute keine Zeit Tennis zu spielen. **m)** Heute kann ich Schokolade essen. **n)** Heute habe ich Lust Schokolade zu essen. **o)** Der Arzt verbietet mir Schokolade zu essen.

3.1. **a)** dass Maria geheiratet hat. **b)** Kinder zu haben. **c)** dass die Karriere wichtiger als Kinder ist. **d)** auch als Mutter noch zu arbeiten. **e)** pünktlich zu kommen. **f)** mit dem Partner über alle Probleme zu sprechen. **g)** dass man ohne Kinder nicht glücklich sein kann.

5.1. **a)** Wenn **b)** als **c)** wie **d)** als **e)** als **f)** Als **g)** wenn **h)** wie **i)** wenn

8.1. **a)** er **b)** en **c)** en **d)** en **e)** en **f)** er **g)** er **h)** en

11.1. Liebe Katja,
wir haben schon sechs Jahre nichts mehr voneinander gehört.
Ich weiß, dass das eine lange Zeit ist.
Deshalb schreibe ich Dir endlich einen Brief.
Natürlich ist in den letzten Jahren viel passiert.
Vor sechs Jahren haben wir das Abitur gemacht.
Zuerst habe ich sechs Monate als Verkäuferin in einer Boutique gearbeitet.
Dann habe ich einen Studienplatz für Architektur in Berlin bekommen.
Also bin ich nach Berlin umgezogen.
Dort habe ich mich wie im Paradies gefühlt, denn ich hatte so viele Möglichkeiten.
Jeden Abend war ich im Kino, in einer Bar, im Kabarett oder im Theater, obwohl ich
noch niemanden in der Stadt kannte.
Später habe ich an der Universität viele Studenten kennen gelernt.
Bald hatte ich viele Freunde.
Als ich schon zwei Jahre in Berlin war, habe ich Hartmut kennen gelernt.
Wir sind oft zusammen in Konzerte gegangen, weil Hartmut sich sehr für Musik interessierte.
Wenn ich in den Ferien nach Hause zu meinen Eltern fuhr, fühlte ich mich sehr allein.
Als wir mit dem Studium fertig waren, haben wir geheiratet.
Jetzt haben wir schon ein Kind.
Was hast du denn ...

11.2. Разные варианты решений.

LÖSUNGEN

Lektion 6
1.1. Разные варианты решений.

Lektion 7
.6. **a)** Deutschland ist zwar vielleicht ein interessantes Land, aber das Essen in Spanien ist viel besser. **b)** Er ist zwar noch krank, aber er wird morgen Fußball spielen. **c)** Das ist zwar möglicherweise ein gutes Fahrrad, aber meins ist viel besser. **d)** Ich habe zwar in der Lotterie gewonnen, aber ich bin trotzdem nicht glücklich.

.3. **a)** Ich bin anderer Meinung. **b)** Ich habe mich letztes Jahr in Spanien mit verschiedenen Leuten getroffen. **c)** Unterscheiden sich die Russen von den Deutschen? **d)** Ich würde gerne ein Jahr in einem anderen Land leben. **e)** Lisa und Anja sind Schwestern. Aber sie sehen unterschiedlich aus.

.1. **a)** demselben bzw. dem gleichen **b)** dasselbe bzw. das gleiche **c)** derselben bzw. der gleichen **d)** denselben bzw. den gleichen

7.1. **a)** Kennst du **b)** Weißt du **c)** Kennst du **d)** Weißt du **e)** Weißt du **f)** Kennst du **g)** Kennst du **h)** Weißt du

7.2. **i)** Wissen – kenne **j)** Weißt (Kennst) – weiß **k)** Weißt – kenne – weiß

9. Разные варианты решений.

Lektion 8
1.1. **a)** Akkusativ **b)** Akkusativ **c)** Akkusativ **d)** Akkusativ **e)** Dativ **f)** Dativ **g)** Dativ **h)** Akkusativ **i)** Dativ **j)** Akkusativ **k)** Akkusativ **l)** Dativ **m)** Dativ **n)** Dativ

1.6. **a)** mit – em **b)** über – [-] – es **c)** mit – er **d)** für – ie **e)** mit – em – en **f)** für – ie **g)** von – en **h)** von – em

1.7. **a)** auf – en **b)** für – e **c)** über – ie **d)** über – as **e)** mit – en **f)** mit – em **g)** mit – em **h)** über – as – e

1.8. **a)** für – e **b)** an – ie – e **c)** mit – em – en **d)** über – ie **e)** mit – er **f)** für – e **g)** zu – em **h)** um – ie

2.1. **a)** n **b)** en **c)** n – n – [-] – n **d)** n **e)** en – en **f)** en

Lektion 9
1.1. **a)** sich (D) **b)** mir (D) **c)** uns (D) **d)** sich (D) **e)** sich (D) **f)** mich (A) **g)** euch (A) **h)** mir (D) **i)** mich (A)

2.1. **a)** uns – geschrieben **b)** euch – gesehen **c)** uns – getroffen **d)** euch – verliebt **e)** uns – besucht **f)** uns – verlobt

3.1. B. **a)** Kannst du deinem Freund die Hausaufgaben erklären?
   b) Kannst du sie deinem Freund erklären?
   c) Kannst du ihm die Hausaufgaben erklären?
   d) Kannst du sie ihm erklären?
   C. **a)** Gestern habe ich meinem Bruder Geld geschickt.
   b) Gestern habe ich es meinem Bruder geschickt.
   c) Gestern habe ich ihm Geld geschickt.
   d) Gestern habe ich es ihm geschickt.

4.1. **a)** was **b)** was **c)** das **d)** was **e)** der **f)** was **g)** die **h)** was

6.1. Разные варианты решений.